AGORA OU NA TERRA DO NUNCA

AGORA OU
NA TERRA-DO-NUNCA

AGORA OU NA TERRA DO NUNCA

Peter Pan e o Mito da Eterna Juventude

Uma visão psicológica de um ícone cultural

ANN YEOMAN

Tradução de Luiz A. de Araújo

EDITORA CULTRIX
São Paulo

Título do original: *Now or Neverland — Peter Pan and the Myth of Eternal Youth*.

Copyright © 1998 Ann Yeoman.

Todos os direitos reservados. Nenhuma parte deste livro pode ser reproduzida ou usada de qualquer forma ou por qualquer meio, eletrônico ou mecânico, inclusive fotocópias, gravações ou sistema de armazenamento em banco de dados, sem permissão por escrito, exceto nos casos de trechos curtos citados em resenhas críticas ou artigos de revistas.

Para Fraser e John.

O primeiro número à esquerda indica a edição, ou reedição, desta obra. A primeira dezena à direita indica o ano em que esta edição, ou reedição, foi publicada.

Edição	Ano
1-2-3-4-5-6-7-8-9-10-11	02-03-04-05-06-07-08-09

Direitos de tradução para a língua portuguesa
adquiridos com exclusividade pela
EDITORA PENSAMENTO-CULTRIX LTDA.
Rua Dr. Mário Vicente, 368 — 04270-000 — São Paulo, SP
Fone: 272-1399 — Fax: 272-4770
E-mail: pensamento@cultrix.com.br
http://www.pensamento-cultrix.com.br
que se reserva a propriedade literária desta tradução.

Impresso em nossas oficinas gráficas.

Sumário

Agradecimentos e Créditos 6
Prefácio de Marion Woodman 7
Introdução 11

1. **O Eterno Menino: Da Imagem Divina à Patologia** 15

2. **A Genealogia Mitológica de Peter Pan e os Tipos do Puer Aeternus** 35
   Alguns Usos Literários do Mito 35
   Hermes/Mercúrio/Mercurius 41
   Pã 46
   Dioniso, Cristo 52
   Ícaro, Faetonte, Prometeu, Lúcifer 60
   Átis, Ácteon, Narciso, Jacinto, Adônis 67
   Simão Pedro: Uma Fantasia Especulativa 72

3. **J. M. Barrie e a Arte Acidental de Criar Mitos** 79

4. **Peter Pan, o Livro: A Imagem do Século XX do Eterno Menino** 93
   Um Outro Lugar: Estruturas da Fantasia e do
      Conto da Carochinha 93
   Os Darlings: Ações, Títulos e Gavetas Arrumadas 102
   A Terra do Nunca: Onde Ancoramos Nossos Barcos em
      Praias Mágicas 119
   Peter Pan e o Capitão Gancho: "Gancho ou Eu, Desta Vez" 139
   Além da Mãe e do Pai: Peter Pan, o *Puer*, o Fenômeno do Espírito 169

5. **Peter Pan: No Passado e no Presente, na Inglaterra e no Estrangeiro** 183

Bibliografia 211

Agradecimentos

Meu reconhecimento especial a Ian Baker, John Hill e Ursula Ulmer, pelo apoio prestado e pela leitura crítica deste trabalho. Todo o meu apreço e gratidão a Marion Woodman, pelo estimulante e generoso Prefácio. Obrigada também a Tuula Haukioja, Brian Mayo e Norma Rowen, pelas leituras cuidadosas e sugestões úteis.

Créditos

Envidaram-se todos os esforços para obter a autorização dos detentores do direitos autorais das ilustrações usadas neste livro. A autora e a Inner City Books agradecem as autorizações concedidas. Vide na bibliografia os detalhes de publicação dos livros citados.

Páginas 10, 23, 30, 82, 185, 194. De Andrew Birkin, *J. M. Barrie & the Lost Boys*.

Página 43. De *New Larousse Encyclopedia of Mythology*.

Página 47. Cortesia de Vicki Cowan.

Página 54. De Joseph Campbell, *The Mythic Image*.

Página 63. Musées Royaux de Beaux-Arts, Bruxelas.

Páginas 104, 157. De J. M. Barrie, *Peter Pan and Wendy*.

Páginas 116, 171. De Susan Hudson, *The Eternal Peter Pan: The Wisdom of J. M. Barrie*.

Página 122. De Timothy R. Roberts, *Myths of the World: The Celts in Myth and Legend*.

Página 131. De Gerhard Adler, *Studies in Analytical Psychology*.

Página 189. De Bram Dijkstra, *Idols of Perversity: Fantasies of Feminine Evil in Fin-de-Siècle Culture*.

Prefácio

A fantasia leva à evasão ou à incorporação de uma nova perspectiva? Em outras palavras, ela favorece ou tolhe o crescimento psíquico? Muitas vezes, essa distinção parece complicar-se com o paradoxo, mas nos ajuda a perguntar: "Se me concentrar nessa fantasia ou nesse devaneio, isso abrirá minhas possibilidades criativas ou minará a força do meu ego no mundo real?" Como indica Ann Yeoman:

As histórias se referem idealmente a um encontro entre dois mundos. Eu sugiro que o significado reside na *relação* que imaginamos estabelecer entre esses dois mundos; entre as disparidades percebidas como a Londres eduardiana e a Terra do Nunca, o fato e a ficção, a consciência linear e a holística, o intelecto e a intuição [...] O modo como entendemos a ordem da existência e como nos relacionamos com a não-existência — o eterno, o arquetípico, o Outro — depende da nossa noção de lugar, de propósito e de relação com o mundo, em outras palavras, depende do nosso senso de identidade.[1]

É de vital importância reconhecer onde se localiza o senso de identidade e como ele participa da construção da alma nos cambiantes limites entre o mundo da experiência racional e o da não-racional.

No início de sua carreira como psiquiatra, Jung trabalhou com uma paciente esquizofrênica de 17 anos que fora seduzida pelo irmão mais velho. Ela acreditava que morava na Lua e era obrigada a ficar ali para proteger as mulheres e as crianças contra um vampiro alado que ameaçava uma terra paradisíaca. Escrevendo a Jung, Freud classificou essa crença de "nada mais que devaneios cuidadosamente cultivados", oriundos de fantasias construídas sobre lembranças reprimidas.[2] Também a religião ele rejeitava, considerando-a um devaneio infantil retirado da realidade, ao passo que

---

1. Abaixo, p. 137.
2. William McGuire, org., *The Freud/Jung Letters*, p. 429.

Jung reconhecia no mundo imaginário, no mundo do mito, uma realidade autêntica. Do mesmo modo, opunha-se ao desprezo de Freud pela fantasia inconsciente, que para este não passava de um devaneio cultivado, que podia dissolver-se e dissolver-se-ia quando desvelada sua etiologia sexual. "As fantasias inconscientes", respondeu Jung a Freud, "contêm uma enorme quantidade de material relevante e podem, mais do que qualquer outra coisa, trazer o interior para o exterior."[3] Quando a paciente teve força para lidar com o vampiro, as asas deste se abriram e ela deparou com um homem de extraordinária beleza. Mesmo dando-se conta de que possivelmente estava "depositando esperanças demais nessas escavações", Jung declarou que "a fantasia é um desconcertante caldeirão de bruxa" e citou o coro final de *Fausto II*, de Goethe: "A formação, a transformação/A eterna recriação da Mente eterna".[4]

Jung debruçou-se sobre a expressão arquetípica do trauma da paciente. Encarou suas visões não como um simples ópio que a protegia da dor, mantendo-a em estado catatônico (o caldeirão da bruxa), mas como um poder de cura que, quando ela tornasse a encontrar seu ego, podia ampliar-lhe a consciência e libertá-la da outrora protetora prisão da psicose. Jung acreditava que o *Self*, o centro ordenador da psique, cria o mito e que o ego (com a ajuda do terapeuta) tem de encontrar, nesse mito, o núcleo da realidade mundana a fim de recolocar a consciência em relação com o inconsciente.

A paciente de Jung vivia exclusivamente em sua Terra do Nunca particular. Abandonara o ego e vivia no *Self*. Portanto, neste caso, a fantasia era destrutiva. Jung a ajudou a reconhecer como seu mito da Lua se relacionava com este mundo e como ele era capaz de contribuir com sua cura. Por fim, a moça recuperou a saúde, casou-se e constituiu família. Sua história é um exemplo do processo de construção da alma que toca todo o espectro do ser, do mais remoto território da fantasia ao mais íntimo poder da metáfora.

Este livro, *Agora ou na Terra do Nunca*, que enfoca o mito da eterna juventude, orienta-nos na história de Peter Pan, de J. M. Barrie, e em tudo quanto esse personagem representa na psique humana — mais um exemplo de construção da alma. As interações de Peter Pan com o mundo eduardiano não abalam esse mundo tanto quanto se propõem a dilatar a consciência da menina Wendy, evidenciando as limitações da sociedade em que ela vive. Ao mesmo tempo, Barrie nos mostra que Wendy não pode

---

3. *Ibid.*, pp. 430 ss.
4. *Ibid.*, p. 431.

ficar na Terra do Nunca sem ter de lidar com o Capitão Gancho — o lado sombrio da vida.

Peter Pan concentra-se na interação entre dois mundos de modo que o leitor não se sinta à vontade em nenhum deles. Esse diálogo dinâmico é o processo da construção da alma no *puer* — a redenção da estreita ordem estabelecida pela apresentação de uma ação simbólica profundamente comprometida. A energia do *puer* transforma-se em força criativa quando o arquétipo se liberta do estereótipo. É muita sorte contar com Ann Yeoman como guia no estudo mais aprofundado desse conto imortal.

Neste oportuno estudo de Peter Pan como uma imagem arquetípica ainda vibrante na sociedade contemporânea, ela nos convida a olhar para a força do nosso próprio ego a fim de lidar com a estranheza inerente ao nosso mundo e com as conseqüências de integrar ou não o nosso lado sombrio. Ela ilustra vivamente a relação entre o ato de contar uma história e a dinâmica atividade de construir a alma. Com seu conhecimento profundo da visão que Jung tinha das raízes do arquétipo do menino eterno, tanto na psicologia masculina quanto na feminina, Ann Yeoman coloca o *puer aeternus* sob um microscópio que revela muitas camadas de energia criativa e destrutiva. Ela não julga nem culpa ninguém. Pelo contrário, ajuda-nos a entender, individual e culturalmente, como nos relacionar com a vida psicológica e a fantasia do *puer* dentro de nós a fim de enriquecer nossa vida.

Quem há de se interessar por este livro? Aqueles que se sentem incapazes de assumir compromisso com o trabalho, incapazes de assumir compromisso com outra pessoa, incapazes de assumir compromisso com a disciplina da educação, incapazes de carregar o peso da responsabilidade, vão considerá-lo uma preciosidade. Assim como os que gostam desses eternos feiticeiros e sempre estarão enredados em suas sombras. Também os que respeitam os sonhos criativos do *puer* reconhecerão a importância da eterna juventude que é capaz de dar vida nova a uma ordem agonizante.

Marion Woodman

Michael Llewelyn Davies, aos 6 anos de idade
(O modelo de Peter Pan na visão de J. M. Barrie)

Introdução

Este livro nasceu da minha relação de toda uma vida com Peter Pan. Desde sua estréia nos palcos londrinos, pouco depois da virada do século XX, seu nome tornou-se familiar mesmo para os que não tiveram a oportunidade de ler a história nem de assistir à peça em que ele apareceu pela primeira vez. Parece-me acertado supor que quase todos os que estão expostos à cultura ocidental moderna conhecem Peter Pan, ou seja, têm familiaridade com as peculiaridades e o heroísmo pueril que ele incorpora, assim como com o impositivo ideal da infância descoberto no seu reino insular da Terra do Nunca. Todavia, por mais esquivo e frustrantemente irresponsável que ele seja, poucos apoiariam seu arquiinimigo, o Capitão Gancho, em oposição à magnética figura de alegria, espontaneidade e juventude de Peter Pan.

Nos últimos dez anos, os fatos confirmaram de diversas maneiras a longevidade do menino que não queria crescer. Para mencionar apenas alguns, em 1987, o Parlamento inglês decidiu alterar a lei de reserva de direitos autorais para garantir que um hospital infantil de Londres continuasse a receber os direitos do livro, doados pelo autor, J. M. Barrie, mesmo depois que estes já haviam expirado.[5] Em 1990, as fitas de vídeo das versões cinematográficas da Disney e de Mary Martin passaram a ser comercializadas; *Peter Pan e os Piratas* foi transmitido pela televisão norte-americana.[6] Steven Spielberg apresentou um Peter Pan adulto, em *Hook*, em 1991; e, no dia 3 de março de 1998, a Disney lançou uma versão restaurada do desenho animado original de 1953. Esse difundido interesse por Peter Pan, assim como o meu próprio fascínio pelo herói de Barrie, levou-me a fazer algumas perguntas.

Por que o personagem dominou de tal modo a imaginação eduardiana? Por que ele se tornou tão depressa um nome comum e por que continua sendo assim? Que valor ele representa na psique ocidental do século XX? Por que estamos vivendo um ressurgimento do interesse por Peter Pan na atualidade? Que espécie de criança, que tipo de menino eterno, ele é?

---

5. Jacqueline Rose, *The Case of Peter Pan or the Impossibility of Children's Fiction*, p. ix.
6. Bruce K. Hanson, *The Peter Pan Chronicles*, p. 259.

Meu desejo de deitar alguma luz sobre essas questões levou-me novamente ao livro, publicado pela primeira vez em 1911 com o título de *Peter Pan e Wendy*, no qual Barrie pinta um retrato bem mais preciso do enigmático garoto que o apresentado na peça teatral de 1904.

Para os que não leram o livro de Barrie e a fim de refrescar a memória dos que o leram há muitos anos, ofereço uma sinopse do enredo:

A história se passa na Londres eduardiana. A ação se inicia no "n.º 14", a residência da família Darling. Mais precisamente, começa no quarto dos três filhos dos Darlings, Wendy, João e Miguel, onde Naná, a cadela terranova, cuida deles feito uma babá. Com a súbita invasão de Peter Pan, a doce inocência e a segurança do lar dos Darlings transformam-se numa aventura sem precedentes para as crianças, e em caos e aflição para os pais. Ocupado com ações, títulos e negócios na cidade, o Sr. Darling não acredita em Peter Pan. Sua esposa guarda uma vaga recordação do menino de sua própria infância. Ele tem mais força e nitidez na vida onírica e fantasiosa de Wendy, muito embora isso não explique o aparecimento das folhas secas de uma árvore inexistente em solo inglês, no assoalho do quarto das crianças certa manhã.

Peter Pan, que normalmente se veste de folhas secas, chega uma noite a esse quarto, mas é imediatamente enxotado pela Sra. Darling e por Naná. O menino foge voando, mas a cachorra fecha a janela com tanta pressa que lhe decepa a sombra. Peter Pan retorna na fatal Noite das Noites em busca dela. Nessa ocasião particular, depois de o Sr. Darling reclamar como uma criança por causa do nó da gravata que não fica bom e do remédio que se recusa a tomar, depois de dançarem e de se divertirem com a família, ele e a Sra. Darling vão a uma festa no "n.º 27". Naná fica presa no quintal e Liza, a criada, ocupa-se com alguma coisa em outra parte da casa. As crianças estão praticamente sozinhas.

Wendy desperta com o choro de Peter Pan, que não consegue grudar a sombra com sabonete. Sininho a havia encontrado, dobrada e guardada numa gaveta. Wendy costura a sombra em Peter e o escuta falar de sua vida na Terra do Nunca, onde ele é o líder incontestável de um bando de meninos "perdidos". Ela fica sabendo que esses meninos são bebês que caíram do carrinho por descuido das babás, e que Peter Pan levou para sua casa subterrânea na Terra do Nunca; fica sabendo também do quanto eles sentem falta de que lhes contem histórias e de uma mãe. Encantada com Peter Pan, ela foge com os irmãos mais novos do quarto no "continente" e vai para a Terra do Nunca. Para tanto, Peter Pan joga nos três a poeira de fada, que lhes permite voar, momentos antes de o Sr. e a Sra. Darling voltarem para casa e encontrarem o quarto das crianças vazio e a janela aberta.

Na Terra do Nunca, os pequenos Darlings vivem várias aventuras com Peter Pan, Sininho e os meninos perdidos. Encontram o lendário Capitão Gancho e seus piratas, os valentes índios da tribo dos Pequeninos e sua princesa Raio-de-Sol, os lobos, os animais e as aves da ilha. Conhecem o famigerado crocodilo que comeu parte do braço do Capitão, cortado por Peter Pan durante um combate, e ficam sabendo que o animal vive à procura do resto do Capitão e que sua aproximação é denunciada pelo tique-taque do relógio que engoliu na ocasião. O idílio infantil da vida na Terra do Nunca finalmente se interrompe quando Wendy, a filha mais velha dos Darlings, lembra-se dos pais, de Naná e do continente e procura fazer com que João e Miguel também se lembrem deles.

Na batalha final, quando os três irmãos e os meninos perdidos estão se preparando para voltar ao n.º 14, o Capitão Gancho inicia uma ardilosa manobra tática e surpreende os índios que protegem a casa subterrânea de Peter Pan. A maioria dos guerreiros morre e as crianças são aprisionadas. Só Peter Pan continua no subterrâneo; Gancho acredita que o liquidou colocando veneno em seu remédio enquanto ele dormia. No entanto, Sininho descobre a artimanha do vilão e salva a vida do garoto para que ele, por sua vez, salve as crianças presas. No combate que se segue, os piratas morrem ou abandonam o navio; Peter Pan obriga o Capitão Gancho a caminhar em sua própria prancha e cair na inevitável goela do crocodilo.

Os três irmãos e os meninos perdidos voltam para Londres, onde estes são adotados pelos Darlings. Peter Pan, embora desesperadamente solitário, recusa-se a ser adotado. Ele não está disposto a crescer, tornar-se um homem com barba, terno e pasta de documentos; quer ser sempre criança. O Sr. Darling lhe faz uma concessão: na primavera, Wendy pode voar à Terra do Nunca e lá passar quinze dias para cuidar da faxina. O menino promete ir buscá-la toda primavera, porém, depois da primeira, acaba se esquecendo.

O tempo passa. Quando ele volta a aparecer no quarto das crianças para levar Wendy à Terra do Nunca, encontra-a já adulta, casada e mãe de uma filha. Peter Pan acha que não passou mais de um ano desde sua última visita: ele não tem memória. Todas as crianças cresceram. Esqueceram-no, assim como as aventuras na Terra do Nunca. Na história de Barrie, Peter Pan e tudo quanto ele incorpora pertencem à ilha da infância, que tem uma existência à parte e é invisível ao mundo adulto.

[...] invocam Baco sob os nomes de Bromius, de Lyaeus, de filho do fogo gerado duas vezes, o único que tem duas mães; a esses nomes, acrescentam-se os de filho de Nisa, de Thyoneus de cabeleira virgem, de Lenaeus, que lhe foi dado por ter plantado a vinha, fonte de alegria, de Nyctélius, de Eleleus, nosso pai, de Iacchus, de Euhan, sem contar os inúmeros nomes que tens, Liber, junto aos povos gregos. Pois és possuidor da juventude imarcescível, és a eterna criança, o mais belo que se pode ser do alto do céu. Tua cabeça, quando te levantas sem os cornos, é a cabeça de uma virgem. O Oriente sujeitou-se a ti até o ponto extremo onde o Ganges banha a Índia e o seu povo de tez escura. É a ti, ó deus, a quem devemos homenagens, que imolas Penteu e Licurgo, armado com o machado de dois gumes, dois sacrilégios; tu, que precipitas no mar os tirrenenses; tu, que curvas o pescoço ornado de rédeas de cores deslumbrantes de tuas parelhas de linces. Bacantes e sátiros formam o teu séquito, com o ancião bêbado que apóia num cajado seus membros trêmulos e sofre para manter sua posição sobre o dorso curvado de seu jumento. Por onde passas, os clamores dos jovens, acompanhados das vozes de mulheres, vibrando tamborins ao toque das mãos e címbalos ocos de bronze retinem ao som da longa flauta de junco.

— Ovídio, *Metamorphoses*, IV.

E hei de bradar, Cuidado! Cuidado!
Com seus olhos de fogo, com seus cabelos revoltos!
Tecei três círculos ao redor dele,
E fechai os olhos em sagrado temor,
Pois ele se alimentou do orvalho de mel,
E bebeu o leite do paraíso.

— Samuel Taylor Coleridge, "Kubla Khan".

1

O Eterno Menino
Da Imagem Divina à Patologia

Peter Pan estreou no palco londrino em 1904; portanto, em breve completará cem anos. Entre crianças e adultos — mesmo os que não assistiram à peça ou ao filme, mesmo os que não leram o livro de J. M. Barrie —, a figura de Peter Pan é tão conhecida quanto os heróis, heroínas, ogros e bruxas dos contos da carochinha clássicos, como a Gata Borralheira, Branca de Neve, Chapeuzinho Vermelho, João e Maria, o Príncipe Sapo, João e o Pé de Feijão e Barba-azul. Personagem familiar que incorpora a espontaneidade, a aventura e a brincadeira, na consciência comum ele *é* "o menino que não queria crescer", o espírito da juventude e da alegria perpétuas associado à Terra do Nunca, o país da infância de Barrie. Contudo, é inevitável que a imagem cativante de Peter Pan à janela do quarto, incitando Wendy e os irmãos a fugir com ele para a Terra do Nunca, ecoe de maneira diferente em crianças e adultos. A maioria dos adultos, uma vez suspensa a credulidade e perdoado o sentimentalismo eduardiano de Barrie, pode experimentar toda uma gama de emoções que vão da nostalgia à tranqüila identificação, à inveja e à impaciência. Para as crianças, Peter Pan significa, talvez mais que qualquer outra coisa, a liberdade.

Em termos mitológicos, ele se vincula a personagens de excessos juvenis, ao menino eterno, ao jovem deus que morre e renasce: a Baco/Dioniso, a Ícaro, a Faetonte, a Narciso e a Adônis, assim como a Mercúrio/Hermes, a "psico-ostentação" e o mensageiro dos deuses, que transita livremente entre o divino e o humano, e, naturalmente, ao grande deus-bode Pã. Na imaginação popular, acompanhando a propensão da segunda metade do século XX de idealizar o juvenil, de resistir à mudança física e desvalorizar a velhice, o herói de Barrie ficou quase que exclusivamente associado à eterna mocidade. Ele incorpora a inocência infantil e a espontaneidade imaginativa, ao passo que são minimizados ou desprezados os aspectos menos atraentes de sua caracterização. Nas primeiras apresentações da peça de Barrie, Peter Pan entrava em cena com uma flauta e um bode vivo. Não surpreende que tenham sido logo eliminadas da peça e do livro essas indisfarçáveis referências, muitas vezes lascivas e distantes, ao obscuro, primitivo e misterioso deus-bode infantil.

O próprio enredo estimula uma polarização acrítica e excessivamente simplista entre juventude e maturidade, entre mocinho e bandido, sendo que Peter Pan lidera as forças do bem e da juventude idealizada, contra o Capitão Gancho, que exemplifica tudo quanto é ruim e adulto ou tudo quanto é ruim *porque* é adulto. Em geral, é essa representação asséptica que aparece nas produções da Disney, nos desenhos animados, nos gibis e na publicidade. Contudo, a verdade é que Pan e Gancho compartilham muitas características. Ambos têm dificuldade de se relacionar com as outras pessoas; são isolados e autocentrados; são motivados pela sede de poder e de controle; e temem a passagem do tempo, com as inevitáveis mudanças e transformações que dela decorrem. Quando nos debruçamos sobre as descrições originais de Barrie tanto do menino eterno quanto do velho, na peça teatral e, principalmente, no livro posterior, constatamos que elas são ricas, sugestivas e problemáticas, apresentando um quadro de complexidade psicológica bem mais preciso do que permitem as popularizações que a mídia fez de seus personagens.

Na psicologia analítica de C. G. Jung, compreende-se o menino eterno como uma forma do *puer aeternus*; o velho, como o *senex*. *Puer* e *senex* (e, em menor extensão, os supostos equivalentes femininos da *puella aeterna* e da velha coroca) foram objeto de muita atenção crítica e analítica nas décadas de 1960 e 1970, na época dos *hippies*, do pacifismo, das campanhas antimilitaristas, das reuniões para fazer o amor, não a guerra, e de Woodstock (agosto de 1969). Esse interesse pela eterna juventude foi oportuno e bem-vindo, já que a "revolução" dos anos 60 se apresentava como uma manifestação coletiva dessa figura mitológica e dessa dinâmica arquetípica.

Não obstante, a discussão crítica pode tender para a unilateralidade quando, motivada por interesses imediatos, refere-se ao efeito de um fenômeno psicológico sobre o indivíduo, a família e as normas sociais, sem a distância e a objetividade que permitem o devido reconhecimento do contexto mitológico da imagem. O perigo é personalizar e "patologizar" fenômenos arquetípicos, sendo que essa tendência, no debate psicológico da época, estabelecia paralelos com a repressão muitas vezes brutal que o *establishment* exercia sobre a luta dos jovens pelos direitos civis, a igualdade racial e a liberdade sexual. Rapazes e moças que se rebelavam eram encarados pelos pais como rebeldes sem causa ou, na melhor das hipóteses, como rebeldes manipulados para apoiar causas erradas. Eram vistos como típicos *puers* e *puellas* em sua recusa tanto do *status quo* quanto da maturidade e da responsabilidade tal qual as definia o *status quo*.

Os que não eram politicamente ativos e preferiam refugiar-se num reino espiritual particular de fantasia mais ou menos passiva, muitas vezes inspirados pelas práticas religiosas orientais, não se saíam melhor que os ativistas. Corriam igualmente o perigo de ser considerados patológicos e de precisar de uma boa dose de trabalho pesado a fim de alicerçar-se produtivamente na mesmíssima realidade adulta que eles contestavam escrupulosamente. Nos Estados Unidos, os disparos da Guarda Nacional, na Kent State University, no dia 4 de maio de 1970, e o empenho dos conscritos que se opunham ao serviço militar no Vietnã são apenas dois exemplos de uma longa lista de incidentes e protestos na revolução social do mundo ocidental, nas décadas de 1960 e 1970.

Em um exaustivo estudo da psicologia do *puer*, publicado pela primeira vez em 1970, Marie-Louise von Franz caracteriza o típico *puer* como uma pessoa que leva uma "vida provisória". Isso significa que essa pessoa cultiva "a estranha atitude e o estranho sentimento" de que seu trabalho ou carreira, sua cidade, seu carro, seu empreendimento criativo ou seu cônjuge "*ainda não* são o que ela realmente quer, e nela persiste a fantasia de que num futuro vago há de surgir algo verdadeiramente desejável".[7] Von Franz resume sua visão do *puer* da seguinte maneira:

---

7. *Puer Aeternus: A Psychological Study of the Adult Struggle with the Paradise of Childhood*, p. 2. Von Franz menciona "outro tipo de *puer* que não exibe o charme da eterna juventude nem apresenta o brilho do arquétipo da juventude divina. Pelo contrário,

Nenhuma dessas reações é, na verdade, muito pessoal ou muito especial. Essa pessoa se torna um tipo, o tipo do *puer aeternus*. Transforma-se num arquétipo, e quem se transforma nisso nada tem de original [...] Ela é meramente o arquétipo do eterno deus da juventude e, por conseguinte, tem todas as características desse deus: aspira nostalgicamente à morte; pensa em si mesma como algo especial; é o ser sensível em meio à brutalidade de todos os demais. Terá problemas com uma sombra agressiva, destrutiva, a qual ela não quer viver e geralmente projeta, e assim por diante. Não há absolutamente nada de especial. Quanto pior for a identificação com o deus juvenil, menos individual é a pessoa, ainda que ela se sinta muito especial.[8]

Embora lhe valorizassem muito a espontaneidade, a criatividade e a alegria, o *puer* tendia a causar uma impressão muito negativa, sobretudo porque era inevitável que se enfatizasse a patologia daquele que, já bem entrado na vida adulta, mantém-se inconscientemente identificado com o arquétipo do jovem, em outras palavras, preso a um comportamento estereotipicamente infantil ou adolescente.

Grande parte da literatura anterior tratava como sinônimos o *"puer"* e o *"filho da mãe"*. O *puer* era descrito como prisioneiro de uma relação debilitante com "a mãe", atado a seu avental ou metaforicamente devorado e mantido efetivamente apartado da vida por uma "mãe-morte" superpossessiva. O vínculo instintivo inicial entre mãe e filho transforma-se, então, num liame emocional que determina o caminho deste na vida muito depois e apesar de haver fugido do berço. Tudo continua girando em torno do olhar aprovador ou reprovador da mãe. Mesmo ao rebelar-se contra a severidade da mãe pessoal, o filho que assume uma postura aparentemente heróica e independente muitas vezes permanece a serviço da Mãe arquetípica por causa do seu dever para com a família, com a profissão, com a vida cívica e cultural (tudo parte da provín-

---

vive num contínuo torpor sonolento, e também isso é uma característica adolescente típica [...] No entanto, essa sonolência é apenas um aspecto exterior, e quem conseguir penetrá-la descobrirá que dentro dela se cultiva uma animada vida fantasiosa". (*Ibid.*, p. 4) Giles Clark discute esse outro tipo de *puer* em "The Transformation of 'Spiritual Image' and 'Instinctual Shadow' into 'Instinctual Spirit'".
8. *Puer Aeternus*, pp. 121 ss.

cia material da Grande Deusa), com o resultado de que ele, em geral involuntariamente, "evita seu destino".⁹ Em termos de traços de personalidade, um forte vínculo emocional, que podemos chamar de o reino materno, manifesta-se, por um lado, em certa preciosidade, uma sensação de ser especial e diferente, um exemplo fictício do que vemos no jovem herói Stephen, de James Joyce, que está sempre "à margem", um pouco à parte dos colegas, sempre isolado. Por outro lado, quando fora da província da mãe e, metaforicamente, longe do alcance do seu olhar vigilante, o "filho da mãe" sente uma incapacidade de caminhar com as próprias pernas e aceitar os riscos, os desafios e a imprevisível plenitude da vida, incapaz de realizar a coragem "de viver, errar, cair, triunfar, recriar a vida a partir da vida", para citar James Joyce ainda uma vez.¹⁰ Conseqüentemente, o *puer* permanece dissociado de seus sentimentos. Para se proteger inconscientemente do sofrimento, ele se resguarda da possibilidade de abandono, rejeição e decepção com uma série de defesas que, antes de mais nada, o impedem de viver plenamente a vida.

Jung descreve a neurose do "filho da mãe" em termos de uma "conspiração secreta entre mãe e filho, [...] [na qual] um ajuda o outro a mentir diante da vida".¹¹ Ele prossegue:

> Há [no filho] um desejo de tocar o real com as mãos, de abraçar a terra e de fecundar o campo do mundo. Porém ele é apenas capaz de impulsos impacientes, pois sua perseverança, assim como suas forças propulsoras, está paralisada pela lembrança secreta de que pode receber o mundo e a felicidade como presentes — da mãe. O fragmento do mundo que ele, como todo homem, tem sempre de enfrentar nunca é de todo verdadeiro, pois não cai do céu, não vem ao seu encontro, mas oferece resistência, quer ser conquistado e só se entrega à força. Reclama a masculinidade do homem, o seu entusiasmo e, acima de tudo, a sua coragem e seu poder de decisão quando se trata de colocar todo o seu ser no prato da balança. Para tanto ele precisaria de um Eros desleal,

---

9. James Hillman, "The Great Mother, Her Son, Her Hero, and the Puer", *in* Patricia Berry, org., *Fathers and Mothers*, p. 175.
10. *A Portrait of the Artist as a Young Man*, p. 172.
11. "The Syzygy: Anima and Animus", *Aion*, CW 9ii, par. 21 (CW refere-se, neste livro, a *The Collected Works of C. G. Jung*).

que o fizesse capaz de esquecer a mãe e de se entregar à dor de abandonar o primeiro amor de sua vida.[12]

Portanto, esse tipo de *puer* jamais tem sossego *na vida*. Ele paira acima de tudo no reino das idéias e da fantasia e, convencido de que é muito especial, acha que a vida está em débito com ele. Como diz von Franz, "Muitos *puer aeterni* não conseguem sequer ser infelizes! [...] antecipam a decepção para não sofrer o golpe, e isso é uma recusa a viver".[13]

Em nossa discussão, é importante saber como se empregam os termos "mãe" e "pai". Por trás de toda experiência pessoal de maternidade e de paternidade (que não provém necessariamente de nossos pais biológicos ou, no caso da maternidade, de uma mulher e, no da paternidade, de um homem), existem imagens coletivas, culturais, da Mãe e do Pai, vistas nas instituições, nas igrejas, na iconografia religiosa e nos conceitos de Divindade. Nossas experiências pessoais de maternidade e paternidade são necessariamente parciais, mediadas pelas pessoas ordinariamente humanas e, portanto, limitadas, que cuidam de nós; também elas são influenciadas pelo mistério de nossas próprias predisposições inatas. Do mesmo modo, é inevitável que as imagens culturais dos pais arquetípicos, embora medeiem muito mais que nossos pais pessoais, sejam limitadas e limitantes. Por isso a história da civilização está marcada por fenômenos culturais como a morte e o nascimento de religiões, à medida que uma antiga idéia da Divindade morre e outra imagem — geralmente expandida — da natureza da realidade suprema se realiza.

Temos duas Mães arquetípicas: a Mãe Natureza, a cujo impulso à instintividade e à inconsciência nós, na condição de seres humanos, temos de resistir; e a Mãe Cultura, ora apresentada como a Mãe Igreja, ora como a Mãe Pátria, as instituições e empresas que se ocupam de nossas diversas necessidades. O Pai arquetípico, conforme a imagem cultural do Deus Pai que a cultura ocidental cristã herdou do Velho Testamento, é representado nas leis, nos mandamentos e nas normas sociais segundo as quais estruturamos a sociedade e nos governamos

---

12. *Ibid.*, par. 22.
13. *Puer Aeternus*, p. 118.

coletivamente. Na tradição bíblica, só depois que Jó questionou os limites dessa antiga imagem de Deus e, posteriormente, com o advento de Cristo, o representante de uma nova ética espiritual fundada no amor em vez da obediência, é que se introduziu na consciência ocidental uma nova dimensão ou potencialidade do espírito-pai.

A temível tarefa da individuação, termo com que Jung designa a busca permanente da auto-realização, inclui a luta para diferenciar conscientemente as manifestações parentais e culturais dos arquétipos a fim de realizar o modo de vida único e independente de cada um, as chamadas energias femininas e masculinas que, juntas, formam a base, a matéria e o espírito do nosso ser psicobiológico. As velhas formas nas quais a energia arquetípica habitualmente tende a fluir, em complexos pessoais, neuroses familiares e prerrogativas culturais, precisam ser testadas, senão interrompidas, a menos que se queira viver a vida numa adesão inconsciente a um modo de ser (a Mãe arquetípica) ou de pensar (o Pai arquetípico) que pode sufocar o espírito e obstruir o destino natural. Pai ou Mãe de mais pode ser uma herança tão pesada quanto Pai ou Mãe de menos:

> A Mãe passa a ser [...] a Mãe Estado Social, a Mãe Universidade, a querida Alma Mater, defendida pelo Pai, que se transforma em Pai Hierarquia, Pai Lei, Pai *Status Quo*. Nós introjetamos inconscientemente o poder inerente a essas figuras arquetípicas que, na falta do processo de individuação, permanecem intactas num nível infantil. E, enquanto permanecerem intactas, enquanto não forem interrompidas pela consciência capaz de lhes retirar o poder, os ditadores interiores escravizam mais cruelmente que os exteriores.[14]

Esses comentários sobre as imagens parentais pessoais e coletivas nos remetem ao nosso interesse anterior pela relação do *puer* com a mãe/matéria e suscita a questão da relação do menino eterno com o pai/espírito, ou *senex*. Em boa parte desses comentários, Jung fala no "jovem eterno", não no "filho da mãe". Ele enfatiza o significado arquetípico e mitológico da figura do jovem deus, subjacente a toda incidência individual e potencialmente patológica da psicologia do *puer*.

---

14. Marion Woodman, *The Ravaged Bridegroom: Masculinity in Women*, p. 18.

Enquanto imagem de uma dinâmica psíquica universal, o *puer aeternus* torna-se uma vez mais numinoso e paradoxal. Jung avalia a complexidade arquetípica da imagem.[15] De fato, a "criança divina" geralmente se apresenta como uma ambígua figura dúplice, por exemplo, nas representações do menino Dioniso com barba de adulto. O jovem divino muitas vezes aparece ao lado do pai ou de um velho, como nas representações do jovem Baco na companhia do idoso Sileno. Essas imagens indicam uma ligação do menino eterno com o antigo culto fenício do pai e do filho, ligação esta que introduz um espírito procriador masculino ou uma qualidade fálica de libido que é pré-helênica, historicamente anterior e flagrantemente ausente na imagem ulterior e mais conhecida da díade mãe/filho-amante (Vênus/Adônis, Cibele/Átis).

Em suas reflexões sobre o *puer aeternus*, James Hillman aborda o reconhecimento de Jung do vínculo mitológico entre juventude e velhice e, a partir dele, elabora uma discussão sobre a configuração *puer-et-senex*, o menino divino e o ancião. Ele argumenta que o *puer* aduz principalmente um fenômeno espiritual e, como tal, pede uma releitura em termos de "pai" e em relação com o *senex*, não em termos de "mãe" e em relação com a matéria. Hillman nos lembra que o jovem Jung enfoca a relação entre o filho/herói e a mãe, e a oposição entre eles, como o paradigma mitológico do desenvolvimento da consciência: o espírito/filho-herói definido em oposição à matéria/mãe. Todavia, posteriormente, Jung se volta para um paradigma alquímico, com ênfase na independência e na autonomia do espírito e na misteriosa e complexa relação tanto do espírito quanto da matéria com o funcionamento da psique. Hillman propõe que nós

> diferenciamos *puer*, herói e filho, e [...] sugerimos que tanto o filho que sucumbe quanto o herói que triunfa ganham sua definição por meio da relação com a *magna mater* [...] [sendo que] o *puer* tira a sua definição da polaridade *senex-puer*.[16]

---

15. Vide "The Psychology of the Child Archetype", *The Archetypes and the Collective Unconscious*, CW 9i.
16. "The Great Mother, Her Son, Her Hero, and the Puer", *in* Berry, *Fathers and Mothers*, p. 166.

J. M. Barrie, aos 51 anos, e Michael Llewelyn Davies,
aos 12, em julho de 1912

Hillman sustenta que tratar o *puer* e o *senex* separadamente é divorciá-los do contexto arquetípico e, conseqüentemente, compreendê-los mal e expor-se ao risco de patologizar a ambos. Ele argumenta que *puer* e *senex* representam duas faces da configuração arquetípica *puer-et-senex* (ou *senex-et-puer*) e, para sustentar sua argumentação, recorda que

> o arquétipo *per se* é ambivalente e paradoxal, abrangendo o espírito e a natureza, a psique e a matéria, a consciência e a inconsciência; [...] A oposição inerente no interior do arquétipo polariza-se ao entrar na consciência do ego.[17]

Segue-se, pois, que as expressões "tipicamente *puer*" e "tipicamente *senex*" significam, de fato, "somente *puer*" e "somente *senex*", em outras palavras, a posse por intermédio de uma única face do arquétipo. Quando a consciência fragmenta o arquétipo desse modo, observa Hillman, "Temos um padrão bem conhecido: ação que não conhece [*puer*] e conhecimento que não age [*senex*], o fanático *versus* o cético, comumente formulado como juventude e velhice".[18]

Argumentando contra a aceitação fácil e acrítica da inevitabilidade de semelhante fragmentação do *puer* e do *senex* em "semipapéis" fixos e inalteráveis, Hillman sugere que o padrão ordenador de *puer-et-senex* é essencial a uma noção sadia e estável de "autocontinuidade e auto-identidade", nos diversos estágios da existência. O processo da vida não requer o impulso unicamente *puer* para morrer nem a conversão à rigidez do ceticismo da atitude unicamente *senex*. Aponta, isto sim, para a necessidade da unidade *puer-et-senex*, uma "dupla verdade" ambígua que representa mais cabalmente a natureza equívoca do arquétipo:

> Continuando fiel ao nosso espírito *puer* de outrora e afirmando-o conscientemente, nós já assumimos a virtude *senex* da responsabilidade e da ordem [...] Ser fiel à natureza do *puer* significa admitir nosso passado *puer* — com todas as suas cabriolas, os seus gestos e as suas ensolaradas aspirações. Dessa história extraímos conseqüências. Respondendo por elas, deixamos a história emparelhar-se conosco e, assim, diminuímos nossa pressa. A História é a sombra *senex* do *puer*, que lhe dá

---
17. *Puer Papers*, p. 12.
18. *Ibid.*

substância. Ao longo da nossa história individual, o *puer* se funde com o *senex*, o eterno volta a entrar no tempo, o falcão retorna ao braço do falcoeiro.[19]

No ensaio "On the Necessity of Abnormal Psychology" [Sobre a Necessidade de uma Psicologia do Comportamento Anormal], Hillman acompanha a afirmação de Jung segundo a qual "os Deuses transformaram-se em doenças" e argumenta que o arquétipo está longe de ser "primordialmente prístino":

> As figuras do mito — briguentas, embusteiras, sexualmente obcecadas, vingativas, vulneráveis, mortíferas, dilaceradas — mostram que os Deuses não são exclusivamente modelos de perfeição, recaindo as anormalidades apenas sobre os homens. Os mitemas onde aparecem os Deuses estão repletos de comportamentos que, do ponto de vista secular, devem ser classificados como patologia criminosa, monstruosidade moral ou desordens de personalidade.[20]

Assim, Hillman pede a reavaliação e a aceitação da *infirmitas* ou da "ambigüidade não-prístina" do arquétipo, pois só isso é capaz de mostrar os padrões da "nossa autodivisão e erro, das nossas chagas e misérias, oferecendo um estilo, uma justificativa e um senso de significado" a nossa própria *infirmitas*. Ao considerarmos qualquer configuração arquetípica, parece imperativo evitar a tentação de eliminar o paradoxo desconcertante, tratando de separar (de maneira moralista) o negativo do positivo, a patologia da virtude, e de enfocar um só pólo a fim de excluir o outro.

Voltando brevemente a Barrie, constatamos, com base em suas anotações de 1920, escritas sob o impacto da I Guerra Mundial, que ele tinha plena consciência tanto da divisão quanto da necessidade da relação entre o *puer* e o *senex*:

> Velhice e Juventude, os dois grandes inimigos [...] A velhice (sabedoria) fracassou — Vejamos, pois, o que a juventude (audácia) há de fazer

---

19. *Ibid.*, pp. 32, 25.
20. Hillman, org., *Facing the Gods*, p. 3. [*Encarando os Deuses*, publicado pela Editora Pensamento, São Paulo, 1992.]

[...] Em suma, surgiu uma nova moralidade que busca seguir o seu próprio caminho contra os veementes protestos (ou o desespero) da antiga. Não poderá existir nenhuma discussão entre as duas enquanto não se admitir isso. Na atual controvérsia, não se admite — o Velho xinga o Novo de [...] vil [porque] é diferente dele — e o Novo despreza o Velho como um sentimento falso e esgotado. Quando admitirem que o outro tem algo a dizer, [...] eles poderão discutir — antes disso, não.[21]

Mesmo sem citar Hillman no seu ensaio "Puer Aeternus: The Narcissistic Relation to the Self" [Puer Aeternus: A Relação Narcisista com o Self], Jeffrey Satinover parece apreciar e explorar, mais cabalmente que a maior parte dos que escrevem sobre o tema, a riquíssima *infirmitas* da configuração arquetípica *puer-senex* da qual fala Hillman.[22] Ele situa o "problema" do eterno adolescente na falta de sentido de identidade, o qual o *puer* compensa com seu comportamento. Essa falta de sentido de identidade, ou de si mesmo como um todo coeso, resulta em inquietantes sentimentos de fragmentação e falta de valor. Motiva a busca, por parte do *puer*, de cumes extáticos — na droga, no álcool, no sexo, no esporte e nas aventuras evasivas — capazes de transcender o conflito externo ou a depressão interior que ameaça a fragmentação. Esses cumes estão por trás da sua turbulenta busca por um estado de estabilidade e harmonia que, embora fugaz, sustente momentaneamente a desejada experiência de ser especial, de ter valor e significado e, assim, proporcione-lhe a ilusão de ser ele mesmo.

Erich Neumann sublinha a importância que tem o desenvolvimento posterior da personalidade da "relação primitiva" da díade mãe-filho inicial. Se for capaz de mediar os aspectos positivos do arquétipo materno, a mãe despertará no filho um sentimento básico de segurança, uma sensação de "continuidade do ser" e uma experiência positiva do mundo.[23] É com base nesse sentido de segurança que se desenvolve a capacidade da criança de confiar em si mesma e no mundo. A "confiança básica" compensa o sentimento de "perda básica", conseqüência de fatos inevitáveis da vida da criança como o desmame, a consciência gra-

---

21. Andrew Birkin, *J. M. Barrie and the Lost Boys*, pp. 286 ss.
22. In *Quadrant*, vol. 13, nº 2, pp. 75 ss.
23. *The Child*, p. 29. [*A Criança*, publicado pela Editora Cultrix, São Paulo, 1991.]

dual de si como indivíduo separado da mãe e a diminuição da atenção desta. Eric Erikson escreve:

> O estado geral de confiança [...] implica não só que a pessoa tenha aprendido a confiar na inalterabilidade e na continuidade dos mantenedores externos, mas também que pode confiar em si e na capacidade de seus próprios órgãos de atender às suas necessidades; que ela é capaz de se considerar confiável a ponto de os mantenedores não precisarem ficar de plantão ou se afastar.[24]

Do mesmo modo, ao tratar do estágio de desenvolvimento da infância, Satinover realça a importância da resposta sadia daquele que cuida da criança aos sinais de uma constelação de padrões, ou da ativação, do *Self* na criança, sendo esse "*Self*" um termo descritivo do fator ordenador inato na psique, que deve sustentar todo e qualquer desdobramento sadio da personalidade única rumo à plenitude psicobiológica. Essa constelação de padrões é o fundamento de todo sentido futuro de identidade e de auto-estima. Manifesta-se, na criança de 2 ou 3 anos, na forma de autoconfiança, grandiosidade e auto-importância. E, por mais que conduza a comportamentos difíceis de tolerar, fáceis de censurar e punir e muitas vezes rotulados às pressas de patologicamente narcisistas, isso indica que, sob a superfície, a coesão dos fragmentos do ego [começa] a formar uma unidade funcional", a qual é experimentada como uma sensação de individualidade.[25]

Satinover emprega a expressão "narcisismo adequado" ao discorrer sobre o emergente sentimento de individualidade na criança. Essa expressão descreve o desenvolvimento da capacidade de introversão sadia, essencial à futura estabilidade da personalidade, pois torna a pessoa apta a "refletir-se adequadamente a si mesma" e a "manter um sentido estável de identidade". Quando essa capacidade não se realiza ou é deficiente, falta a coesão psíquica da qual a personalidade pode depender em épocas de tensão. Todo sentido de individualidade permanece vacilante e instável, resultando em erráticas oscilações no estado de espírito, em petulância ou retraimento. Geralmente ele se conserva

---

24. *Identity: Youth and Crisis*, pp. 101 ss.
25. "Puer Aeternus: The Narcissistic Relation to the Self", p. 80.

intimamente ligado aos "estados polares dos [ciclos do] *Self*: a constelação e a fragmentação" que caracterizam o estágio pré-edipiano de desenvolvimento e explica, no adulto, uma experiência repetitiva de altos e baixos extremos.[26] Por conseguinte, Satinover acredita que a psicologia do *puer* começa mais cedo do que pensa a maior parte dos autores. Ela começa antes da idade de 3 a 5 anos, período em que, segundo ensina Freud, o afeto parental domina o desenvolvimento, também compõem-se os complexos de mãe e pai e se cristalizam os padrões de relação com a realidade exterior e os "outros" fatores externos:

> Explícita ou implicitamente, está presente na maioria das descrições do *puer* a idéia de que grande parte da neurose consiste numa incapacidade de adaptação à realidade exterior. A idéia que eu quero apresentar é a de que a incapacidade do *puer* de se adaptar à realidade, quando é este o caso, não é primária. A característica primária da psicologia do *puer* é a incapacidade de desenvolver um tipo particular de narcisismo; é um fracasso da adaptação introvertida; sendo a incapacidade de se adaptar ao exterior, quando presente, uma conseqüência secundária desse fracasso interior. Portanto, o tratamento que [...] visa à adaptação à realidade, na melhor das hipóteses, visa a um sintoma secundário, deixando intacto o núcleo da neurose.[27]

O problema do *puer* localiza-se, pois, na primeira infância, com os fundamentos da construção da alma, não na adolescência, quando ele se manifesta como um distúrbio particular de adaptação.

Nos anos 70, o peso da discussão analítica a respeito da psicologia do *puer* recaiu sobre o apego debilitante do eterno adolescente à mãe e sobre sua incapacidade de se relacionar com os outros e com o mundo exterior. Sendo, indiscutivelmente, a mais conhecida figura da infância eterna do século XX, Peter Pan pode dar a impressão de se encaixar nessa descrição "clássica" do *puer aeternus*, muito embora não seja típico nem como "filho" nem como "herói". Ele se ocupa do *senex* (o Capitão Gancho) e proclama uma obstinada independência de espírito, do mesmo modo que, em sua recusa de crescer e tornar-se homem, opõe-se às "mães" (a Sra. Darling) e resiste ao desenvolvimento e à conven-

---

26. *Ibid.*, p. 85
27. *Ibid.*, p. 78.

ção. Por conseguinte, parece oportuno reconsiderar o *puer aeternus* avaliando primeiramente sua imagem tal qual nos é apresentada na figura de Peter Pan, fazendo-o à luz do comentário mitológico e alquímico de Jung, da ênfase arquetípica de Hillman sobre o *puer* como imperativo espiritual e dos *insights* de Satinover relativos à solução do "problema do *puer*" em um narcisismo sadio, não patológico.

Recentemente o foco de interesse fixou-se na preocupação da psicologia com o narcisisticamente magoado [28] — o que foi de grande utilidade. Não obstante, até agora é escassa a discussão comprovada sobre o *puer* na literatura corrente. É lamentável, visto que o problema decerto não desapareceu, nem eu acredito que ele possa ser adequadamente acolhido sob o "guarda-chuva" da "mágoa narcisista", a não ser que, como alega Nathan Schwartz-Salant, aborde-se a dimensão arquetípica do problema:

> Se o ego não lidar com a dimensão introvertida e não se apropriar da função criativa da imaginação, a cura das desordens narcisistas será incompleta e instável. O domínio interior a que a introversão se dirige é o domínio tradicionalmente denominado espírito. Eis a razão por que o problema narcisista, embora se mostre tão superficial, penetra, na verdade, muito profundamente. Pois as questões levantadas pela desordem do caráter narcisista são questões vinculadas ao sofrimento e às camadas profundas do espírito.[29]

Mario Jacoby também preconiza a cuidadosa diferenciação entre os distúrbios da personalidade narcisista e o problema do "domínio do complexo negativo da mãe" (o qual supostamente subjaz à psicologia do *puer*), pois, "ainda que todo distúrbio narcisista tenha raízes em um complexo negativo da mãe, pode-se encontrar o mesmo complexo em outros tipos de moléstias psíquicas (por exemplo, nos distúrbios limítrofes ou nas psicoses)".[30] A isso eu acrescentaria a importância do

---

28. Vide sobretudo os trabalhos de Heinz Kohut, Nathan Schwartz-Salant, Mario Jacoby e Kathrin Asper (citados na bibliografia).
29. *Narcissism and Character Transformation: The Psychology of Narcissistic Character Disorders*, p. 28. [*Narcisismo e Transformação do Caráter*, publicado pela Editora Cultrix, São Paulo, 1988.]
30. *Individuation and Narcissism: The Psychology of Self in Jung and Kohut*, p. 182.

Michael Llewelyn Davies: *à esquerda*, fantasiado; *à direita*, com uma taça de críquete

pai no desenvolvimento do eu e a coloração individual do complexo do "pai", sobre o qual repousa a ativação positiva — ou não — da libido masculina criativa consciente. O *patrix*, enquanto imagem da fonte original da masculinidade, precisa ser valorizado como um fator essencial e coexistente com a *matrix*. Só no outro e por intermédio do outro realiza-se a criatividade e a "procriatividade" de cada um: a mãe *e* o pai.[31] Voltando ao nosso livro, a longevidade de Peter Pan, o *puer aeternus* de J. M. Barrie, na condição de figura vital da cultura popular, sustenta o argumento de Satinover segundo o qual, no fim do século XX, nós continuamos testemunhando

> o impressionante aumento da incidência desse tipo de personalidade: uma personalidade caracterizada, de um lado, pelo ajustamento precário às exigências cotidianas, pela incapacidade de estabelecer metas estáveis e de alcançar realizações duráveis de acordo com essas metas e pela predisposição ao apego romântico intenso mas efêmero e, de outro, pelo idealismo nobre, a imaginação fértil, o *insight* espiritual e ainda, com muita freqüência, o extraordinário talento.[32]

A indiscutível força do magnetismo de Peter Pan no primeiro quartel deste século, nos públicos adulto e infantil, sugere também que sua contagiosa "magia" reflete tanto a "função criativa da imaginação [...] [quanto] o sofrimento e as profundezas da alma", para citar uma vez mais Schwartz-Salant, como a forma de um complexo pessoal ou de uma patologia coletiva.

A psicologia analítica tem uma história de atenção à mitologia e às imagens da cultura popular, enquanto reflexos das configurações psicológicas conscientes e inconscientes, individuais e coletivas, que deter-

---

31. Vide a discussão sobre a paternidade em Peter Tatham, *The Makings of Maleness: Men, Women, and the Flight of Daedalus*, e Marion Woodman, *The Pregnant Virgin: A Process of Psychological Transformation*, no qual há uma discussão sobre o *"patrix"* paternal como fonte original complementar e co-igual à *"matrix"* maternal. Vide também Eugene Monick, *Phallos: Sacred Image of the Masculine*, no qual o autor estuda a origem paternal da psique, distingue a masculinidade da "doença estabelecida do patriarcado" e anuncia a necessidade de uma apreciação pós-patriarcal e pós-matriarcal do masculino e do feminino, dando peso igual a ambos.
32. "Puer Aeternus: The Narcissistic Relation to the Self", p. 75.

minam a cor e o teor de um período particular da sociedade. Por isso, vamos começar do começo, da mitologia e da revisão das características de alguns deuses, esses eternos jovens da Antigüidade que podem ser considerados ancestrais mitológicos de Peter Pan. Empreenderemos uma leitura psicológica do livro de Barrie em busca da luz que seu tratamento artístico ao menino eterno pode projetar sobre a nossa compreensão da psicologia do *puer*. Ocupar-nos-emos particularmente em avaliar o *puer* de Barrie como uma personagem descritiva de uma dinâmica psíquica mais geral, ligada ao fenômeno da criatividade autônoma e ativa tanto nos homens quanto nas mulheres.

Citando só alguns dos autores mencionados anteriormente, Jung enfatiza a androginia da psique humana; Hillman nos lembra da universalidade dos imperativos arquetípicos e da *infirmitas* essencial do arquétipo; Schwartz-Salant escreve que a "meta adequada" da energia investida na atividade narcisista é "a descoberta da individualidade guiada pelo arquétipo central, o *Self*"; von Franz refere-se, ainda que de passagem, ao problema do *puer* na psicologia da mulher; e Satinover indica que, embora se tenha atribuído um caráter sexual (o apego inicial do filho pela mãe) à origem da psicologia do *puer*, o que fez, naturalmente, com que ela "se prestasse mais prontamente à psicologia masculina [...], os *puers* não são menos comuns nas mulheres que nos homens".[33]

Se o *puer* e o *senex*, tal qual aparecem no mito, no conto, na literatura e na vida e nos sonhos cotidianos dos indivíduos, são de fato imagens de energias universais, arquetípicas, ambos devem servir, por definição, como termos descritivos de dinâmicas em ação tanto na psicologia do homem quanto na da mulher. Como escreve Peter Tatham, o *puer aeternus* é, afinal de contas,

> aquela juventude relacionada com a eternidade: a idade do nosso universo. E é o deus desse éon, assim como do éon que há de vir, sempre renovado e a renovar-se. É ao mesmo tempo um rapaz e, quando aparece sem chifres, tem a aparência de uma menina. Assim, nós confirmamos aqui a imagem do *puer* como a pessoa imatura de qualquer sexo. Ele é o mais adorável dos deuses, o que dissolve o velho e traz o novo, o que inebria, levando as pessoas para fora da mente consciente, com

---

33. *Ibid.*, pp. 81 ss.

seus entusiasmos, apenas para pairar sobre elas, enquanto recuperam essas faculdades, a fim de aguardar seu reconhecimento. O *puer aeternus* é, pois, não só o novo e o que há de vir, como também o próprio processo pelo qual o presente se transforma em algo novo — o imaturo, a crisálida e o imago, tudo contido no mesmo todo.

[...] É importante reiterar que o que se denomina *puer* não possui propriamente um *sexo* e, portanto, não precisa se opor ao feminino *puella*. Do mesmo modo, ele não se refere unicamente aos meninos: é uma imagem da própria dinâmica da mudança.[34]

---

34. Tatham, *The Makings of Maleness*, p. 25; grifo meu.

Nossa mitologia perdeu um sem-número de histórias relativas às divindades que nos são mais conhecidas. A substância das histórias estava contida na figura da própria divindade, mas não havia uma única história capaz de apresentar a figura toda em todos os seus aspectos. Os deuses viviam na alma dos nossos antepassados, e não entravam integralmente em nenhuma história. Sem embargo disso, cada história — agora como então — contém alguma parte viva deles, um contributo para a sua completação.

— Karl Kerényi, *The Gods of the Greeks.*

2

A Genealogia Mitológica de Peter Pan e os Tipos do *Puer Aeternus*

Alguns Usos Literários do Mito

Qualquer coisa vista sem preconceito é enorme.
— Mervyn Peake.

Num Provérbio de "The Marriage of Heaven and Hell" [O Matrimônio do Céu com o Inferno], William Blake escreve: "O que está hoje provado outrora era apenas imaginado [...] / Tudo pode ser tomado como uma imagem da verdade".[35]

No primeiro Provérbio, Blake afirma a base arquetípica, mitológica, da nossa experiência, assim como a infinita variedade dessa base ou verdade, e o poder da imagem de evocar (e talvez invocar) sua enigmática presença. No segundo, lembra-nos que damos forma e significado à existência humana por meio da incursão da imaginação autônoma pelo desconhecido e inimaginável e das idéias, ações e obras de arte dela decorrentes. Por conseguinte, pode-se ver a imagem e a imaginação qual operações que, antes de tudo, permitem-nos criar os nossos mundos e recriá-los continuamente numa nova e infinita possibilidade. Para tanto, e recorrendo uma vez mais à linguagem poética de Blake, é essencial que as "portas da percepção" do ego perceptivo se "purifiquem" e se abram para o mistério tanto da nossa realidade interior quanto exterior; e, assim, para a "A formação, a transformação / A eterna recriação

---

35. *Complete Writings*, p. 151 (Ilustração 8).

da Mente Eterna".[36] Nos termos do artista e fantasista britânico Mervyn Peake, citado acima, temos de aprender a ver e a ouvir sem preconceito para compreender plenamente a enormidade do mundo.

Embora o movimento da imaginação pareça ser para fora, pareça provar e "dar feição" ao anteriormente inexplorado, dissolver antigas formas e metamorfoseá-las em novas, seu impulso continua sendo igualmente o da mediação e da síntese. A imaginação é ao mesmo tempo provocante e sintética, diabólica e simbólica, tem o poder de distinguir e de unir. Acima de tudo, mediante a faculdade da imaginação, nós tentamos concretizar a realidade arquetípica e psíquica numa imagem, personagem ou conto, dando expressão a ela. Esses veículos de expressão são inevitavelmente insuficientes e, na melhor das hipóteses, fantásticos na tentativa de seguir a pista da esquiva estranheza da experiência psíquica imediata. Entretanto, no processo de criá-los, nós lutamos para ligar o desconhecido ao conhecido, o interior ao exterior, e para tornar visível o invisível. Desse modo, o material inconsciente é "transmitido" à consciência por meio da imagem mediadora, razão pela qual Jung comparou a obra de arte nascente a uma criança não-nascida, ainda no útero, sendo que cabe ao artista criativo o papel de parteira.[37]

Segundo Jung, quando confrontado com o material arquetípico e na busca de imagens com as quais representar a dinâmica intrapsíquica, o artista precisa voltar-se para o mito e para as figuras mitológicas a fim de dar expressão adequada a sua experiência:

> Como a expressão jamais consegue equiparar-se à riqueza da visão nem abranger todas as suas possibilidades, o poeta precisa ter a sua disposição uma gigantesca reserva de material, se quiser comunicar ainda que apenas uma fração do que vislumbrou, e também recorrer a imagens difíceis e contraditórias para exprimir os estranhos paradoxos de sua visão.[38]

A referência de Jung ao caráter difícil e contraditório das imagens do mito nos traz à lembrança a insistência de Hillman na *infirmitas* ine-

---

36. Goethe, *Fausto II*, coro final.
37. "On the Relation of Analytical Psychology to Poetry", *The Spirit in Man, Art and Literature*, CW 15.
38. "Psychology and Literature", *ibid.*, par. 151.

rente aos deuses, tal qual a revelam suas histórias. Contudo, é importante ater-se à imagem, diz Jung, por mais problemática que ela seja. A imagem original, críptica, numa fantasia, num sonho ou numa visão, apresenta uma manifestação imediata de conteúdo arquetípico. É, por esta razão, mais individual e ingênua, mais provocante e perturbadora e, ao mesmo tempo, menos compreensível que um símbolo coletivo pertencente a uma tradição cultural ou religiosa conhecida. Esse último ponto fica particularmente evidente quando um símbolo cultural coletivo perde a ressonância arquetípica porque se atrofiou, com o tempo, em virtude da excessiva elaboração consciente e da interpretação.

No caso de Peter Pan, cabe dizer que isso aconteceu devido às maquinações de Hollywood. Conforme Jung, um símbolo ainda vital é a melhor expressão possível de "um fato ainda desconhecido e incompreensível, de natureza mística ou transcendente, isto é, psicológica".[39] Do contrário, o símbolo funciona como um sinal, desprovido de sugestão arquetípica. Quando reduzidos a rótulos de lugar-comum do que é conhecido, o símbolo e a metáfora perdem a estranheza e o fascínio originais. Eles deixam de nos ligar ao que não é lugar-comum (o inconsciente, o arquetípico, o mitológico, o transcendental) e, assim, deixam de nos chocar, de nos surpreender e de nos inspirar com a evocação do mistério inelutável do mundo. Também isso nos devolve à necessidade de "atermo-nos" ao conteúdo muitas vezes contraditório e ambíguo de uma imagem inicial ou de um conto original.

A tendência da moderna atitude consciente racional e científica é a de se tornar unilateral e ignorar, desdenhar ou explicar racionalmente as extraordinárias *ir*realidades irracionais do mundo. O pólo oposto e a sombra inconsciente da louvável busca da verdade científica é a tendência a adotar uma paralisante fidelidade ao fato observável. Semelhante perspectiva há de despojar tanto o mundo quanto o símbolo de riqueza e profundidade, de ambigüidade e paradoxo, asfixiando o caráter numinoso da imagem arquetípica. Hillman escreve:

> A fidelidade ao fato observável evita o mistério, estreitando a múltipla ambigüidade dos significados numa única definição [...] Ela exige unidade de significado [...], [sendo que] os significados literais se trans-

---
39. "Definitions", *Psychological Types*, CW 6, par. 815.

formam em novos ídolos, em imagens fixas que nos dominam a visão e são inerentemente falsas, porque são únicas.[40]

Por outro lado, o panteão dos deuses da mitologia antiga oferece um contrapeso a esse literalismo. Ela apresenta um politeísmo: uma miríade de deuses e deusas que permitem um quadro de infinita diversidade e, assim, refletem a irredutível polivalência da psique e do mundo. Isso os poetas românticos souberam compreender, como se pode perceber no comentário que John Keats escreveu numa carta ao irmão George:

> A vida de um Homem de qualquer valor é uma alegoria contínua — e são poucos os olhos capazes de enxergar o Mistério da vida — uma vida tal qual as escrituras, figurativa — que essas pessoas não conseguem discernir mais do que a Bíblia hebraica. Lord Byron recorta uma figura — mas ele não é figurativo — Shakespeare viveu uma existência de Alegoria: sua obra são comentários sobre ela.[41]

Keats e outros poetas românticos voltaram-se para a mitologia porque o número praticamente ilimitado de mitos representava um vastíssimo precedente do qual a imaginação podia retirar imagens poéticas da verdade e da experiência humanas. Para ele, a missão do poeta era reimaginar uma personagem ou um conto mitológico conforme o teor da época e com a sensibilidade do indivíduo. O processo poético serve, pois, como uma espécie de cadinho no qual o poeta distingue, remodela e amplia as implicações da mitologia, tornando tópico o antigo e, ao mesmo tempo, clarificando seu senso pessoal das coisas. Esse empreendimento é essencialmente alegórico, como reconhece Keats em sua observação sobre a vida de Shakespeare.

T. S. Eliot descreve uma utilização literária mais recente do mito em seu comentário sobre *Ulisses* de James Joyce, romance no qual a peregrinação do protagonista Leopold Bloom pelas ruas de Dublin deve muito de sua forma e significado às bem anteriores perambulações do Odisseu de Homero. Eliot elogia o "método mítico" de composição de Joyce. Argumenta que a única maneira pela qual um escritor moderno pode

---

40. *Revisioning Psychology*, p. 19.
41. Robert Gittings, org., *Letters of John Keats*, p. 218.

impor forma e significado à experiência anárquica, fragmentada e espiritualmente estéril do mundo posterior à Grande Guerra é voltar-se para a antiga mitologia.[42] Ali se descobre, a partir da perspectiva do século XX, uma visão de mundo e uma escala de valores incomparavelmente ricas e ambíguas, bem que coesas, cuja *recordação* pode servir, ainda que apenas à guisa de contraste, para "escorar-se [nas] ruínas" desse "feixe de imagens despedaçadas" que é a psique européia.[43] A própria obra de Eliot, "The Waste Land" [A Terra Devastada], apresenta talvez o mais aclamado uso poético do mito por parte de um escritor do pós-guerra.

Do ponto de vista do nosso estudo, é importante levar em conta que as obras tanto de Joyce quanto de Eliot vinham sendo publicadas, lidas e acaloradamente discutidas, em Londres, exatamente quando J. M. Barrie elaborava e reelaborava seu retrato de Peter Pan, e é de se supor que, até certo ponto, ele tenha sido colhido e afetado pelo debate literário da época.

Conquanto Barrie não use o mito como um expediente estrutural flagrante, como fazem Eliot e Joyce, a introdução das flautas de Pã e de um bode vivo na primeira encenação de *Peter Pan*, assim como o uso do refrão "Vamos embora!", de um poema de W. B. Yeats, no título de um capítulo do livro, são apenas duas entre as muitas indicações de que o autor trabalhava conscientemente no mesmo paradigma mitológico. Dado seu apreço pela tradição literária, Barrie, sem dúvida, via seu conto infantil exatamente como Lewis Carroll encarava os livros de Alice: obras ostensivamente criadas para um público infantil, que igualmente serviam a seus autores de veículo de comentários sobre os costumes e valores contemporâneos e de exploração dos emaranhados da psique, da fantasia imaginativa e do processo criativo humanos.

A mídia popular estreitou a narrativa de Barrie e fixou a sua imagem do menino eterno em condensações, gibis, filmes e programas de televisão. Enquanto as revistas e as versões resumidas da história cometem os pecados da omissão e da simplificação excessiva, o filme e os programas de televisão tornam o imaginativo presente e concreto na sala de estar e nos cinemas durante a sessão. Trata-se de um pecado de

---

42. *Selected Prose of T. S. Eliot*, pp. 175-78.
43. T. S. Eliot, "The Waste Land", *in Collected Poems, 1909-1962*, pp. 53, 69.

apropriação: toma-se algo atemporal e eterno para trazê-lo ao tempo profano, "fixando" na imaginação popular apenas uma das múltiplas formas e possibilidades da imagem. Desse modo, o conto e seu herói definham e empalidecem à medida que são destituídos de profundidade imaginativa e reduzidos, por exemplo, ao contorno bidimensional de um desenho animado da Disney e, ao mesmo tempo, sentimentalizados e esvaziados de ressonância mitológica e psicológica.

Embora se possa argumentar que o filme contemporâneo, do mesmo modo que o aparentemente inocente desenho animado em particular, espelham para nós a vida arquetípica do coletivo tal qual faziam os contos populares no passado, é preciso reconhecer a profunda diferença entre um produto fabricado conscientemente (Disney), que nos chega *de fora* na forma de um artefato culturalmente determinado, e a lenda mais ou menos espontânea da experiência imediata (o conto popular), que é motivado a partir *de dentro*. Para redimir as muitas personagens e lendas da imaginação que sofreram redução nas mãos da mídia popular, temos de retornar às obras originais e lê-las e relê-las com o ouvido atento aos antecedentes literários e mitológicos tanto dos protagonistas quanto da narrativa, pois, se Ítalo Calvino tem razão, "Não é a voz que comanda a história: é o ouvido".[44]

Portanto, para *ouvir* as nuances mitológicas e psicológicas de um conto, precisamos reeducar e reafinar o ouvido interior, voltando às histórias dos deuses, porquanto o panteão pagão "oferece à psique diversas fantasias à medida que reflete suas muitas possibilidades".[45] Como alega Hillman,

> Estamos procurando compreender o que é essa "Grécia", que tanto atrai a psique, e o que a psique lá encontra [...] Voltamos à Grécia para redescobrir os arquétipos da nossa mente e da nossa cultura. A fantasia volta para lá a fim de se tornar arquetípica. Tornando ao mítico, ao que é não-factual e não-histórico, a psique consegue reimaginar sua condição factual e histórica em uma posição vantajosa. A Grécia passa a ser a múltipla lente de aumento através da qual a psique pode reconhecer

---

44. *Invisible Cities*, p. 106.
45. *Revisioning Psychology*, p. 29.

seus personagens e processos em configurações maiores que a vida, mas que pertencem à vida de nossas personalidades secundárias.[46]

Conseqüentemente, parece-me útil realçar algumas qualidades, muitas vezes contraditórias e enigmáticas, dos mais significativos precursores de Peter Pan, a fim de sondar as profundezas do conto de Barrie. Essa maneira mitológica de ouvir permite-nos interpretar o texto como essencialmente equívoco, que abriga múltiplas possibilidades de significado. Ele convida a uma abertura dos fantasmas da psique, do mito e da imaginação que assombram a literatura e o próprio âmago da linguagem.

Hermes/Mercúrio/Mercurius

Se quisermos ter sucesso ao reviver plenamente a imagem de [um] deus, temos de nos preparar não só para o que é imediatamente inteligível, mas também para o que é estranhamente enigmático. De fato, as imagens dos deuses gregos podem ser de tal modo resistentes à conceituação e à lógica que chegamos a nos sentir tentados [...] a citar os famosos versos pronunciados para descrever os seres humanos:
Eu não sou um livro engenhosamente elaborado,
Sou um [Deus] com sua autocontradição.
— Karl Kerényi, *Hermes: Guide of Souls*.

Inicio com o Hermes grego (o Mercúrio romano) não só porque seus atributos esclarecem muitas características de Peter Pan, como também porque desejo que ele oriente a minha leitura da narração de Barrie. De certo modo, eu o invoco na esperança de "ver" ou entender o espírito do deus Hermes, o que significa tentar, ainda que provisoriamente, ler, contar, recontar e escutar a história hermeticamente, ou seja, de maneira não convencional, em profundidade, psicologicamente e, tanto quanto possível, "sem preconceito":

Pois, aonde quer que se vá, hermeticamente, é-se levado à prolixidade [...] E Hermes desce todo o caminho — ao interior de hades, se se quiser, e por certo às profundezas do sono e do movimento psíquico —

---

46. *Ibid.*, p. 30.

antes de retornar trazendo as mensagens da alma (Perséfone, Eurídice) de volta para o lugar onde possam emprestar uma introvisão aos enganos e tédios diurnos. Esse curso de movimento para baixo pode ser uma fuga alada, veloz, por meio dos contornos e limites usuais, se dermos atenção à iconografia tradicional.[47]

A figura de Hermes é talvez mais conhecida entre nós como a de um belo rapaz que, calçando sandálias aladas mágicas e douradas, tem o poder de voar "por cima das fronteiras e dos limites usuais" entre o divino e o humano, entre o inconsciente e a consciência. A mitologia greco-romana cria tal imagem enganosamente simples, apontando para as irredutíveis discrepâncias características desse deus que, prototipicamente, tem formas cambiantes. Em conseqüência, o modo de ser cuja imagem Hermes representa é audacioso, inocente, astucioso, sábio, ctônico, fálico, mágico, obscuro, leve, atrevido, alegre, provocador, protetor... É impossível esgotar a *idéia* de Hermes, porque ele é, por natureza, equívoco, escorregadio, arisco, dúbio, brincalhão, surpreendente, e tem o poder de realizar os desejos e nos tornar invisíveis.

Hermes é ardiloso, enganador e um grande ladrão, sendo que, horas depois de nascer, roubou os bois do irmão Apolo. Ele é psicopompo, o guia das almas ao Reino dos Mortos, de modo que está ligado ao Hades e à noite: com seu caduceu, ele induz o sono e desperta os que dormem — é ele quem faz e governa os sonhos.[48] No entanto, Hermes também é o guardião do lar e o *inspirador* da vida familiar na forma de uma herma nas portas e janelas, lugares por "onde as almas entram".[49] A serviço de Atena, ensina a Odisseu o que é espectral e o que é preciso temer e evitar para que o herói se proteja da sedutora Circe e consiga viajar em segurança a Hades e retornar. No dia de seu nascimento, Hermes fabrica uma lira com a carapaça de uma tartaruga e a dá de presente a Apolo, proeza que o associa tanto à criatividade e à luz quanto às trevas. Enquanto inventor da linguagem, Hermes incorpora a clareza, a mediação e a comunicação, assim como o engano, a confusão e o engodo.

---

47. William G. Doty, "Hermes", *in* James Hillman, org., *Facing the Gods*, p. 130.
48. Na literatura, Shakespeare se vale do espírito de Hermes em personagens como Puck e Ariel, respectivamente em *A Mid-Summer's Night* e *The Tempest*.
49. Karl Kerényi, *Hermes: Guide of Souls*, p. 84.

Hermes descansando
(Bronze grego; Museu Nacional, Nápoles)

As histórias do nascimento de Hermes, como as do nascimento de todos os deuses e heróis, anunciam a sua essência esquiva. Segundo Kerényi, uma tradição antiga afirma que ele é filho de Urano (o Céu) e de Hemera (o Dia), porém todos os relatos atestam-lhe o caráter primevo e primordial: seu nascimento associa-se invariavelmente a uma das muitas formas da deusa original e, assim, àquilo que Goethe descreve como o Eterno Feminino (estado que, não nos esqueçamos, aproxima-se do Reino das Mães). Desse modo, pode-se compreender Hermes como "a primeira evocação do princípio puramente masculino por intermédio do feminino".[50]

Kerényi comenta ainda:

> Hermes, origem de seu próprio mundo, remonta ao tipo masculino de fonte da vida que se conserva muito próximo do feminino, contudo, próximo apenas na medida em que, sendo mais ativo, ainda consegue beneficiar o outro, mais constante, com duas coisas novas: consigo mesmo e com a continuidade de sua natureza ativa, o filho. Essa "continuidade" também pode chamar-se Eros.[51]

Um dos "filhos" de Hermes é justamente Eros, ou o próprio Hermes na forma infantil, que representa a perpetuação da natureza ativa e criativa do deus. Esse vínculo com o feminino também ganha ênfase em sua relação com a irmã, Afrodite. O culto cretense de Afrodite descreve o primeiro ser andrógino (Herm-afrodito) como uma manifestação do aspecto masculino da deusa nascida do amor incestuoso de Hermes com Afrodite. Inversamente, pode-se conceber Afrodite como os atributos femininos de Hermes e, na visão de Kerényi, talvez como a mais importante característica do deus até que sua masculinidade "nasça" e se separe mais claramente da matriz primitiva da Grande Deusa. (Em uma lenda, isso ocorre quando Hermes avista uma bela deusa, metáfora do nascimento do eros, do desejo sexual, erótico.)

Todas essas qualidades apontam para o deus como um *agente* ou elemento ativo da própria origem da vida, o imaginado caos primordial indiferenciado no qual tudo persiste *in potentia*. Assim sendo, o Hermes

---

50. *Ibid.*, p. 62.
51. *Ibid.*, p. 66.

ctônico, fálico, procriador manifesta o princípio masculino, ou a virilidade, em si. Por conseguinte, encontramos descrições do deus como dual, ao mesmo tempo jovem e velho, menino e barbado, filho e pai, procriador e procriado, pois todas essas são qualidades e potencialidades do imperativo gerador e transformador da origem da vida (ou o *patrix*, para empregar a expressão de Marion Woodman). Esse imperativo, nós geralmente o designamos como masculino, mas particularmente hermético ou mercurial, e lhe atribuímos a realização ativa *no mundo* do fogo prometeico da consciência humana.

A forma medieval de Hermes/Mercúrio era Mercurius. Como personificação do espírito da transformação, ele era igualmente o patrono das artes alquímicas, uma figura para o ingrediente essencial do alquimista e um símbolo tanto da meta quanto do processo do *opus* do alquimista. Tomando a forma exterior do mercúrio, ele teve um papel crucial na tentativa alquimista de alterar as substâncias químicas e transformar os metais básicos em ouro. Interiormente, enquanto espírito, ele incorporava os mistérios da psique humana.

Jung identifica o Mercurius espiritual com o jovem alado que, na psique, "figura como tudo quanto é alado ou que gostaria de criar asas",[52] representação da criatividade autônoma e, ao mesmo tempo, do impulso para escapar às restrições e ao confinamento das leis, das circunstâncias, das responsabilidades e do destino. Isoladamente, o rapaz alado "é o melhor, o mais elevado, o mais precioso *in potentia*",[53] contudo, é também volátil e arrisca esvaecer-se em fumaça tal qual o desafortunado Euforion, o *puer* de Goethe em *Fausto II*. Em termos mitológicos, ainda que algo paradoxalmente, Hermes/Mercúrio também se vincula a Sileno, que serve de mentor e *senex* do menino Hermes, do mesmo modo que ao deus-menino Dioniso. Essa associação indica a consonância básica entre as naturezas fálicas de Hermes e de Sileno, mostrando "dois lados da mesma realidade [...] o aspecto hermético-espiritual em harmoniosa união com o divino-animal".[54]

Assim, voltamos à configuração de Hillman, ao *puer-et-senex*. Kerényi só teria a acrescentar que, em certas descrições, Sileno e Hermes tro-

---

52. *Mysterium Coniunctionis*, CW 14, par. 197.
53. *Ibid.*, par. 200.
54. Kerényi, *Hermes*, p. 89.

cam de papel, indicação de que, no fundo, ambos compartilham "a mesma e única função: conjurar a vida luminosa do abismo escuro que cada um deles é a sua maneira".[55] Compreendido como o imperativo gerador da própria fonte da vida, em uma forma ou outra, Hermes está por trás (e, portanto, vem antes) de tudo. Por isso a mitologia, em muitas genealogias de deuses, designa-o como o pai de Pã, o deus-bode de toda a natureza.

Pã

É obscura e incerta a origem do deus Pã. Em vários relatos, ele aparece como filho de Hermes e, em outros, como de Zeus, de Cronos, de Dioniso ou de um Titã. Esses possíveis "pais" de Pã são de gerações diferentes, de modo que, conforme argumenta Kerényi, parece que cada geração de deuses tinha seu próprio Pã.[56] Encontramos um Grande Pã no séquito de Dioniso, mas também vários pequenos Pãs ou Paniskoi, que são como sátiros e se espalham nas histórias dos deuses.

O nascimento de Pã, como o narrou Kerényi, segue o relato homérico em que o deus é filho de Hermes com uma ninfa. A história conta que, estando Hermes a pastorear as ovelhas de um mestre mortal (muito provavelmente Dríope), persegue a "Ninfa de Dríope" e copula com ela. A criança nascida da paixão de Hermes por Dríope é ao mesmo tempo mágica e monstruosa: tem patas e chifres de bode, cara selvagem e barbada, sendo que berra e ri de tal modo que sua mãe, apavorando-se ao vê-lo, foge e abandona o recém-nascido. Hermes o envolve na pele de uma lebre (animal sagrado tanto para Afrodite quanto para Ártemis) e o leva ao Olimpo, onde ele recebe o nome de Pã — de *pandemos*, "de todo mundo" —, porque todos os imortais, particularmente Dioniso, gostam dele.

Pode-se deduzir um grande número de características ambíguas a partir da versão homérica do nascimento de Pã. Dríope, a mãe de Pã, era uma ninfa associada ao carvalho, árvore sagrada da Grande Deusa. Isso vincula Pã aos bosques e ao universo físico em geral. Seus cascos

---

55. *Ibid.*, p. 91.
56. *The Gods of the Greeks*, p. 174.

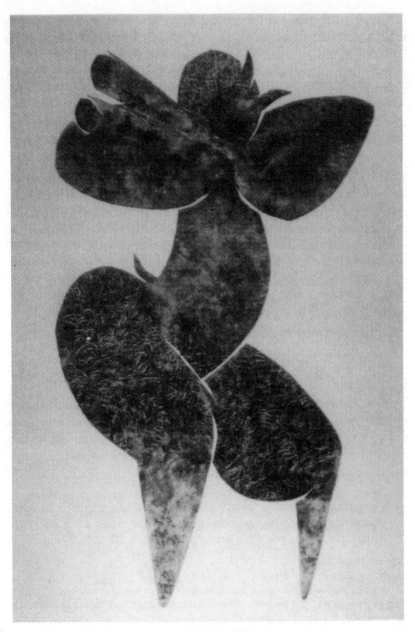

Pã, o deus-bode

fendidos, os cornos e a forma caprina, características que levaram o imaginário cristão a associá-lo ao diabo, atestam que ele é um deus do instinto, um deus da natureza tanto *interior* quanto *exterior*. Meio deus, meio bode, habitante dos bosques e das escarpas, geralmente maligno e destrutivo, às vezes benigno e protetor, ele adquire um aspecto dual, combinando qualidades encontradas em outras mitologias, respectivamente na teutônica e na celta, do Homem Selvagem e do Homem Verde da Natureza.

O pavor que a aparência monstruosa do bebê provocou na mãe indica o lado obscuro, fálico e compulsivo do deus, sobretudo sua capacidade de despertar o pânico tanto nos animais quanto nos seres humanos. No entanto, ele "fazia as vezes de arauto da manhã, vigiando desde os cumes da montanha".[57] À noite, conduz na dança as ninfas que, durante o dia, ele persegue incessantemente, mas não consegue capturar, com exceção de uma: Selene, a deusa da lua e sua maior paixão, só se deixa seduzir quando o deus-bode esconde o pêlo escuro sob a pele branca de uma ovelha, ardil que aponta para dois atributos de seu pai, Hermes, o de pastor e o de velhaco, e que o assemelha ao lobo em pele de cordeiro do provérbio e do folclore.[58] Pã é obrigado a dissimular seu aspecto sombrio, noturno e selvagem quando se encontra em outros lugares em pleno dia, muito embora, paradoxalmente, o meio-dia é a sua hora sagrada.

Em "Essay on Pan" [Ensaio sobre Pã], James Hillman afirma que o dinamismo arquetípico que o deus-bode representa "expressa-se como um padrão de comportamento (pavor e pesadelo) e como um padrão imagético (Efialtes, Pã e seu séquito)".[59] Nas garras terríveis do pesadelo, que pertence a Pã,

> a natureza reprimida volta e fica tão próxima e real que não conseguimos senão reagir a ela naturalmente, isto é, tornamo-nos totalmente físicos, possuídos por Pã, a gritar pedindo luz, consolo e contato. A

---

57. *Ibid.*, p. 175.
58. Diversas ninfas fogem de Pã, mas lhes custa caro a fuga do seu abraço caprino: Pítis se transforma num pinheiro; Sírinxe é transformada num caniço (a origem da flauta de Pã); Eco perde o corpo e, tornando-se pura voz, som refletido, está ao mesmo tempo em toda parte e em lugar nenhum na natureza.
59. *Pan and the Nightmare*, p. xiv.

reação imediata é emoção demoníaca. Nós voltamos ao instinto pela mão do instinto.⁶⁰

De modo que Hillman vê na figura de Pã o representante de ambos os extremos do espectro no qual Jung situa o comportamento instintivo: em um pólo, o padrão de comportamento compulsivo e arcaico do deus (o pavor, o estupro, o pesadelo) e, no outro, as várias imagens mitológicas de Pã (Pã Dioniso, Pã Príapo, Pã Elfiates). Essas últimas constituem a forma ou "o meio pelo qual a imaginação pode modificar a compulsão [...], [de modo que], [...] trabalhando a imaginação, nós participamos da natureza *aqui dentro*".⁶¹ Pode-se acrescentar que esse ato de trabalhar as imagens arquetípicas há de nos devolver invariavelmente à natureza "aqui dentro", ou seja, à reflexão ativa sobre a psique e, em particular, sobre a base instintiva da psique. Não obstante, Hillman convence ao argumentar que Pã ilustra mais diretamente, que a maioria das figuras mitológicas, a hipótese de Jung segundo a qual "as imagens pertencem ao mesmo *continuum* do instinto (não sendo, portanto, sublimações deste)".⁶² Conseqüentemente, na abordagem psicológica da mitologia e da literatura, nosso trabalho com a imagem, seja de um deus, seja de uma personagem literária, enfocará menos o que se refere à identidade concreta (*quem* é o deus ou o protagonista) que, como no caso de Hermes, o imagético (*que* fenômeno psíquico, instinto ou qualidade se revela na figura em questão e por intermédio dela).

Pan foi adorado primeiramente na Arcádia como o deus dos bosques e dos pastores. Talvez essa antiga imagem de divindade bucólica que, tocando e dançando, dedicava-se à proteção dos pastores seja mais simples e menos sombria que as versões ulteriores, tendentes a sublinhar-lhe os atributos grotescos mais que os cômicos. Todavia, parece

---

60. *Ibid.*, p. xxiii.
61. *Ibid.*, p. xxv.
62. Como possíveis representações dessa hipótese na arte, podemos considerar a gravura "The Sleep of Reason", de Goya, que apresenta pássaros e animais monstruosos ao redor do pensador adormecido, e "The Nightmare", de Fuseli, no qual um macaco primitivo aparece acocorado no peito de uma donzela adormecida, enquanto a cabeça de um cavalo (símbolo secular da libido sexual e instintiva) observa por trás de uma cortina entreaberta.

que desde o começo as qualidades de choque, surpresa e espontaneidade faziam parte de sua paradoxal natureza semicaprina e semidivina:

> Não está certo, bom pastor, não está certo tocarmos a flauta ao meio-dia: tememos Pã; pois, na verdade, é nesta hora que ele repousa fatigado da caça; e ele é malquerente e a ira sempre descansa em sua narina.[63]

A história de Pã e Sírinxe, tal como a narrou Ovídio, dá-nos a origem das flautas de Pã; a tradução de Arthur Golding é muito bela para deixar de ser citada. Perseguida por Pã, Sírinxe chega ao rio Ládon. Constatando que o rio é profundo demais para a travessia, ela implora às ninfas das águas que a salvem, mudando-lhe a forma.

> E [...] quando Pã acreditou ter nos braços
>   prendido uma Ninfa,
> O que abraçou foram os Juncos que então
>   no pântano brotavam.
> Quando ele suspirou, de leve vibraram
>   os Juncos com seu sopro,
> E ouviu-se um brando e plangente som,
>   cuja ressonância,
> Cuja frágil doçura ao Deus
>   agradou.
> E ele disse decerto Sírinxe
>   por ti é meu intento
> Fazer destes Juncos dentro dos quais te lamentas
>   o meu consolo:
> E assim os Juncos secos com cera
>   ele uniu
> E fez a flauta que com o nome dela os gregos ainda
>   chamam de Sírinxe.[64]

Eis o conhecido quadro do deus-bode entregue ao seu passatempo favorito de perseguir as ninfas; porém, Ovídio também alude à sua criatividade e capacidade de reflexão. Na versão que ele nos deixou, há

---

63. Teócrito, *Greek Anthology*, citado in Patricia Merivale, *Pan the Goat-God: His Myth in Modern Times*, pp. 2 ss.
64. Citado in ibid., p. 6.

o toque gentil que Apuleu descreve em "Amor e Psiquê", quando Pã dissuade Psiquê de suicidar-se por afogamento. Todavia, a história de Pã e Sírinxe, em Ovídio, trata também do *devenir*, não do *ser*, do mesmo modo que é um conto trágico: Pã acaba sozinho, sua paixão não se consuma e Sírinxe se transforma cabal e irremediavelmente. A história apresenta um quadro no qual o desejo e a ansiedade (para Hillman, o duplo núcleo do arquétipo de Pã), a ternura do amor e a violência do estupro estão como que congelados. Em conseqüência, resta-nos uma imagem que contém, como que *in potentia*, a qualidade paradoxal da natureza instintiva de Pã (e portanto nossa), uma imagem que convoca e ao mesmo tempo possibilita a reflexão consciente.

O conto em que Midas é chamado a julgar as qualidades musicais de Pã contra as de Apolo opõe claramente os "tons bárbaros" do deus-bode à "arte mais que celestial" do olimpiano (bem que sem deixar de sugerir a ambigüidade da opinião do próprio Ovídio). Midas é o único a preferir a flauta rústica de Pã à lira de Apolo, sendo que este o castiga dando-lhe orelhas de burro. A história representa uma tendência da literatura ocidental a tornar, com o decorrer do tempo, a imagem de Pã menos paradoxal e mais diferenciada, até que surja uma assombrosa proliferação de Pãs: o Pã Diabo, o Pã Cristo; o Pã fálico, o Pã pastoril, o Pã grotesco, o Pã terrível e o Pã do burlesco; o Pã representado como um velho obeso e fanfarrão ou como um querubim rechonchudo, o Pã duende flautista...o Pã romantizado, sentimentalizado, demonizado, cristianizado.

Do ponto de vista do nosso estudo, uma das mais úteis imagens desenvolvidas no Renascimento oferece-nos um Pã mais simbólico e filosófico. Os filósofos renascentistas muitas vezes o compararam, enquanto figura do Universal e do Único, a Proteu, um deus que simboliza o Particular e o Múltiplo, como se vê na seguinte parábola do neoplatônico italiano Pico della Mirandola: "Aquele que não consegue atrair Pã, aproxima-se de Proteu em vão". Na visão de Pico, "a mutabilidade [...] é a entrada secreta pela qual o universal invade o particular. Proteu se transforma persistentemente porque Pã é inerente a ele".[65] Inversamente, podemos compreender a parábola de Pico como uma sugestão de que a possibilidade infinita inerente a Pã só é realizá-

---

65. Vide Edgar Wind, *Pagan Mysteries in the Renaissance*, p. 161.

vel mediante o polimorfismo discriminador e individualizante de Proteu: o Todo de Pã, embora seja tudo, nada é, a menos que assuma a forma de alguma coisa. Assim, Pico nos remete a um Pã mais rico e paradoxal:

> Na sempre cambiante *balance des dieux*, os deuses revelam sua natureza protéica: mas o simples fato de que cada deus contém em si seu oposto e nele pode se transformar quando a ocasião exige faz com que ele imite a natureza de Pã, em quem todos os opostos são um só.[66]

Voltemos uma vez mais à noção de *infirmitas* de Hillman, do arquétipo e da fecundidade do nosso pensamento em termos de configurações arquetípicas (*puer-et-senex*), bem mais que em termos de discretas imagens arquetípicas (*puer* ou *senex*). A configuração Pã-Proteu é riquíssima. Ela sugere a possibilidade de inúmeras imagens (e, portanto, de grande sutileza psicológica), dependendo de como se imagina a relação de Pã com Proteu em determinado momento (ou seja, que ponto do espectro ou *continuum* Pan-Proteu é captado numa imagem particular). Se seguirmos essa linha de raciocínio, torna-se claro o quanto a figura desse deus a que chamamos de Pã se ajusta à imaginação, ao movimento da psique e, assim, à própria vida.

Dioniso, Cristo

É em Dioniso/Baco que Ovídio usa pela primeira vez a descrição do *puer aeternus*:

---

[66]. *Ibid.*, p. 164. Jung não fala muito em Pã, mas o que ele escreve reforça a idéia de que o deus representa o Todo universal, o Uno na Multiplicidade, assim como a natureza instintiva e o corpo, esses repositórios usualmente desvalorizados da sabedoria talvez mais profunda. Em *Mysterium Coniunctionis*, CW 14, par. 510n., Jung situa antes do Renascimento a origem da imagem filosófica e simbólica de Pã: "No final da Antigüidade, Pã já não era uma divindade pastoril grotesca; adquirira significado filosófico. Os naassênios o consideravam uma das formas do 'Átis polimorfo' e sinônimo de Osíris, Sofia, Adão, Coribas, Papa, Bakcheus, etc."

É jovem esse deus,
Um eterno menino, perfeitíssimo no Céu,
Virginal quando aparece para as pessoas,
Sem os chifres na testa.[67]

Dioniso é um tipo do deus jovem morto e renascido. Filho de Zeus, quando ainda no útero de Sêmele, sua mãe mortal, foi ameaçado pela esposa do pai, a deusa Hera. Enciumada ao ver o amor do marido por essa moça, Hera a convence a pedir ao divino amante que apareça em sua forma verdadeira. Sabendo que Sêmele seria destruída quando ele lhe aparecesse em toda a sua glória, Zeus lhe retira o nascituro Dioniso do útero e o esconde na própria coxa, até o termo da gestação do deus infante. Em uma nova tentativa de aniquilar Dioniso, Hera ordena aos Titãs que lhe desmembrem e devorem o corpo juvenil. Eles obedecem. Comem-no todo, exceto o coração, e, a partir desse órgão vital, Dioniso se reconstitui e renasce.

Dioniso tem muitas características em comum com Pã, cuja presença em seu séquito é freqüente. Ele perambula em lugares ermos; seu domínio é a natureza incivilizada e seus rituais geralmente se realizam nos bosques. Do mesmo modo que Pã, Dioniso nasceu com chifres, leva um bastão (o tirso fálico, bordão enfeitado com hera e pâmpanos e com a extremidade em forma de pinha). Ambos os deuses se associam à música e à dança. Ambos são divindades da natureza e da vegetação, Dioniso a presidir a viticultura e particularmente o vinho. Ambos incorporam a tendência de chocar e de surpreender, de induzir estados de êxtase e terror, de aparecer de súbito e de provocar mudança. A embriaguez e os excessos dionisíacos, comparáveis à lascívia e aos "tons bárbaros" de Pã,[68] opõem-se à ordem e à proporção apolíneas, muito embora Apolo também tenha o seu lado mais sombrio. A parte inferior do corpo de Pã é caprina; Dioniso, por sua vez, assume a forma de touro ou de bode durante os rituais. Na forma animal, é ritualisticamente desmembrado, sendo que os celebrantes lhe consomem a carne numa apropriação simbólica de sua divindade.

---

67. *Metamorphoses*, p. 81.
68. William G. Doty, *Myths of Masculinity*, p. 182.

Cabeça do jovem Dioniso (Escultura helenística tardia, encontrada perto de Roma; British Museum)

Enquanto Pã é associado à perseguição das ninfas, Dioniso dispõe de um séquito de mulheres extáticas, as Mênades. Não obstante, nenhum dos dois conheceu a mãe natural; Pã recebeu os cuidados de Hermes; Dioniso, os de Zeus. Como indica Hillman, o abandono materno, tenha a forma que tiver, separa o filho da mãe,[69] colocando-o em uma relação especial com o pai e, por conseguinte, com o princípio masculino. Neste caso, a lente pela qual se vê a genealogia e a configuração familiar do deus muda subitamente para enfocar a ligação espiritual da jovem divindade com o pai, em vez de seu apego potencialmente incestuoso e debilitante à mãe. Quanto a isso, Jung fala nas descrições dos diferentes aspectos de Dioniso (como homem barbado, como menino, como um deus associado ao falo e ao sêmen) que aparecem nas pinturas de vaso tebanas e, segundo se acredita, correspondem às imagens de culto do santuário do deus. Essa hipótese apóia-se no que conhecemos da história desse culto, que, supõe-se, era originalmente um culto de pai e filho, um Cabir velho e um jovem que foram mais ou menos assimilados aos deuses gregos.[70]

Evidentemente, Dioniso, do mesmo modo que Pã, herda do pai um poderoso caráter fálico e, assim, como Pã e Hermes, é muitas vezes entendido como uma figura de dinamismo instintivo e primordial, a "divindade criadora" geralmente representada pelo falo.[71] Esse padrão de forte e precoce vínculo com o pai sugere a persistência de um poder fálico em si e por si, que passa de pai para filho. Embora sua continuidade seja independente da mãe, instintiva e inicialmente inconsciente, ela se origina no corpo, tradicionalmente o domínio simbólico da Deusa Mãe. A autonomia essencial dessa libido criativa e procriadora, ou do falo, encontra expressão no caduceu de Hermes, nos bastões de Dioniso e de Pã e no "fogo da vida" mercurial, traço característico do *puer* enquanto espírito de renovação com o qual se identificam os três deuses, assim como Prometeu e Lúcifer.

A peça *The Bacchae* [As Bacantes], de Eurípedes, explora com muita sutileza a relação de Dioniso com os ditos princípios feminino e mascu-

---

69. "The Great Mother, Her Son, Her Hero, and the Puer", *in* Berry, *Fathers and Mothers*, pp. 182 ss.
70. *Symbols of Transformation*, CW 5, par. 184.
71. *Ibid.*, par. 183.

lino e, assim, por extensão, com o relacionamento do *puer* com a mãe/ matéria e com o *senex*. Na peça, *puer* e *senex* personificam as atitudes conscientes com relação ao *Self*, o mundo e o inconsciente, em oposição ao seu papel habitual de indicadores do sexo ou da idade cronológica. É o jovem governante Penteu que oferece resistência à entrada de Dioniso em Tebas, ao passo que os patriarcas Tirésias e Cadmo reconhecem o poder do deus e participam, ainda que reservadamente, de seus rituais:

> *Tirésias*: Nós não zombamos da divindade.
> Não, nós somos herdeiros de costumes e tradições
> veneradas pelos antigos e que nos foram entregues
> por nossos pais [...]
> Acaso o deus declarou
> que só os jovens ou só os velhos deviam dançar?
> Não, ele quer ser honrado por toda a humanidade.
> Não quer ninguém excluído de seu culto.[72]

A velhice (Cadmo, Tirésias) compreende o significado de Dioniso e sabe acercar-se dele, ao passo que a juventude (Penteu) é cega de arrogância. Inconsciente de sua própria natureza instintiva, Penteu projeta no mundo a imagem do seu eu dividido e vê em Dioniso unicamente o animal:

> *Penteu*: Parece que eu vejo dois sóis fulgurando no céu.
> E agora duas Tebas, duas cidades, cada qual
> com sete portões. E tu — tu és um touro
> que ali passa diante de mim. Brotaram cornos
> em tua cabeça. Sempre foste um animal?
> Agora, no entanto, eu vejo um touro.[73]

Sucumbindo à sua própria e voluptuosa curiosidade, Penteu se coloca involuntariamente nas mãos de Dioniso ao permitir que este o transfigure em mulher para que ele possa espiar as Mênades. Uma vez descoberto o seu voyeurismo, Penteu é dilacerado pelas enlouquecidas mulheres de Tebas, lideradas por sua própria mãe. Desse modo, torna-

---

72. *The Bacchae*, versos 200-209.
73. *Ibid.*, versos 918-923.

se vítima sacrificial no lugar de Dioniso, cuja realidade ele nega, decretando o seu trágico fim. Enquanto o *puer* (Penteu) e a mãe/matéria (a mãe pessoal de Penteu e as Mênades) permanecem sob o poder total do deus, há claramente uma relação ativa, ainda que incerta, entre o *puer* (Dioniso) e o espírito *senex*/pai (Cadmo/Tirésias), a qual é representada com muita freqüência pela associação mitológica do deus-menino Dioniso ao idoso Sileno. Na perspectiva de Hillman, nós vemos nessas relações uma diferença entre o *puer* enquanto filho, definido na relação com a mãe, e o *puer* enquanto incorporação do espírito, alinhado com as figuras do pai ou do *senex*.

Sendo um deus esquartejado, morto e renascido, Dioniso antecipou-se a Cristo. Tanto no paradigma pagão quanto no cristão, a encarnação do deus simboliza a realização da chama divina ou do espírito na matéria, a descida da divindade ao reino material. Em termos psicológicos, significa um crescimento na consciência, que precisa sofrer no nível divino assim como no humano. Ambos mudam: o deus e o participante. A unidade original da divindade (ou o inconsciente) sofre divisão para que o celebrante (ou o ego consciente) assimile parte da essência do deus — pelo ato ritualístico de comer sua carne no caso de Dioniso e pelo rito da eucaristia na tradição cristã. Uma vez mais, qual no exemplo de Pã e Proteu, o Uno, a divindade, torna-se manifesta ao submeter-se à multiplicidade. Ocorre uma diferenciação da realidade arquetípica à medida que, na imagem do deus morto e renascido, um valor anteriormente não percebido ingressa na vida e na consciência. No âmbito pessoal humano, os celebrantes experimentam o potencial de renovação inerente à divindade, no ritual do sacrifício do deus, como um aperfeiçoamento do espírito, da libido, da criatividade e do amor.

Apesar dos atributos andróginos de Dioniso e de Cristo, o processo de encarnação exemplificado em seus respectivos mitos enfatiza a relação do *puer* com o *senex* e a passagem do espírito do pai para o filho. Lembremo-nos da descrição que fez Kerényi do poder gerador de Hermes como um "tipo masculino de fonte da vida que se conserva muito próximo do feminino, contudo, próximo apenas na medida em que, sendo mais ativo, ainda consegue beneficiar o outro [...] com a continuidade de sua natureza ativa".[74] Isso geralmente aparece na forma de uma crian-

---

74. Vide acima, p. 44.

ça, como símbolo do futuro, do espírito, do impulso criativo, da renovação e da ampliação da consciência, tanto no homem quanto na mulher.

Mas por mais forte que seja a associação de Dioniso com o corpo, com a terra, com os ciclos sazonais e, portanto, com a Grande Deusa, e por mais importantes que sejam as qualidades tradicionalmente femininas do amor, do perdão, da cura e da misericórdia em Cristo, todo deus é, antes de mais nada, um mensageiro do espírito. Dioniso retorna a Tebas a fim de provar que é filho não só da mortal Sêmele como de Zeus, o maior deus do Olimpo; e Cristo repreende seus pais terrenos no templo: "Para que me buscáveis? Não sabeis que importa ocupar-me dos negócios de meu Pai?"[75]

O importante nesses exemplos é o reconhecimento da dimensão divina ou arquetípica do espírito e do indivíduo como seu receptáculo e veículo. Tanto Dioniso quanto Cristo, como heróis culturais e portadores ou renovadores do espírito, apontam para além do reino pessoal, para além até mesmo do reino das manifestações culturais da Mãe e do Pai arquetípicos, apontam para a província do espírito. O renovador do espírito deve, por definição, ir além da forma, da prática, da idéia e do ícone estabelecidos a fim de descobrir uma nova direção que se oponha aos costumes coletivos e a uma imagem ultrapassada da divindade. Assim, o caminho de Cristo é o do sofrimento. Inspirado pela prerrogativa anteriormente inconsciente, Ele é desprezado pelo coletivo, ao qual Sua mensagem redime, e é abandonado pelo Pai Celestial, cuja imagem Ele transforma por intermédio de Sua paixão. O sofrimento de Cristo na cruz e o desmembramento de Dioniso falam do êxtase e do horror que assistem o nascimento de uma nova dispensação.

Quando, por outro lado, deparamos o "filho da mãe", estamos diante do *puer* que se recusa a sacrificar seus apegos infantis ou, opondo-se heroicamente à mãe pessoal, sepulta a prerrogativa de seu próprio destino a serviço da Grande Mãe coletiva. Essa configuração mãe-filho não permite nenhum vínculo criativo com o espírito, de modo que o filho deixa de tratar "dos negócios do pai", deixa de cumprir o seu destino único, independentemente das obrigações filiais para com os pais terrenos ou da responsabilidade cívica com relação às normas coletivas. Daremos exemplos mitológicos na próxima seção deste capítulo; porém,

---

75. Lucas 2:49, King James Bible.

os exemplos tirados da vida podem surgir na forma de recusa diante de uma oportunidade longamente desejada por medo do fracasso, da recusa diante de um compromisso por medo da decepção ou da falta de autoafirmação por temor à reprovação e à recriminação sociais ou dos pais. Fundamentalmente inseguro e impotente, o filho da mãe ou o unicamente *puer* permanece centrado na satisfação pessoal, narcisística, geralmente preferindo, como Walter Mitty, o reino incontestável das ideações fantasiosas aos inevitáveis riscos e armadilhas da vida comum. O medo de voar é grande porque o medo de cair é maior.

O exclusivamente *puer* tem pouca ou nenhuma ligação com a sabedoria do *senex* e com o espírito do pai. Ele compreende o princípio paterno em sua manifestação negativa como lei, assim como compreende o princípio materno em termos de serviço ou dever. Do mesmo modo que o serviço precisa transformar-se em amor, a lei necessita transformar-se em espírito no sentido de uma nova ética que, se realizada conscientemente, conferirá a coragem e a convicção necessárias para que se trilhe um caminho independente e, portanto, individual. Uma relação *puer-et-senex* dinâmica inspira o adulto maduro a realizar seu destino pessoal por meio da ação criativa no mundo.

Visualiza-se melhor esse processo como um *continuum*, não como uma estrutura diádica e potencialmente estática. No *continuum*, devemos situar também o *vir*, o homem maduro, de modo a divisar a relação das quatro idades ou fases do desenvolvimento masculino, que servem igualmente de metáforas das qualidades essenciais da energia masculina na psique feminina: *puer-juvens-vir-senex*/infância-juventude-maturidade-velhice. Idealmente, qual um *continuum* perpetuamente vibrante, a configuração *puer-juvens-vir-senex* mantém a promessa dos reiterados encontros da vitalidade do *puer* com a sabedoria do *senex*: encontros essenciais à transformação da meninice em masculinidade no homem (de *puer* a *vir*) e em feminilidade na mulher, a qual molda e sustenta as escolhas conscientes do adulto maduro.

Embora se possa ver qualquer *continuum* como uma progressão linear, ao descrever os fenômenos psíquicos, é importante levar em conta que, no reino atemporal da psique, os fatos se sobrepõem, voltam-se sobre si mesmos, ocorrem sincrônica e simultaneamente. Desse modo, pode-se entender *puer-juvens-vir-senex* como quatro qualidades sempre presentes da libido, ainda que não sempre conscientes; quatro qualidades que influenciam as nossas percepções, os nossos valores e as nossas ações.

Ícaro, Faetonte, Prometeu, Lúcifer

Entre os epítetos aplicados a esses deuses juvenis, geralmente figuram os termos "implacável", "irresponsável", "desafiador", "rebelde", "idealista", "orgulhoso" e "insolente". Cada uma dessas figuras pode ser vista como um tipo presunçoso, que ignora ou zomba dos limites ou recusa-se a levá-los em conta. Nos mitos de todos os quatro, o vínculo com o pai — a falta dele, sua insuficiência ou fracasso — emerge como metáfora central. Outro motivo importante é o papel da mãe. Ou ela é ausente — e pode-se dizer que faltam e, portanto, são "negativos" os valores que ela tipicamente incorpora (Ícaro, Lúcifer) — ou, alternativamente, não consegue levar a cabo o aspecto maduro e positivo do princípio feminino que promoveria o progresso do filho rumo à vida e à relação adultas e que daria sustentação à sua passagem da infância à maturidade. Em todo caso, ela deixa de instilar no filho um sentido realista e firme de si mesmo e, desse modo, não consegue mediar uma aliança *puer-et-senex* produtiva. O filho permanece eternamente na condição de filho.

Ovídio nos conta que Faetonte é muito orgulhoso na meninice, "gabando-se de sua filiação", como suposto filho de Hélio.[76] Não obstante, também somos informados de que ele só conhece o pai por meio do que lhe contaram, já que passou a vida sob os cuidados da mãe, a ninfa Clímene. Faetonte não tem relação com o pólo *senex* da díade pai-filho, sendo que o fanatismo pueril, carecendo da compensação da sabedoria da experiência, sela o seu trágico destino. Quando ele finalmente tem oportunidade de satisfazer o desejo de manejar o carro de fogo do pai, mostra-se demasiado fraco e inábil para a tarefa, cai do céu e morre.

Ovídio toca em dois pontos de particular interesse para a nossa reflexão sobre a relação do *puer* com o *senex*. O primeiro é que a mãe de Faetonte nada lhe contou sobre suas limitações nem o ensinou a se relacionar com o poder do pai. Sendo "unicamente *puer*", ele vai ao encontro do Deus-Sol,

---

76. *Metamorphoses*, p. 26.

Já se imaginando no Céu,
Atravessa suas próprias fronteiras rumo à Índia,
A terra mais próxima do fogo estelar do Céu,
E chega, exultante, ao palácio do pai.[77]

Em segundo lugar, Ovídio sugere que a precipitação é uma qualidade comum ao pai e ao filho. Apesar do fato de pai e filho não se conhecerem, e talvez por causa disso, há uma ligação recíproca e compensatória entre os dois, com conseqüências negativas pois permaneceu inconsciente e, assim, não-realizada: o filho constela no pai a precipitação e o espírito inflado que ele mesmo há de viver em sua viagem fatal. Inadvertidamente, Hélio se dispõe a realizar um desejo do filho. Quando Faetonte pede para "Guiar por um dia os cavalos alados" do carro do Deus-Sol,

Ele [Hélio] sacudiu a resplandecente cabeça. "Tuas palavras",
    disse,
"Tornaram precipitadas as minhas: pudesse eu voltar atrás
    na minha promessa,
Seria essa a única coisa que eu te negaria."[78]

No caso de Dédalo e Ícaro, a aliança entre pai e filho, embora mais prolongada e mais forte, não é bastante vigorosa para evitar o desastre. O artesão Dédalo fabrica asas para si e para o filho a fim de escaparem da ilha de Creta, do rei Minos, e voltar a Atenas. No entanto, Ícaro não faz caso do conselho do pai de tomar "o caminho intermediário" entre o sol e o mar. Fascinado com o poder de voar, Ícaro sobe tão alto que a cera que lhe prende as asas às espáduas se derrete com o calor do sol e ele cai no oceano.

Embora tudo indique que o erro esteja na curiosidade e na impetuosidade juvenis de Ícaro, Ovídio lembra o comportamento impulsivo do próprio Dédalo quando, anteriormente, matou o sobrinho por lhe invejar o poder inventivo superior. Também se deve recordar que Dédalo, inebriado com sua engenhosidade, fabrica a vaca oca que permite à rainha Pasífae, esposa de Minos, ter relação carnal com o touro de Po-

---

77. *Ibid.*, p. 27.
78. *Ibid.*, p. 30.

sídon, união que resulta no nascimento do Minotauro, a construção do labirinto e a prisão de Dédalo nesse labirinto que, aliás, ele mesmo construiu. Portanto, na história de Dédalo e Ícaro há indicação de uma feminilidade regressiva, não de um princípio feminino positivo e consciente, suficientemente flexível e abrangente para sustentar uma masculinidade madura e independente. Não obstante, não faltam evidências de uma consciência masculina dominadora, tanto em Dédalo quanto no tirano que o mantém prisioneiro, Minos, que é violento e tem ciúme da juventude e inveja de seu espírito criativo. Sem o apoio de uma influência feminina positiva, o fracasso dessa díade *puer-et-senex* pode provir da anterior incapacidade de Dédalo de respeitar os limites e, desse modo, de compreender a sua própria natureza e a do filho. No poema de Ovídio, a insolência de Dédalo é evidente desde o começo:

[...] Ele [Dédalo] voltou o pensamento
Para artes desconhecidas, alterando as leis da natureza.[79]

A revisão do mito na arte e na literatura revela uma tendência a subestimar a configuração masculina pai e filho. *Landscape with the Fall of Icares* [A queda de Ícaro], de Pieter Brueghel, mostra, no fundo, as pernas de Ícaro, pequeninas e pálidas, desaparecendo sob as ondas do mar Icário. No primeiro plano um lavrador e um pastor continuam entregues a sua faina, sem se dar conta do drama mitológico que se desenrola à curta distância. O poema "Musée de Beaux-Arts", que W. H. Auden escreveu sobre a pintura, enfatiza que, se os antigos mestres, como Brueghel, compreendiam o pano de fundo arquetípico da vida, os homens e as mulheres comuns, ocupados com os problemas materiais da existência cotidiana, geralmente não o compreendem. Dado o nosso interesse pela díade pai-filho, podemos acrescentar que, estando absortos no trabalho e, portanto, enredados em sua relação com a terra e com a natureza (isto é, com a mãe/*mater*/matéria), o lavrador e o pastor do quadro de Brueghel permanecem inconscientes do pano de fundo arquetípico do masculino. O mito sugere que o descuido com o masculino e, em particular, com a relação *puer-et-senex* resulta em um involuntário sacrifício do espírito de renovação representado pelo *puer*.

---

79. *Ibid.*, p. 187.

A Queda de Ícaro, de Pieter Brueghel, c. 1558

Sobre o sofrimento jamais se equivocaram
Os Antigos Mestres; quanto eles entenderam
A condição humana; como ela se dá
Enquanto o outro come, abre uma janela ou
    apenas passa distraído;

[...]

No *Ícaro* de Brueghel, por exemplo: tudo está alheio,
Sossegadamente alheio, ao desastre; o lavrador há de
Ter ouvido o ruído da queda, o grito desesperado,
Mas para ele não foi um malogro importante; o sol brilhou
Como devia nas brancas pernas que desapareciam no verde
Das águas; e a bela e delicada nau que há de ter visto
Algo assombroso, um menino caindo do céu,
Tinha um destino e continuou velejando serenamente.

                — W. H. Auden, "Musée des Beaux-Arts".

James Joyce aborda a trágica perda da ligação entre pai e filho em seus romances *A Portrait of the Artist as a Young Man* [Retrato do Artista quando Jovem] e *Ulisses*. No primeiro, tendo perdido o contato com o pai pessoal e o respeito por ele, o herói Stephen Daedalus se volta para o pai mitológico, Dédalo, o Artífice, a fim de encontrar sua própria voz de escritor. Em *Ulisses*, ecoando a busca de Telêmaco pelo seu pai pessoal, o errante Odisseu do épico de Homero, um Stephen mais maduro prossegue em busca de um "pai" que tenha o papel de mentor pessoal, espiritual e artístico ou "sacerdote da imaginação". Embora a separação e o exílio da Mãe Irlanda pareçam essenciais para que o personagem alcance a objetividade necessária ao artista, a obra de Joyce dá a entender que, no fim, tanto o exílio quanto a arte de Stephen são irrealizáveis sem uma vivência do vínculo interior com o espírito, uma configuração *puer-et-senex* viável simbolizada, neste caso, pela relação do filho com um pai mítico, Dédalo, o Artífice.

Prometeu e Lúcifer, do mesmo modo que Caim, representam o desafio e a rebelião sem arrependimento contra a autoridade, razão pela qual, tradicionalmente, foram considerados figuras sombrias e diabólicas até que o período romântico lhes concedesse uma forma de redenção. Prometeu ludibria os deuses e rouba o fogo de Zeus, escondendo-o na haste de uma férula a fim de legá-lo à espécie humana. Essa dádiva simboliza o nascimento da consciência, da tecnologia e das artes. Castigado pelo favor que prestou à humanidade, ele é acorrentado a um rochedo do Cáucaso, onde, diariamente, uma águia vem devorar-lhe o fígado, que se reconstitui durante a noite. Finalmente, salvo por Hércules, Prometeu se reconcilia com Zeus, muito embora nunca se arrependa de seu ato impulsivo e criativo.

Para os gregos, ele era sobretudo um herói cultural, o criador da consciência, de modo que seu mito tem paralelos com o de Adão e Eva e também com o de Cristo. Nos três casos, como observa Edward Edinger, a aquisição da consciência ou do ego vem inevitavelmente acompanhada do sofrimento, mas não só por parte do ego:

> Há um advogado ou benfeitor arquetípico que apóia e assiste o ego. Seja ele o servo sofredor de Isaías, seja Prometeu ou Cristo, existe um advogado no reino arquetípico. Talvez Prometeu seja a primeira e uma das mais finas expressões desse fato arquetípico.[80]

---

80. *The Eternal Drama: The Inner Meaning of Greek Mythology*, p. 17.

Os poetas românticos compreenderam a energia rebelde que desafia a autoridade e subverte o *status quo* em prol da consciência, na pior das hipóteses, como um "mal necessário" e, na melhor, como um ato heróico. Essa rebelião inspirada é essencial no desenvolvimento do espírito, ainda que, como escreve Jung: "Como o melhor é sempre inimigo do bom, toda inovação drástica é uma violação do tradicionalmente certo e pode, às vezes, ser até mesmo um crime punível com a morte".[81]

Assim, Percy Bysshe Shelley, em *Prometheus Unbound* [Prometeu Desacorrentado], uma reelaboração do mito de Prometeu, faz com que a reconciliação final do pai com o filho reflita uma notória mudança de atitude em ambos, mudança esta mediada e sustentada por uma forte e nova consciência feminina que surge, no Oriente, na figura da Ásia.

No caso de Lúcifer, falta essa influência feminina mediadora para apoiar a reconciliação entre pai e filho. Em vez de roubar de Deus, como Prometeu faz com Zeus, Lúcifer, descontente com o lugar que ocupa à esquerda de Deus, conspira para Lhe usurpar o trono. Expulso do Céu, mas sem se arrepender da rebelião, torna-se o rebelde prototípico, sempre em oposição ao pai. Desse modo, não há movimento, não há possibilidade de mudança na dinâmica arquetípica entre pai e filho, que hão de passar toda a eternidade em estado de inimizade. Na literatura, Dante representou bem tal paralisia da energia psíquica na imagem de um Inferno rígido e frio, com Satanás, um monstro gigantesco e peludo, mergulhado no gelo até a cintura.

Não obstante, Satanás/Lúcifer é um anjo, embora caído, sendo que Lúcifer significa "aquele que traz a luz"; e Satanás, "o Mal". Também neste aspecto são instrutivos os poetas românticos, que nos lembram de que a energia que impulsiona a mudança, que transgride os limites aceitos e é tradicionalmente considerada um mal pode, na verdade, ser boa quando permite o primeiro e necessário passo rumo à expansão da consciência — admitindo-se naturalmente, com Jung, que a consciência é o maior bem.

Sem contrários (isto é, sem a tensão dos opostos) não há progresso nem vida, diz Blake, como que antecipando o modelo de Jung da dinâmica psíquica e, em particular, seu conceito de função transcendente da psique.[82] Compreendendo a razão e a inspiração dos opostos polares,

---
81. *Symbols of Transformation*, CW 5, par. 396.
82. Vide "The Transcendent Function", *The Structure and Dynamics of the Psyche*, CW 8, e o cap. 3, abaixo.

Blake argumenta que o papel correto da razão não é o de algemar a inspiração, mas o de servi-la enquanto limite e molde da energia essencial, que ele entende como intuitiva, transformadora, poética, profética e do corpo. A natureza do matrimônio, *coniunctio* ou encontro da libido criativa com a razão determina o tom moral do produto resultante ou da ação em termos humanos. Em si e por si, essa energia vital do corpo é amoral, porém, como fogo ou motivação do espírito da força vital, ela exerce uma influência poderosa e sedutora sobre o intelecto, desafiando as elaborações da consciência do ego. É por isso que Blake diz que Milton tem "parte com o Diabo sem o saber",[83] deixando-se fascinar pela energia deste, apesar de seu puritanismo, pois o poema da história de Lúcifer em *Paradise Lost* [Paraíso Perdido] tem uma força e uma paixão que desaparecem quando Milton escreve sobre Deus e os anjos.

Talvez os aspectos duais da mãe (ora terrível e devoradora, ora boa ou suficientemente boa), assim como a feição multifacetada do feminino, tenham chamado mais a atenção psicológica que o masculino e, em conseqüência, até a publicação de estudos bastante recentes sobre a masculinidade e o pai, faltou uma diferenciação extensa das sutilezas e complexidades do masculino. Nós observamos que a natureza multifária de deuses como Hermes e Dioniso, ao mesmo tempo jovens e homens barbados, instintivos e reflexivos, remete-nos a uma imagem do espírito masculino que é ambígua e repleta de paradoxo. Como observa Jung, "o pai vive aparentemente uma existência de instinto desenfreado e, no entanto, é a incorporação viva da lei que tolhe o instinto".[84]

Felizmente, o legado que nos deixou o interesse romântico por Lúcifer, Prometeu e Caim também oferece retratos ricos e heterodoxos desses rebeldes tradicionais em obras de arte que insinuam, bem que muitas vezes pela sua falta, a importância, para o bem-estar psicológico, da experiência humana da complexa relação do pai com o filho, da razão do *senex* com a paixão do *puer*.

---

83. "The Marriage of Heaven and Hell", *in Complete Writings*, p. 150
84. *Symbols of Transformation*, CW 5, par. 396.

Átis, Actéon, Narciso, Jacinto, Adônis

Com esses jovens, chegamos ao que se pode considerar a descrição "clássica" do *puer* na psicologia analítica, o belo rapaz que sofre uma morte trágica e precoce. Jung escreve: "Infelizmente, a agradável aparição do *puer aeternus* é uma forma de ilusão".[85]

As histórias das cinco figuras juvenis escolhidas como exemplo desse tipo de *puer* mostra que em nenhum caso existe um vínculo salvador com o pai, sendo que, ao pólo *senex* da configuração *puer-et-senex*, falta o "peso" que puxaria o menino para a maturidade consciente, retirando-o da condição de dependência infantil simbolizada por seu vínculo com a Deusa Mãe e pela morte prematura.

Adônis, filho de Cínaras e Mirra, fruto de um incesto entre pai e filha ardilosamente urdido pela filha, é de tal modo adorado por Afrodite/Vênus que se torna incapaz de se defender fora do casulo do abraço protetor da deusa. Com a masculinidade indiferenciada e não tendo desenvolvido a habilidade de caçador, ele é ferido pela presa de um dos animais de Ártemis, o javali. Do mesmo modo, Narciso, fruto do estupro da ninfa Liríope por Cefiso, o deus do rio, não tem vínculo com o pai nem com Tirésias, o adivinho cego com quem Liríope se aconselha, mas cuja profecia relativa ao destino do filho (que Narciso viverá até a velhice "desde que nunca conheça a si mesmo") ela parece não entender nem levar em conta.

Na versão de Ovídio, a própria mãe desaparece de cena e Narciso fica abandonado, uma juventude isolada, incapaz de entrar em relação com o mundo, incapaz de tomar consciência e uma distância objetiva das diferenças das quais depende uma relação eu/tu. Assim, ele rejeita o amor de Eco e, punido por Nêmesis, apaixona-se por sua própria imagem e arraiga-se na relva à beira da fonte que a reflete, pois sua paixão não há de ser correspondida: "O rapaz que eu amo tem de morrer: nós morremos juntos".[86] Ovídio sugere que a sede que Narciso procura saciar na fonte é interior. Todavia, sem um "pai" que lhe ensine a diferença entre substância e quimera, como faz Hermes com Odisseu, ele toma a quimera por substância, de modo que sua aspiração perma-

---

85. *Ibid.*, par. 393.
86. *Metamorphoses*, p. 72.

nece "sem corpo"; e a direção de sua libido, introvertida e regressiva até a morte. Narciso é o tipo do herói-poeta de Shelley no poema "Alastor; ou o Espírito da Solidão", que fala de um jovem inexperiente que sai de casa em busca de realização. O desafortunado personagem de Shelley adormece num vale deserto, num país distante, e

[...] Uma visão no sono
Lá chegou, um sonho de esperanças que nunca
Lhe haviam ruborescido as faces.[87]

O jovem poeta sonha com a bela "donzela velada" cujo abraço ele não consegue esquecer. Incapaz de distinguir o concreto do imaginário, ele acredita que a donzela de seus sonhos existe no mundo, não na imaginação, e a busca obstinadamente e, nessa busca, rejeita toda ofer-

---

87. Versos 149-151, in *Shelley: Poetical Works*. Uma nota da edição do poema da *Norton Anthology of English Literature* cita a afirmação de Thomas Love Peacock: "A palavra grega Alastor designa um gênio do mal [...] Eu menciono o verdadeiro significado da palavra porque muitos supuseram que Alastor fosse o nome de um herói". (Vol. 2, p. 665) Shelley escreve no Prefácio: "Pode-se considerar o poema intitulado Alastor a alegoria de uma das mais interessantes situações da mente humana. Ela representa um jovem de sentimentos incorruptos e gênio aventureiro, guiado para a contemplação do universo por uma imaginação inflamada e purificada pela familiaridade com tudo quanto é excelente e majestoso. Ele bebe da fonte do conhecimento e continua insaciado. A magnificência e a beleza do mundo exterior mergulham profundamente no âmago de suas concepções [...] Enquanto é possível aos seus desejos apontar para objetos de tal modo infinitos e imensuráveis, ele é feliz, tranqüilo e possuído por si mesmo. Porém chega o período em que esses objetos já não bastam. Sua mente desperta de súbito e tem sede de intercurso com uma inteligência semelhante a si mesma. Ele imagina Ser ele mesmo o objeto de seu amor. Versado em especulações da mais sublime e mais perfeita natureza, a visão na qual ele incorpora suas próprias imaginações une todo o maravilhoso ou sábio ou belo que o poeta ou o filósofo ou o amante são capazes de representar. As faculdades intelectuais, a imaginação, as funções do senso têm suas próprias exigências de simpatia em poderes correspondentes em outros seres humanos. O Poeta é representado unindo essas exigências e vinculando-as a uma imagem única. Ele busca em vão um protótipo de sua concepção. Ferido pela decepção, desce a uma sepultura precoce."

ta de amor e companhia humana. Desnecessário dizer que o herói-poeta de Shelley morre só e tragicamente cedo:

> [...] Ele colocou
> A pálida mão no enrugado baú
> De velho pinho. Em uma pedra coberta de hera
> Reclinou a lânguida cabeça, seus membros repousaram,
> Difusos e imóveis, na lisa borda
> Daquele tenebrosíssimo abismo; — assim se deixou ficar,
> Entregando aos seus impulsos finais
> Os suspensos poderes da vida. Esperança e desespero,
> Os torturadores, adormeceram; [...]
> [..]
> [...] uma cristalina corrente
> Outrora alimentada de ondas de múltiplas vozes — um sonho
> Da juventude, que a noite e o tempo para sempre suprimiram,
> Estagnada, escura e seca, e agora olvidada.[88]

O jovem poeta de Shelley representa, pois, ele mesmo, uma figura de inspiração poética, que, se quiser viver no mundo, tem de se apropriar da energia fálica representada pelo pai a fim de resistir ao impulso regressivo, à instintividade inconsciente representada pelo abraço paralisante da mãe negativa, um abraço que assinala a morte do empreendimento criativo independente e do espírito autônomo.

Do sangue de Adônis nasce a anêmona e Afrodite/Vênus pede a Perséfone, a deusa dos Infernos, que o deixe viver na terra uma parte do ano. Desse modo, ele representa o cíclico morrer e reviver da natureza, assim como Jacinto, um jovem amado e acidentalmente morto por Apolo. A morte de Jacinto e sua transformação na flor do mesmo nome insinuam que também ele era originalmente um deus da vegetação. Embora não associado aos ciclos da natureza, Actéon, como Jacinto, só aparece na companhia de rapazes e, ainda que Quíron o tenha ensinado a caçar, o relato de Ovídio o apresenta desprovido da força do ego e da determinação normalmente associadas ao poder fálico do pai. Conseqüentemente, ele abandona a caça e "vagando, incerto, / Num bosque

---

88. Versos 632-640, 668-671, in *Poetical Works*.

desconhecido", ofende Diana/Artêmis ao surpreendê-la banhando-se.[89] Impelido pelo instinto, Actéon acaba reduzido ao instinto; a deusa o transforma num veado, sendo que o dilaceram os cães dos quais outrora ele se considerava dono.

Em *Symbols of Transformation* [Símbolos da Transformação], Jung discute exaustivamente a idéia do deus morto e renascido dos antigos cultos adoradores do sol do Oriente Próximo, como os centrados em Osíris, Tamuz, Átis, Cristo, Mitra e na fênix. Enquanto Jacinto, Adônis e Narciso estão ligados aos cultos da vegetação pela maneira como morreram e pelas flores em que se transformaram, Osíris, Átis e Cristo vinculam-se à árvore. Osíris, ao morrer, é encerrado em um cedro; Cristo morre na cruz, e Átis, filho-amante de Cibele, mutila-se à sombra de um pinheiro, símbolo da Grande Deusa, pois o ciúme de sua mãe o leva à loucura.

Vale a pena citar o comentário de Jung sobre o *puer* como "filho da árvore" (ou seja, da mãe), que sumaria o nosso interesse pelo "filho da mãe":

> Com o significado de origem no sentido de mãe, a árvore representa a fonte da vida, dessa mágica força vital cuja renovação anual os tempos primitivos celebravam com a homenagem prestada a um filho divino, um *puer aeternus*. O gracioso [deus escandinavo] Baldur [que morre ferido por um ramo de visco] é uma dessas figuras. Não se lhe concede mais que uma existência efêmera, porque ele nunca é nada, apenas a antecipação de algo desejável e esperado. Isso é tão verdadeiro que certo tipo de "filho da mãe" exibe deveras todas as características do deus juvenil, parecido com a flor, e inclusive morre prematuramente. O motivo é ele viver na mãe e por intermédio dela, sem poder fincar raízes no mundo, de modo que se acha em um estado de incesto permanente. Ele é, como sempre foi, apenas um sonho da mãe, um ideal que ela não tarda a recolher dentro de si, como se observa nos "filhos-deuses" do Oriente Próximo como Tamuz, Átis, Adônis e Cristo. O visco [um parasito], tal qual Balder, representa o "filho de sua mãe", a almejada e revivescente energia vital que dela flui. Mas, cortado de seu hospedeiro, o visco morre. Portanto, ao cortá-lo [ritualmente], o druida o mata e, com esse gesto, repete simbolicamente a autocastração fatal de Átis

---

89. *Metamorphoses*, p. 62.

e o ferimento de Adônis pela presa do javali. Esse é o sonho da mãe da época matriarcal, quando ainda não existia um pai que ficasse ao lado do filho.⁹⁰

O *puer* que permanece filho da mãe não consegue se comprometer com o pólo *senex* do arquétipo *puer-et-senex*. Se imaginarmos um *continuum*, com o Pai e a Mãe em pólos opostos, o filho da mãe ficaria identificado unicamente com o lado desta. Ele só evolui para herói se for bem-sucedido em sua oposição à matriz materna, tanto interior quanto exteriormente, nas formas de suas manifestações culturais. Mesmo assim, como argumenta Hillman, ele permanece no reino da Deusa.

Um jovem que represente o *puer*, enquanto fenômeno espiritual, teria sucesso, talvez, ao realizar consciente e independentemente, ainda que sem se identificar com eles, os atributos e atitudes representados pelos dois pólos parentais. No âmbito pessoal, isso exigiria que o filho/ego ganhasse consciência suficiente para negociar e manter uma postura individual em face dos pais pessoais e dos complexos parentais. Nesse modo de dolorosa diferenciação, ele construiria um ego forte e flexível mesmo arriscando ser considerado um inveterado rebelde aos olhos dos pais e da sociedade. Por sua vez, tal força do ego, no homem e na mulher, sustentaria uma poderosa individualidade, assim como lhe possibilitaria mediar conscientemente o enigmático movimento dos processos arquetípicos e da dinâmica física que impulsionam o ego mais fraco ora na direção do pólo simbólico da Mãe, ora na do Pai.

Um possível exemplo disso, nos contos da carochinha, é a heroína de "The Girl Without Hands" [A Menina Sem Mãos].⁹¹ Involuntariamente vendida pelo pai ao Diabo e emocionalmente abandonada pela mãe, ela abre caminho no mundo apoiada na fé em Deus, sua ligação com o espírito e com o *Self*. No mito, pensamos em Perseu. Ajudado por Atena, deusa marcial dotada de um aspecto masculino altamente diferenciado, ele consegue decapitar a Medusa, imagem da mãe negativa petrificante. Sua vitória possibilita a libertação do espírito masculino

---

90. *Symbols of Transformation*, CW 5, par. 392.
91. Irmãos Grimm, *The Complete Grimm's Fairy Tales*, p. 160. Marie-Louise von Franz oferece uma interpretação psicológica desse conto em *The Feminine in Fairy Tales*, pp. 80 ss.

(o cavalo alado Pégaso livra-se da prisão no flanco da montanha), que simboliza sua bem-sucedida resistência à identificação inconsciente com o unicamente feminino. De maneira semelhante, Odisseu, protegido por Atena e Hermes, conserva a independência de espírito e, assim, sem se deixar seduzir, aprende a se relacionar com as numerosas faces do feminino que ele encontra na forma de ninfas, sereias e deusas, em sua longa viagem de Tróia à Ítaca.

Simão Pedro: Uma Fantasia Especulativa

Muitos atributos dos deuses aqui discutidos identificam-se prontamente com certos traços do caráter de Peter Pan. Seu hábito de cantar como o galo o ligam a Pã e a Dioniso, assim como a flauta que ele toca. Suas aparições impetuosas, mágicas, súbitas, e a capacidade de transitar entre dois mundos (a Terra do Nunca e a Londres eduardiana) são qualidades de Pã, de Hermes e de Dioniso; a primavera é a estação do ano em que podemos esperar que ele bata em nossa janela, sendo que tal associação do personagem com a primavera, a renovação, a juventude, a alegria e a espontaneidade o vincula aos jovens deuses mortos e renascidos dos cultos da fertilidade e da vegetação. O mesmo vale para a descrição que dele nos oferece Barrie como um tipo do Homem Verde da Natureza: "um menino adorável, vestido de folhas secas e da seiva que escorre das árvores".[92]

Em vários aspectos semelhante às díades pai/filho e às configurações *puer-et-senex* que consideramos, a relação de Peter Pan com o Capitão Gancho é tão necessária quanto problemática. A inimizade entre os dois parece perpétua; contudo, os jogos de guerra nos quais eles se envolvem não deixam de demonstrar "boa educação", não deixam de observar um código de ética não escrito acatado pelas duas partes; e, embora deteste Peter Pan devido a sua juventude e insolência, Gancho se aborrece quando ele não está por perto, pois sem ele tudo na Terra do Nunca fica sonolento e letárgico. Também os relatos mitológicos da rebelião do filho contra o pai encontram uma analogia no ressentimento de Peter

---

92. *Peter Pan*, p. 37.

Pan pelos adultos e pela responsabilidade, assim como em sua recusa a crescer e tornar-se homem.

Em face da associação, por parte da mídia popular, de Peter Pan com tudo quanto é leve, vivaz e feliz, pode parecer quase sacrílego insinuar que a natureza do nosso herói infantil tem um lado sombrio e diabólico, remanescente de Lúcifer, o anjo arqui-rebelde e caído. No entanto, quando a Sra. Darling olha pela janela do quarto das crianças em busca do esquivo garoto, não consegue "ver senão o que ela tomou por uma estrela cadente", e somos informados de que "houve uma comoção no firmamento" na noite e que o menino lhe rouba os filhos.[93] Sabe-se também que o próprio Barrie ficou decepcionado com a estátua de Peter Pan em Kensington Gardens. Ele havia recomendado ao escultor *sir* George Frampton que se inspirasse em uma fotografia de 1906 de seu mais adorado "menino perdido", Michael Llewelyn Davies. *Sir* Frampton preferiu outro modelo e, quando se erigiu a escultura (só Barrie soube como, em segredo, na madrugada de 30 de abril de 1912), o escritor queixou-se de que "ela não mostra o diabo em Peter".[94]

Sem dúvida alguma, a Terra do Nunca está longe de ser um paraíso edênico. Lá não faltam intrigas, violência e brutalidade, sendo que Peter Pan raramente hesita em distribuir impiedosa retribuição tanto aos inimigos quanto aos discípulos em erro. O retrato pintado pelo autor desse reino que nada tem de inocente nem de pacífico levanta duas outras questões: o tratamento ambivalente que ele dá ao suposto idílio da infância e, por outro lado, a qualidade daquilo que Wendy descreve como a "tragédia" de Peter Pan: talvez sua recusa a se sacrificar e suportar a perda da Terra do Nunca, onde ele governa soberano, para ingressar plenamente na vida *deste* mundo.

Em outras palavras, Peter Pan continua sendo uma qualidade da imaginação, rejeitando a encarnação no ciclo de vida humano. Isso oferece a possibilidade de que ele represente um impulso e um espírito criativo autônomo, com traços simbólicos de outros arautos mitológicos de uma nova consciência (Prometeu, Cristo, Dioniso).

Seguir essa linha de raciocínio e voltar-se para o homônimo bíblico de Peter Pan, Simão Pedro, pode, a princípio, parecer fora de propósito ou irresponsavelmente frívolo, visto que o conto de Barrie é uma fanta-

---
93. *Ibid.*, pp. 39, 49.
94. Birkin, J. M. *Barrie and the Lost Boys*, p. 202.

sia infantil. Entretanto, o segundo nome do personagem não foi acidental, de modo que não temos nenhuma razão para supor que a escolha que fez o autor do primeiro tenha sido inconsciente de suas conotações bíblicas. Peter Pan tem várias características em comum com Simão Pedro. Um exame da história bíblica pode aprofundar a nossa apreciação da fantasia de Barrie, além de esclarecer as questões acima apresentadas, ou seja, o aspecto sombrio de Peter Pan; Peter Pan enquanto imperativo criativo e fenômeno espiritual; enquanto "tragédia" e como o deus-menino de um paraíso aparente que, no entanto, vive em conflito e está eivado de ambigüidade.

Simão, posteriormente chamado Pedro, foi o primeiro apóstolo convocado a seguir Jesus e, assim, a ajudá-lo nos "negócios do Seu Pai". Os evangelhos informam que ele era um extremista: impetuoso, facilmente irritável e capaz de uma violência impulsiva, exemplificada na ocasião em que ele tentou salvar Jesus da prisão no Jardim das Oliveiras e corta a orelha direita do servo do Sumo Sacerdote.[95] De todos os apóstolos, Simão Pedro é talvez o mais apaixonado em sua profissão de fé. Por isso, Jesus lhe pede que cuide de Seu rebanho e passa a chamá-lo de Pedro, o fundador da igreja e líder da cristandade na terra:

> Pois, também, eu te digo que tu és Pedro, e sobre esta pedra edificarei a minha igreja, e as portas do inferno não prevalecerão contra ela. E eu te darei as chaves do reino dos céus; e tudo o que ligares na terra será ligado nos céus, e tudo o que desligares na terra será desligado nos céus.[96]

Não obstante, é Pedro quem nega três vezes "antes que o galo cante" sua relação com Jesus; e é a ele que falta fé quando, ao caminhar sobre as águas ao encontro de Jesus, se vê em perigo de afogar-se.[97] A lenda bíblica também fala na aparição de Jesus na ocasião em que Pedro foge da perseguição: Ele pergunta aonde o apóstolo vai, coisa que o leva a voltar a Roma e ser crucificado de ponta-cabeça.

Embora os relatos sugiram que Pedro era por demais apaixonado para ser ambivalente, seu caráter é profundamente ambíguo: em tem-

---

95. João 18:10.
96. Mateus 16:18-19, New English Bible.
97. Mateus 14:29-33.

pos diferentes, ele é destemido e medroso, crente e descrente, impetuoso e constante, ansioso por seguir Jesus aonde for, no entanto muitas vezes relutante em aceitar que Ele deva cumprir a profecia de Seu sacrifício. Decerto Simão Pedro experimenta o lado sombrio da fé, conhecendo o medo, a negação, a cólera e a dúvida. Talvez por esse motivo Jesus o designa para chefiar a Sua igreja. Conhecedor de sua própria natureza, Pedro, dentre todos os apóstolos, é talvez o mais consciente dos caprichos e das contradições da natureza humana em geral e, assim, mais claramente ciente dos perigos particulares e das fraquezas nas quais a igreja pode tropeçar.

A encarnação do espírito, como vimos na discussão sobre Dioniso e Cristo, é uma transformação muitas vezes simbolizada pelo esquartejamento, o sacrifício e o sofrimento, processo que afeta tanto a divindade quanto o celebrante humano. Em termos de psicologia pessoal, o inconsciente e a consciência do ego sofrem mudança. Por um lado, o crente se apropria de parte da divindade; por outro, uma energia anteriormente inconsciente fica à disposição da consciência na forma, talvez, de um *insight*, de um sentimento, de uma idéia, de uma nova atitude ou atividade. Pode-se fazer uma analogia com a criação de muitas obras de arte. O artista visionário, isto é, aquele que enfrenta o material impessoal, arquetípico, adota uma postura sacrifical e humilde em face de sua visão e, assim, serve de cadinho no qual a inspiração bruta se encarna como artefato. O ego se submete a uma forma de sacrifício: submete-se ao processo criativo autônomo ao mesmo tempo que colabora com ele.

O sacrifício, no entanto, se for de fato um sacrifício, exige que a coisa a que se renuncia seja a mais valorizada. Ademais, não há garantia de resultado, seja ele bom ou ruim.[98] Em conseqüência, geralmente a vítima sacrifical ou o mártir demonstra uma compreensível relutância a aceitar seu destino, do mesmo modo que muitas vezes verifica-se no artista uma correspondente relutância a abrir mão da imediação da experiência visionária a fim de empreender o árduo trabalho de escrever, esculpir, pintar ou compor. Assim é com Simão Pedro. Nos evangelhos, não faltam ocasiões em que ele suplica a Jesus que se furte ao padecimento, do mesmo modo como, mais tarde, tenta salvar-se fugindo de

---

98. Recorde-se o momento de total desespero de Jesus, na cruz, quando Ele se sente abandonado por Deus.

Roma. Desse modo, Simão Pedro resiste ao destino na tentativa de evitar ou negar o inevitável, por mais que sua fé cristã prometa que o sacrifício e o padecimento são um modo de ganhar a vida, não de perdê-la. Bem que pareça ultrajante à primeira vista, tudo indica que o relato bíblico de Simão Pedro e a história de Peter Pan de J. M. Barrie abordam de diferentes maneiras as qualidades enigmáticas da fé e da imaginação respectivamente. As duas narrações também questionam a relação paradoxal do sacrifício e do sofrimento com a vida, assim como a deste mundo com outro mundo possível, onde se ganha uma vida nova ou a redenção (seja no reino dos céus, seja na imaginação, seja na Terra do Nunca). Para o crente, o principal é a fé; para o poeta, é a imaginação profética (daí o provérbio de Blake acima citado: "O que está hoje provado outrora era apenas imaginado").

Apesar das diferenças, tanto a fé quanto a imaginação nos arrebatam do ordinário e nos levam a outra coisa ausente, remota. Abrem para nós a possibilidade do *extra*ordinário e, desse modo, possibilitam um encontro com o transpessoal e o numinoso. Por conseguinte, vinculam-nos ao nosso desejo e, inevitavelmente, ao que nos falta, pois nós desejamos aquilo que supomos que nos falte e, assim, somos impulsionados pelo desejo a desvendar mistérios, preencher lacunas, restaurar a ordem onde persiste o caos, tornar-nos contadores de histórias e profetas. "Imaginar é ausentar-se; é dar um salto rumo a uma nova vida."[99]

Todavia, a imaginação, assim como a fé, tem o poder de "re-dimir" (re-cuperar), pois nos permite "re-lembrar" e, "re-lembrando" e "re-cuperando", restaurar a vida para as possibilidades perdidas. Na atividade de "re-lembrar", por meio da observância religiosa, da música, da arte, da literatura ou da vida, nós imaginamos e tornamos presente o que está perdido ou olvidado, assim como o que ainda não foi. Desse modo, tanto a fé quanto a imaginação ligam o passado, o presente e o futuro, de cuja síntese nós construímos uma história coesa e, assim, imbuímos a vida de significado. Entretanto, se a imaginação e a fé nos vinculam ao desejo, também nos relacionam com o movimento e a mudança, impelindo-nos para o novo ao mesmo tempo que nos obrigam a sacrificar o velho. Em conseqüência, como mostram os evangelhos, a fé de Simão Pedro é testada constantemente, para ser provada,

---

99. Gaston Bachelard, *On Poetic Imagination and Reverie; Selections from the Works of Gaston Bachelard*, p. 21.

encarnada, vivida. Primeiro Jesus lhe pede que abandone a profissão de pescador para se tornar um pescador de homens ao divulgar o evangelho e, por fim, exige-lhe que realize a profecia de uma morte que, como lhe diz o Nazareno, "te levará para onde tu não queiras".[100]

A figura de Peter Pan é o exemplo de alguém que resiste à mudança e rejeita o sacrifício e, com isso, lembra-nos de que a imaginação, como a fé, tem de sofrer renovação constante, do contrário arrisca petrificar-se e petrificar-nos, mantendo-nos fora da vida. Contudo, ao contrário da fé, a imaginação não só vincula e sustenta, como também pode desvincular, dissolver, soltar, deformar, distorcer. Assim como a fé não pode ser vivida plenamente sem ser testada, a imaginação deve enfrentar o conflito e a dor. A pergunta que se segue e que eu creio que Barrie faz em *Peter Pan* é: o que nos dá um senso de vitalidade e significado?

Simão Pedro conquista a nova vida e o significado profundo por intermédio de Cristo, mediante o auto-sacrifício, pela luta para imitar Jesus em seu ministério e para viver sua fé *no mundo*. Barrie, no entanto, parece questionar onde a vida pode ter fundamento: no mundo, na imaginação ou no processo artístico e na obra de arte; neste caso, na história? Peter Pan é incapaz de fazer o sacrifício necessário para ingressar plenamente no mundo. Ele leva Wendy e os irmãos para *o seu* reino durante um breve período, mas não pode ou não escolhe viver no deles; como dissemos a respeito do *puer*, ele jamais tem sossego *na vida*. Em certo trecho, Peter Pan declara, "Morrer deve ser uma aventura fantástica",[101] e, em outro, na peça, arrisca dizer, "Viver deve ser uma aventura fantástica".[102] As duas afirmações são hipotéticas, e ele não faz nem uma coisa nem outra, preso para sempre, da perspectiva do ego, ao mundo do faz-de-conta.

O fascínio de Barrie pelo herói infantil e os mais de vinte anos que passou revisando o livro sugerem que se pode encontrar vida e significado na *atividade* da história e por intermédio dela, uma atividade que se refere principalmente à nossa relação com a imaginação.[103] Ao pensar em

---

100. João 21:19, New English Bible.
101. *Peter Pan*, p. 129.
102. *Peter Pan and Other Plays*, p. 153.
103. Eu não posso deixar de perguntar até que ponto isso basta, quando me vêm à memória referências a Barrie como "aquele geniozinho esquisito e mórbido" (Lord Boothby) que tinha "um desejo irresistível de acabar com a vida — uma vida que

Simão Pedro, percebemos que a vida dele está incrustada em uma história: sua missão consistia em disseminar a mensagem de Jesus, o Evangelho, porém, ele viveu *neste* mundo e, ao realizar sua fé dessa maneira, urdiu sua própria história enigmática. Por outro lado, sabemos que Peter Pan não tem memória: ele não conhece nenhuma história, não se lembra da mãe e arrisca esquecer de uma hora para outra quem é Wendy. Sem lembranças, Peter Pan não tem história, não tem conto, não tem significado. Parece preso em uma sucessão estática, cíclica, de aventuras arbitrárias que ele se recusa a sacrificar e, em termos humanos, sua recusa é uma tragédia. É Barrie quem dá substância a Peter Pan, encarnando na história parte do espírito que ele preconiza. Aliás, somos avisados logo no começo de que "não haverá história nenhuma" se o Sr. e a Sra. Darling voltarem ao quarto antes que as crianças tenham voado com Peter para a Terra do Nunca.[104]

Pode-se argumentar que o sofrimento de Simão Pedro está em sua dificuldade de diferenciar a pessoa histórica, material, de Jesus como o Cristo, a nova ética ou qualidade essencial do espírito, realizada mediante Sua paixão; a história do ministério de Pedro torna-se, então, a história da sua percepção de que Jesus é o veículo e o receptáculo do Cristo. Pode ser que a natureza equívoca, ilusória, do herói de Barrie também resida na sua relação problemática com a matéria: ele aspira e ao mesmo tempo se recusa a ser capturado e levado à vida; anseia pelo sacrifício da transformação e, ao mesmo tempo, o rejeita.

Como figura da autonomia do espírito e da fantasia criativa, Peter Pan pertence ao reino arquetípico da possibilidade. Como arauto e agente de uma experiência nova, tem de sofrer repetidamente, mas não em definitivo, a dor da transformação; contudo, o ego consciente pode sofrer transformação finita como resultado de sua ação. Nem Peter Pan pode ingressar plenamente na vida. Sua história, se contada, há de ser a nossa história, o relato de uma luta contínua para perceber e, assim, encarnar algo de nossa experiência da realidade transcendente que inicialmente, por sua própria natureza, "só pode ser imaginada".

---

perdeu totalmente o sentido sem Michael", talvez o mais querido de seus "meninos", que morreu afogado em Sandford Pool, Oxford, aos 20 anos de idade. (Vide Birkin, *J. M. Barrie and the Lost Boys*, pp. 283, 194.)
104. *Peter Pan*, p. 65.

3

J. M. Barrie e a
Arte Acidental de Criar Mitos

> Não é que nós personifiquemos,
> são as epifanias que surgem na forma de pessoas.
> — James Hillman, *Pan and the Nightmare*.

No ensaio "Cybernetics and Ghosts" [Cibernética e Fantasmas], Italo Calvino discute a relação da narração de histórias com o significado mítico, propondo uma teoria dinâmica do mito, na qual a arte narrativa e a *poesis* têm um papel primário e criativo:

> O significado mítico é algo com que só cruzamos se insistirmos em brincar com as funções narrativas [...] O contador de histórias [ou poeta tribal] continua [...] inventando novos desenvolvimentos na composição até que, no curso desse labor metódico e objetivo, recebe do inconsciente ou do proibido outro súbito lampejo de esclarecimento.[105]

Calvino enfatiza o acaso, o acidente, o risco e o jogo, fatores que talvez descrevam mais sutilmente os caminhos imprevisíveis da psique do que a idéia de Northrop Frye, segundo a qual as estruturas básicas da narrativa mítica refletem, porque deles derivam, originalmente, os ciclos da natureza. Para ele, assim como para Joseph Campbell, o padrão cíclico da saga ou da jornada do herói "solar" acompanha a passagem circular da trajetória do sol e o ritmo da mudança sazonal.[106]

---
105. *The Uses of Literature*, p. 23.
106. Vide *Anatomy of Criticism, The Secular Scripture* e *Fables of Identity*, de Frye, e *The Hero with a Thousand Faces*, de Joseph Campbell. [*O Herói de Mil Faces*, Editora Pensamento, 1988.]

Campbell argumenta que a direção cíclica da aventura heróica determina a forma fundamental da mitologia ocidental e, possivelmente, de toda mitologia. E Frye defende a relação desta com a arte literária, argumentando que existem apenas dois tipos de história, ambos estruturados basicamente no mesmo motivo cíclico: as sagradas, como por exemplo as do Alcorão e da Bíblia; e as seculares. Ele classifica as histórias seculares de "mitos deslocados", porque os padrões indeléveis da narrativa mítica nos quais o escritor estrutura sua obra mais ou menos conscientemente, embora muitas vezes apagados e difíceis de discriminar, são detectáveis sob a roupagem cultural contemporânea do romance, do drama ou do poema modernos. Uma metáfora útil da imagem que Frye faz da literatura seria a de que ela funciona como o palimpsesto: por baixo do conto e das camadas de alusão conscientemente elaboradas pelo autor, distinguem-se vestígios mitológicos que conferem significado e forma ao conjunto da obra.

A fantasia de Calvino acerca da descoberta do significado mítico por meio da arte acidental (ou arte do acidente), que ele atribui aos relatos do poeta tribal, pode perfeitamente ter analogia com o método idiossincrático de composição literária de J. M. Barrie. Ao que parece, a brincadeira, o jogo da imaginação juvenil, era de grande importância para ele. De constituição miúda, mesmo na idade adulta Barrie tinha aparência de menino e, a vida inteira, valorizou a imaginação impetuosa, as histórias e os folguedos da infância. Michael Hearn diz que ele certa vez confessou:

> O terror da minha infância era saber que chegaria o dia em que também eu seria obrigado a abrir mão de meus brinquedos [...] (essa agonia ainda volta em meus sonhos, quando me surpreendo jogando bolinhas de gude e olho para mim mesmo com fria contrariedade); sinto que preciso continuar brincando secretamente.[107]

Barrie desenvolveu a personagem Peter Pan usando o jogo espontâneo da imaginação. Era capaz de passar horas contando histórias para os pequenos Llewelyn Davies, os cinco filhos de uma família que ele conheceu em Kensington Gardens, onde costumava passear com seu

---

107. Hearn, "Introduction", *Peter Pan*, p. 5.

cachorro terra-nova, chamado Porthos. Os meninos tinham fascinação pelo escocês baixinho e esquisito que "conseguia erguer uma sobrancelha e, ao mesmo tempo, baixar a outra e que [...] conhecia muitas histórias".[108] Sem filhos, Barrie não tardou a considerá-los "seus garotos" e praticamente adotou toda a família, apesar do ciúme de Arthur Llewelyn Davies, o pai dos meninos. Em *The Little White Bird* [O Passarinho Branco] (1902), Barrie descreve que ele e George, o filho mais velho dos Davies, escolhiam uma passagem de um conto qualquer e, juntos, floreavam-na até que ficasse muito diferente da original:

> Primeiro, eu a conto para ele; depois, ele a conta para mim, tendo combinado que a história deve ser completamente diferente; depois, torno a contá-la com tudo quanto ele acrescentou, e assim prosseguimos até que já não se possa dizer se a história é dele ou minha.[109]

Peter Pan, enfim, tal qual o descreve Barrie, nasceu do amor do seu autor pelos cinco filhos da família Llewelyn Davies: "Eu criei Peter esfregando vocês cinco violentamente uns nos outros, como os selvagens esfregam duas varetas para produzir uma chama. Isso é o que ele é: uma fagulha que eu peguei em vocês".[110] Nas palavras de Calvino, pode-se considerar Peter Pan um dom ou uma luz vinda do inconsciente ou do proibido.

Os comentários de D. W. Winnicott sobre a importância do brincar são úteis à compreensão do possível vínculo entre, por um lado, a predileção de Barrie pelos jogos de palavras, a fantasia e o fantástico e, por outro, sua criação da fagulha vital imaginativa, Peter Pan. "É brincando e só brincando", conta Winnicott, "que a criança ou o indivíduo adulto consegue ser criativo e usar toda a sua personalidade, e só sendo criativo é que o indivíduo descobre o eu."[111]

Conforme Winnicott, ao brincar, nós substituímos a "atividade proposital" pelo "ser não proposital". Isso, ou a brincadeira, envolve o livre movimento da fantasia. Leva a um estado de "quase recolhimento" e a

---

108. Janet Dunbar, *J. M. Barrie: The Man Behind the Image*, p. 138.
109. Hearn, "Introduction", *Peter Pan*, p. 8.
110. *Ibid.*, p. 15.
111. *Playing and Reality*, p. 54.

Os meninos Llewelyn Davies em um medalhão.
À *esquerda, de cima para baixo*: Michael, Peter, George.
À *direita, de cima para baixo*: Jack e Nico.

um estado de espírito de absorção intensa, sendo que ambos favorecem a liberdade de associação e permitem à criança "dotar os fenômenos externos de significado e sentimento oníricos". Estando totalmente absorta na brincadeira, a criança (ou o adulto) sente a plenitude de si mesma. O interior e o exterior fundem-se em partes inseparáveis de um fato experimentado como um todo inteiriço, pois, assim absorta, a pessoa plasma e colore inconscientemente os fenômenos exteriores de acordo com uma inegável prerrogativa interior. O ursinho de pelúcia rasgado e jogado a um canto começa a se parecer com o ursinho Pooh, é Pooh e, sendo Pooh, permanece vital e presente, um companheiro bem-vindo durante um momento, uma hora, um dia.

Winnicott entende a criatividade liberada por meio do brinquedo como a capacidade de sentir-se plenamente vivo e comprometido com o momento, capacidade essa que promove um senso tanto de confiança no mundo quanto de si mesmo "enquanto unidade [...] enquanto expressão do EU SOU, do estou vivo, de ser eu mesmo". No entanto, Winnicott nos previne contra a equação do brinquedo criativo com o empreendimento criativo. A busca de si mesmo não é necessariamente satisfeita com a criação de uma obra de arte, por mais que esta venha a ter sucesso. Se o potencial do viver criativo for seriamente reduzido ou tolhido, em vez de realizar o senso do eu por intermédio de um objeto ou produto externo, é mais provável que o indivíduo desenvolva uma falsa personalidade, uma vida secreta e oculta "que é satisfatória pelo fato de ser criativa ou original para esse ser humano".[112]

Na meninice, Barrie refugiou-se justamente na proteção de um tal santuário interior oculto, pois, desde os 6 anos de idade, sua vida exterior se viu continuamente fustigada pela tristeza e pela perda. A primeira e maior tragédia foi a morte acidental de seu irmão David, cujo lugar de favorito da mãe Barrie lutou em vão para ocupar. Tão desesperado ficou pelo afeto da mãe que "chegou a aprender o assobio especial do irmão com os amigos deste, vestiu a roupa do falecido, entrou no quarto da mãe, gritou, 'Escute!' e se pôs a assobiar".[113] Mais tarde, a memória familiar idealizou e fixou David no rapazinho de 13 anos que era ao morrer: na imaginação dos Barries, ele passou a ser o menino que nunca cresceu.

Portanto, as recordações da infância do próprio escritor explicam menos o seu posterior amor pela meninice e pelo folguedo que as da mãe, Margaret Ogilvy:

> A eterna busca de Barrie pela Terra da Alegria Perdida, que tantas vezes pareceu manifestar-se em sua afinidade com as crianças, não era um desejo nostálgico de retorno à infância. Era, isto sim, o anseio por viver

---

112. *Ibid.*, p. 68.
113. Dunbar, *J. M. Barrie*, p. 13.

uma meninice que ele não conheceu pessoalmente: a meninice de Margaret Ogilvy.[114]

Adulto, decepcionado com um casamento sem filhos, que fracassou e terminou em divórcio, e raramente à vontade no mundo, Barrie descobriu que seu amor irreprimível pelas brincadeiras lhe dava liberdade de acesso ao mundo da fantasia de suas leituras infantis, primeiramente encontrado em *Treasure Island* [A Ilha do Tesouro], de Stevenson, *Coral Island* [A Ilha de Coral], de R. M. Ballantyne, e *Leather-Stocking Tales* [Histórias do Homem de Meias de Couro], de James Fennimore Cooper. Ali e na Terra do Nunca que viria a criar, ele podia escapar da dor da vida e da morte, no reino secreto e atemporal do faz-de-conta. Contudo, a necessidade e a capacidade de refugiar-se e de recriar sua própria fantasia infantil ou as da meninice da mãe, todas colhidas nas histórias do passado, não explicam o fato de o herói mais conhecido do escritor haver-se tornado tão conhecido, comum e preferido das crianças. Tampouco a imagem cativante de Peter Pan foi inteiramente explicada ou capturada pelo diagnóstico da psicologia popular, segundo o qual todos "os homens que nunca cresceram" sofrem da síndrome de Peter Pan.[115]

"Os escritores mais poderosos", assevera Harry Levin, "obtêm grande parte de seu poder sendo criadores de mitos, com o dom — embora às vezes não o saibam — de captar e cristalizar as fantasias populares".[116] O impacto da figura de Peter Pan na imaginação coletiva, à parte a peça ou o livro em que ele figura, indica que Barrie criou um herói infantil de dimensão mítica. Ao mesmo tempo, parece que seu "menino perdido" serviu para espelhar parte das preocupações existenciais de muitos que viveram no primeiro quartel do século XX, época de sua criação, e que

---

114. Birkin, *J. M. Barrie and the Lost Boys*, p. 38.
115. Vide Dan Kiley, *The Peter Pan Syndrome*. Na capa do livro do dr. Kiley, afirma-se: "Toda mulher conheceu, amou, casou-se com, foi abandonada por ou sobreviveu a um deles [...] mas nenhuma consegue resistir a ele". Kiley destaca seis sintomas básicos que, em sua opinião, constituem a síndrome: ansiedade, solidão, irresponsabilidade, conflito no papel sexual, narcisismo e chauvinismo. Juntos, esses sintomas configuram o que ele denomina a crise da impotência social.
116. "Some Meanings of Myth", *in* H. A. Murray, org., *Myth and Mythmaking*, p. 112.

Peter Pan continua refletindo um aspecto da psique moderna tanto no âmbito individual quanto no coletivo.[117] A popularidade de Peter Pan indica que o herói de Barrie carrega um significado arquetípico, proporcionando uma figura de fantasia que satisfaz a sede de liberdade e aventura da criança e, ao mesmo tempo, uma imagem do século XX do mitológico *puer aeternus* ou eterno menino. Nos termos da teoria da criatividade de Winnicott, pode-se argumentar que Peter Pan apresenta um oportuno "acidente de brincadeira". No entanto, se nos voltarmos para Jung, temos a possibilidade de entender o eterno menino de Barrie tanto como produto do pensamento-fantasia do autor quanto como símbolo do espírito e centelha da fantasia criativa autônoma que se pode detectar no material da psique individual.

Jung contrasta o pensamento-fantasia, que envolve toda a alma, com o pensamento dirigido. Este, como instrumento da cultura, tende a ser linear, utilitário, expresso em palavras, adaptado à comunicação e à atividade no mundo exterior. O pensamento-fantasia passa para o primeiro plano assim que recuam o pensamento conscientemente dirigido e a atenção aos fenômenos externos; é por intermédio do pensamento-fantasia que temos acesso às "bases inconscientes dos sonhos e das fantasias", que apresentam um retrato das formas arcaicas ou mitológicas de pensamento. Conforme Jung, essas formas-pensamento são "baseadas no instinto [e], como é natural, se manifestam mais claramente na infância do que depois".[118]

Jung também fala em diferentes níveis ou graus de pensamento-fantasia:

---

117. A peça teatral *Peter Pan* estreou em Londres em 27 de dezembro de 1904. O livro foi publicado em 1911 com o título *Peter Pan and Wendy*. *Peter Pan in Kensington Gardens* (1906) é uma reedição dos contos do *The Little White Bird* (1902), que Barrie criou em suas brincadeiras de contar histórias com George Llewelyn Davies e contém somente alguns fatos que aparecem na peça e no livro. O autor revisou continuamente a peça, que só foi publicada em 1928, nove anos antes de sua morte em 1937. É interessante notar que os expatriados britânicos e norte-americanos que viveram em Paris, na década de 1920, eram conhecidos como "A Geração Perdida", sendo que "The Waste Land", de T. S. Eliot, que descreve o mundo espiritualmente falido e fragmentado dessa geração, foi publicado em 1922.
118. "Two Kinds of Thinking", *Symbols of Transformation*, CW 5, par. 38.

Boa parte do [pensamento-fantasia] pertence à esfera consciente, mas uma parte pelo menos igual entra na penumbra ou na escuridão total do inconsciente e pode, portanto, ser apenas indiretamente inferida [...] Os produtos da fantasia que envolvem diretamente a mente consciente, sobretudo o sonhar acordado ou o devaneio [...] a seguir os sonhos ordinários, que apresentam à mente consciente um exterior confuso e só têm sentido com base no conteúdo inconsciente indiretamente inferido. Por fim, nos complexos fragmentados, há sistemas de fantasia completamente inconscientes que têm uma acentuada tendência a constituir-se em personalidades separadas.[119]

Essas "personalidades separadas" podem se projetar na criação de figuras literárias assim como em fenômenos externos, personalidades reais, objetos e instituições concretos. Todavia, a imagem do espectro volta a ser útil. Se colocarmos o pensamento-fantasia e o pensamento dirigido em cada extremo (como Jung situa o instinto e o arquétipo, respectivamente, nas extremidades infravermelha e ultravioleta do espectro), afastamo-nos do modelo dualista rumo a outro que possibilita uma diferenciação mais sutil do pensamento. Embora de ordinário — e em geral involuntariamente — a consciência do ego possa deslocar-se, na escala, da extremidade do pensamento dirigido para a do pensamento-fantasia, talvez o artista tenha a capacidade de trabalhar o espectro, com vantagem artística, mais conscientemente que a maioria das pessoas, estimulando o processo criativo. Jung descreve o que ocorre quando se joga com as duas extremidades do espectro tal qual eu o apresento: "Por intermédio do pensamento-fantasia, o pensamento dirigido entra em contato com as camadas mais antigas da mente humana, camadas há muito sepultadas sob o limiar da consciência": um movimento da psique essencial ao artista e ao criador de mito.

"Two Kinds of Thinking" [Dois Tipos de Pensamento] foi um ensaio precoce (1911), e Jung não tardou a substituir as "formas-pensamento arcaicas" pela hipótese dos arquétipos como disposição herdada e basicamente instintiva da espécie humana, a expressar sempre e em toda parte a experiência do eu e do mundo em formas, histórias e figuras semelhantes. Como exemplos de realidade arquetípica em ação, basta

---

119. *Ibid.*, par. 39.

olhar para os impressionantes paralelos entre os contos dos deuses e heróis das mais diferentes culturas e sistemas de fé para os quais nos chamam a atenção os estudiosos da mitologia comparada e da religião. Disciplinas que vão das ciências puras e aplicadas até as humanas e sociais reconhecem a base arquetípica da vida no eterno retorno de padrões históricos, nas semelhanças culturais entre as estruturas do ritual e da ordem social, nas correspondências entre a realidade física e a psíquica e no aspecto essencialmente imutável da necessidade e da natureza humanas refletido na arena tanto individual quanto coletiva do comportamento social, da política, da religião e das artes.

Embora as imagens que surgem espontaneamente no *campo arquetípico*[120] do inconsciente coletivo se manifestem "mais claramente na infância" e no pensamento dos chamados primitivos, Jung cita certo tipo de artista que experimenta com freqüência o acesso involuntário a esse substrato da psique mediante a erupção do processo criativo como um complexo autônomo. Tal complexo de energia psíquica pode invadir e sobrepujar totalmente a orientação consciente do artista. Esse fenômeno geralmente aparece na forma de uma voz autoritária que dita o material (como afirmava Milton a respeito de *Paradise Lost* [O Paraíso Perdido]) ou na de uma visão de sonho, caso que nos traz à memória "Kubla Khan" de Coleridge e *Dr. Jekyll and Mr. Hyde* [O Estranho Caso do Dr. Jekill] de Stevenson, obras que, conforme os respectivos autores,

---

120. Sempre que for adequado, é útil empregar o adjetivo *arquetípico* em oposição ao substantivo *arquétipo*. Isso nos deixa menos susceptíveis ao erro de conceituar a realidade arquetípica como algo cognoscível e representável, como uma "coisa" que se pode controlar. Jung sublinha que o arquétipo *an sich* é uma hipótese que não se pode conhecer em si e em sua totalidade. Nós imaginamos algo da natureza do arquétipo subjacente a partir do caráter de suas manifestações no simbolismo mitológico, artístico, religioso, e nos padrões de comportamento e pensamento humanos. A palavra *campo* é útil na discussão do reino do inconsciente coletivo e do substrato arquetípico da psique, principalmente quando ele encontra o ego. Em vez de nos tentar a situar o inconsciente concretamente acima, abaixo, a leste ou a oeste, o termo sugere um campo magnético que, por definição, é invisível, não está em lugar nenhum e está em toda parte, cujo poder de atração e repulsão variam conforme se alteram as condições externas (e vice-versa) e cuja natureza pode ser deduzida unicamente a partir de seu efeito nos fenômenos. Ele parece oferecer uma metáfora praticável do dinamismo arquetípico inconsciente e cambiante sobre o qual repousa a consciência do ego.

se lhes apresentaram em sonhos em sua totalidade. Lembra-nos Mary Shelley de que, com apenas 18 anos de idade, ela recebeu a inspiração original de *Frankenstein* em uma imagem de pesadelo do monstro que atualmente adotou, na imaginação popular, o nome de seu criador fictício, o Dr. Frankenstein.

Estabelecendo a diferença entre o artista *psicológico*, que trata de ter o controle consciente do material e da intenção, e o artista *visionário*, que se converte em veículo do processo criativo que se dá dentro dele, Jung escreve:

> A obra nascitura na psique do artista é uma força da natureza que atinge seu fim ou com poder tirânico, ou com a delicadeza sutil da própria natureza, independentemente do destino pessoal do homem que lhe serve de veículo. O afã criativo vive e cresce nele qual uma árvore na terra, da qual ela extrai o alimento. Portanto, faríamos bem em pensar o processo criativo como uma coisa viva implantada da psique humana [...] essa coisa viva é um *complexo autônomo*. É uma porção fragmentada da psique, que vive por si só, apartada da hierarquia da consciência.[121]

É difícil supor que Peter Pan seja uma porção fragmentada da psique de Barrie. Essa linha de indagação resulta em especulação sobre a psicologia pessoal do autor, que nunca há de ser verificada e que, em todo caso, não tem relevância para nossa recente reflexão sobre Peter Pan enquanto *imagem*. Tampouco é produtivo comparar Barrie com os escritores universalmente aclamados como "grandes", os visionários da estirpe de Dante, Shakespeare e Goethe. A intrusão do conteúdo da psique arquetípica, desde tempos imemoriais vistas pelo artista tanto como uma maldição quanto como um dom, não resulta necessariamente em uma obra de valor estético duradouro. O mérito estético depende da habilidade artesanal de plasmar, conscientemente, a matéria-prima da arte.[122] Por outro lado, seu reconhecimento também está sujeito aos

---

121. "On the Relation of Analytical Psychology to Poetry", *The Spirit in Man, Art and Literature*, CW 15, par. 115.
122. Isso fica evidente no interesse de Jung por trabalhos menores como, por exemplo, *She*, de Rider Haggard, assim como por obras de pensadores e poetas da dimensão de Goethe e Nietzsche. O foco se concentra nas figuras, nos símbolos e nas imagens enquanto portadores de significado arquetípico em uma obra, não nesta enquanto objeto estético em si.

caprichos do gosto prevalecente. As obras que tocam a dimensão arquetípica da psique geralmente carecem da coesão formal do artefato psicológico bem feito (isto é, psicologicamente coerente e racional). Podem ser difíceis, irregulares e, por vezes, incompreensíveis, prova de que o artista consumado luta para descobrir uma forma que, de algum modo, aproxime as imagens incomuns, às vezes esquisitas, aterradoras e profanas.

Não faltam indicadores de que se pode descrever Peter Pan como um dom "do inconsciente ou do proibido" (Calvino). Barrie dizia não ter "nenhuma recordação de haver escrito" a peça[123] e, embora se possa atribuir facilmente esse depoimento a sua natureza brincalhona, ele não deixa de apontar também para o fato de a figura de seu herói menino ter sido *apresentada* à consciência pela psique arquetípica. É o que sugere a irregularidade do texto, reforçando a opinião de Michael Hearn segundo a qual *Peter Pan* "é o que há de pior e de melhor em Barrie".[124]

Às vezes, o autor exagera no sentimentalismo (a cadela terra-nova apresentada como babá das crianças; Peter, "parecido com o beijo da Sra. Darling"). Em outras, mostra-se implacável ("Agora a Sra. Darling estava morta e esquecida"); o tom de voz com que, em certas ocasiões, ele se dirige diretamente ao leitor ora é empático, ora meio arrogante, ora revela seus sentimentos complexos e ambivalentes para com a infância ("Que conversa mais chata...", comenta a voz do escritor Barrie ao descrever a origem das fadas).

As inconsistências de tom ao longo da obra, assim como os exemplos de "escorregão" como os que aparecem na página de abertura, quando ele passa de "todas" para "elas" e, a seguir, para "a gente" ("*Todas* as crianças crescem, com exceção de uma..."; "Logo *elas* descobrem que vão crescer..."; "*A gente* já sabe disso lá pelos 2 anos...") indicam uma voz de autor incerta e desvelam uma relação de Barrie com as personagens que o colocam na situação do único menino que não cresce, ou seja, de Peter Pan.[125] Essas "falhas" artísticas também denunciam que, por vezes, falta a distância objetiva do artesão e que, conseqüentemente, nem sempre o autor controla totalmente seu material. Aliás, parece que, com freqüência, uma obra portadora de significado arquetípico é reorganizável pelo caráter de seus defeitos, por insignificantes que sejam.

---

123. Hearn, "Introduction", *Peter Pan*, p. 3.
124. *Ibid.*, p. 18.
125. Jacqueline Rose, *The Case of Peter Pan*, p. 68.

Até aqui, nós consideramos dois caminhos, à parte os sonhos e as visões, pelos quais temos acesso ao estrato mitológico do inconsciente: o jogo do pensamento-fantasia e a erupção de um complexo criativo autônomo. Convém ter em mente ainda outra dinâmica psíquica ao analisar a arte acidental da criação do mito: a função transcendente. No ensaio "The Transcendent Function" [A Função Transcendente], Jung fala na relação compensadora e complementar do inconsciente com a consciência e na intensidade que o material psíquico precisa atingir para ficar acima do limiar da consciência. Os conteúdos que carecem da necessária "intensidade do limiar" ou caem no inconsciente ou sempre pertenceram a ele,

> [que] contém não só todo o material esquecido do próprio passado do indivíduo (o inconsciente pessoal) como também todos os vestígios de comportamento herdados e que constituem a estrutura da mente (o inconsciente coletivo) [...] O inconsciente [também] contém todas as combinações de fantasia que ainda não chegaram à intensidade do limiar, mas que, com o decorrer do tempo e nas condições adequadas, ingressarão na luz da consciência.[126]

A função transcendente "provém da união dos conteúdos conscientes com os inconscientes".[127] Isso resulta inevitavelmente em uma tensão entre a antiga atitude do ego e o novo e perturbador conteúdo do inconsciente, que pode se apresentar na forma de sonhos, fantasias, dúvidas, comportamento neurótico e acidente externo. Essa tensão deve ser mantida (ou seja, sofrida) e conscientemente explorada até que se apresente uma atitude alternativa. A desejada mudança de atitude não significa nem uma diminuição fundamental do valor dos dois pólos da tensão anterior, nem a assimilação de uma pela outra. Como explica Jung,

> O confronto das duas posições (isto é, consciência e o material anteriormente inconsciente) gera uma tensão carregada de energia e cria uma terceira coisa viva — não um aborto lógico conforme o princípio *tertium non datur*)"["o terceiro não dado"], mas um movimento a partir

---

126. *The Structure and Dynamics of the Psyche*, CW 8, par. 132.
127. *Ibid.*, par. 131.

da suspensão entre os dois opostos, um nascimento vivo que leva a um novo nível do ser, a uma nova situação.¹²⁸

A "terceira (portanto transcendente) coisa" nascida da tensão entre a consciência e o inconsciente pode se apresentar como uma nova compreensão (nós reconhecemos a experiência do "ah!" que acompanha tais momentos) ou como uma "formulação criativa". Neste último caso, quando a função transcendente da psique leva à produção de uma obra de arte, de um motivo significativo ou de uma figura no interior de uma obra de arte, é quase certo que estamos considerando um símbolo, a "melhor expressão possível de um fato até agora desconhecido e incompreensível".¹²⁹

As palavras de Jung são sugestivas à luz do fato de que Barrie trabalhou em *Peter Pan* durante mais de 25 anos, como se o significado do personagem, aquele "fato complexo" de sua própria criação, continuasse a lhe escapar. Igualmente instrutivo e digno de nota ao se ler *Peter Pan* são os sentimentos ambivalentes de Barrie com relação à infância, que ele tanto invejava, e que se evidenciam em sua postura autoral perturbada à medida que ele ora se identifica, ora se distancia das personagens. De importância comparável são as tensões, tanto interiores quanto exteriores, que lhe infestaram a existência. Esses conflitos vieram à tona com a mãe após a morte do irmão David; com a esposa, a ex-atriz Mary Ansell, por causa do casamento infeliz e sem filhos; com Arthur e Sylvia Llewelyn Davies quando ele resolveu "adotar" os filhos deles, aos quais, deve-se recordar, deu generoso apoio moral e financeiro, mostrando-se um tutor fiel, quando da morte trágica e precoce do casal. Por fim, há a tensão de toda uma vida entre o Barrie adulto, que se sentia obrigado "a abrir mão de seus brinquedos", e o eterno menino Barrie, que se refugiava no mundo fantasioso da Terra do Nunca para "continuar brincando secretamente",¹³⁰ na esperança, talvez, de finalmente descobrir e compreender a profundidade de seu próprio mito.

---

128. *Ibid*., par. 189.
129. "Definitions", *Psychological Types*, CW 6, par. 815.
130. Hearn, "Introduction", *Peter Pan*, p. 5.

Não é nosso nascer mais que sono e esquecimento:
A alma que conosco se eleva, Estrela da nossa vida,
Teve alhures seu lugar,
E vem de muito além:
Não de todo esquecida
Nem na suprema nudez,
Mas seguindo o rastro de nuvens de glória, eis que viemos
De Deus, que é a nossa morada:
Na infância rodeia-nos o céu!

Por isso, numa estação serena,
Por mais embrenhados que estejamos costa adentro
Nossa alma avista esse mar imortal
Que para cá nos trouxe,
E vêem as crianças brincando na praia,
E ouvem o eterno rumor das águas poderosas.

— William Wordsworth,
"*Ode: Intimations of Immortality*"
Recollections of Early Childhood
["Ode: Intimações da imortalidade"
Recordações da Primeira Infância].

4

Peter Pan, o Livro
A Imagem do Século XX
do Eterno Menino

**Um Outro Lugar:
Estruturas da Fantasia e do Conto da Carochinha**

Em pouco mais de uma página dedicada a *Peter Pan* em seu apanhado da literatura infantil, John Rowe Townsend faz três observações que, apesar do tom decididamente crítico e depreciativo, são úteis ao nosso estudo: 1) "Como todo mundo sabe, Peter Pan é o menino que não quer crescer"; 2) "É duvidoso que a idéia de um menino que nunca cresce seja tão atraente para as crianças quanto é para seus pais"; 3) "Em suma, *Peter and Wendy* não é um livro muito bom; tenho certeza de que se beneficia indevidamente da fama da peça".[131]

O comentário de Townsend nos remete às observações que acima fizemos sobre os defeitos artísticos da obra de Barrie e introduz a questão do gênero literário. Como classificar *Peter Pan*? Com que finalidade? Em que medida uma tentativa de classificação ajudará nossa indagação hermenêutica das possibilidades de significado do texto? Perfeito, sem falhas e pertencente a um gênero específico o livro de Barrie não é. Porém, quanto mais irretocável e coerente for uma narrativa, menos provocante ou rica há de se mostrar para o pesquisador do significado novo. São as imagens súbitas, inquietantes e crípticas da narrativa do

---

131. *Written for Children*, pp. 106 ss.

conto da carochinha e do sonho que nos abrem a percepção ao até então desconhecido à medida que nos perturbam a complacência e detonam nossos preconceitos. O caráter esquivo de Peter Pan torna-o impossível de fixar. Seu conto é igualmente arredio à definição literária, pois, para estruturá-lo, Barrie recorre ao mito e às formas da história da carochinha, ao romance medieval, ao conto de aventura e à fantasia. Conseqüentemente, o livro apresenta uma colagem de estilos e gêneros, introduzindo uma confusão de vozes e pontos de vista. Ora o autor fica do lado dos personagens ("Alguns gostam mais de Peter; outros, de Wendy, mas eu prefiro [a Sra. Darling]"); ora os observa com a cínica distância do adulto ("Sabe, a mulher [a Sra. Darling] não tem espírito próprio"); umas vezes está dentro da ação; outras, fora; chega a contradizer o que ele ou a narrativa disse anteriormente; enquanto narrador, muda de opinião em meio a um parágrafo e, a seguir, escreve como se estivesse descobrindo a história com o leitor:

> Agora eu entendo o que tanto me intrigava: por que Peter, quando liqüidou os piratas, não voltou à ilha e deixou que Sininho acompanhasse as crianças até o continente. Esse truque (fechar a janela do quarto para que eles não conseguissem voltar para casa) ficou em sua cabeça o tempo todo.[132]

Essa verdadeira Babel de vozes e pontos de vista autorais introduz a possibilidade da relação incerta de Barrie com o material e indica sua profunda ambivalência em face das crianças e da infância, assim como diante das mães, dos pais e da maturidade.

Townsend tem razão ao afirmar que todo mundo conhece Peter Pan e que o livro de 1911 se beneficia da peça de 1904. Ao redigi-lo, Barrie não estava criando uma personagem, e sim escrevendo sobre uma figura de seis anos e meio de idade e com uma vibrante vida própria na imaginação do público do teatro. Enfrentava a extraordinária tarefa de capturar o cada vez mais profundo mito popular de Peter Pan *enquanto*

---

132. *Peter Pan*, p. 207. (São inúmeras as passagens, orações e frases do livro de Barrie citadas neste capítulo. Para não sobrecarregar o leitor, limitaremos as notas de rodapé aos trechos mais longos ou significativos.) [N. do E.]

ficção e também como a essência do menino imortal e eterno do mito clássico representado por Peter Pan *enquanto figura*. Não admira que ele haja resistido tantos anos à solicitação de escrever o livro e que só tenha publicado a peça em 1928. Não admiram as sucessivas mudanças no texto teatral, principalmente na parte final, de uma produção para outra, e o mistério sobre o resultado da intriga durante a primeira produção de 1904, quando o elenco não recebeu cópias do roteiro inteiro nem foi informado sobre o destino das personagens que ia representar. Afinal, o palco era muito mais o elemento de Peter Pan que a palavra impressa. No teatro, ele aparece e desaparece subitamente e pode não ser o mesmo de ano para ano. Talvez seja o Peter Pan em Barrie, tanto quanto a irredutível qualidade de sua própria ressonância mítica, que se recusa a deixar-se prender facilmente na obra impressa e no gênero.

Embora inspirando-se no conto da carochinha e no mito, Barrie não situa a ação da história no tempo mítico, no "era uma vez" do conto de fadas tradicional. Nós deparamos com um tempo, um lugar e uma família (os Darlings) específicos e com um senso de normalidade ("Todas as crianças crescem [...]") naquilo que parece ser o início de uma história infantil comum e corrente. A perturbadora anomalia é a exceção da primeira linha: todas as crianças crescem, exceto uma. Surge imediatamente a pergunta de quem seja a história: as páginas iniciais indicam que é de Wendy, mas em breve Peter Pan, o menino que não cresce, passa a ocupar o centro do palco. Uma extensão da questão da relativa centralidade de Peter Pan ou de Wendy no conto se acha na relação problemática da Londres eduardiana com a Terra do Nunca, "deste" mundo, o de Wendy, com o "outro", o de Peter Pan. Barrie parece debater-se durante toda a história para decidir se ela tem um herói ou uma heroína — ou as duas coisas — e de que lado da linha divisória entre Londres e a Terra do Nunca, entre o real e o imaginário, ele próprio quer ficar.

Por mais que lhe falte a leveza da caracterização e da descrição, assim como a força objetiva da história da carochinha, a estrutura do livro de Barrie se assemelha em muitos aspectos ao conto tradicional. A Terra do Nunca e a Londres eduardiana representam duas realidades diferentes; o enredo envolve a relação de uma com a outra e a exploração dos valores implícitos em cada qual. Também nos contos da carochinha tradicionais geralmente se apresentam dois mundos: o mundo consciente, comum, terreno, no qual um problema ou a falta de determinado valor é evidente, e o mundo mágico que indica o incomum e o inconsciente, que, não obstante, contém os meios com que resolver o problema inicial e restaurar o valor perdido. O movimento do reino mundano para o mágico é muitas vezes abrupto no começo da história, pois o herói ou a heroína geralmente desconhece a existência e sobretudo a potência do inconsciente, de modo que cai involuntariamente em seu poder. É o que vemos na súbita aparição do castelo da Fera ao pai da Bela em "A Bela e a Fera" ou na maneira inesperada como João e Maria dão com a casa feita de doces na floresta. Tipicamente, o protagonista *deste* mundo cai no reino do *outro*. Entretanto, no caso de Peter Pan, a situação se inverte e é ele que aparece no quarto das crianças.

No transcorrer do conto tradicional, o incomum vai se tornando cada vez mais comum à medida que o herói/heroína, ajudado por animais mágicos e auxiliares, aprende a lidar com a estranheza do outro mundo, até que se estabeleça uma ponte ou uma ligação entre os dois reinos díspares. Em sua simplicidade habitual, a história da carochinha não oferece pistas interpretativas de seu possível significado por intermédio de *insights* das personagens ou pela intromissão da opinião do narrador: não há narração autoconsciente e a narrativa não é auto-reflexiva. O conto é uma tela branca a convidar as projeções e as interpretações do público e fala a cada ouvinte à medida que reflete sua verdade psicológica.

Em geral, a psicologia analítica entende que a ponte que se desenvolve entre o consciente e o inconsciente, tal qual são retratados no conto, significa o desenvolvimento de um diálogo ou de um fluxo de energia entre os dois níveis da psique (a consciência e o inconsciente). O diálogo resulta do conhecimento crescente, por parte do ego, da realidade do inconsciente ou psique objetiva, conhecimento esse representado pela consciência e a força em desenvolvimento do herói/heroína. Por um lado, a fronteira que separa os dois mundos torna-se mais claramente definida à medida que se desenvolve um aperfeiçoamento da consciência do ego e, por outro, o herói/heroína aprende mais rapidamente a distinguir os dois reinos. A cada expansão da consciência, simbolizada por coisas como o casamento com o príncipe ou achar o tesouro perdido, o ego se reforça, tornando-se menos susceptível de cair em um mundo ou em um estado mental estranho, do qual não tem a mais vaga idéia anterior e contra o qual está, conseqüentemente, desprotegido.

A ponte metafórica ou conhecimento psicológico de que estamos falando é representado simbolicamente, em "João e Maria", pelo pato branco que os ajuda a atravessar o lago e retornar ao casebre do pai. Em "A Bela e a Fera", o vínculo entre os dois mundos se estabelece por intermédio do espelho; em "A Gata Borralheira", pelo sapato de cristal. Na fantasia infantil de Barrie, os dois mundos se ligam por meio de Peter Pan, a poeira de fada e o poder mágico de voar, muito embora, como veremos em nossa discussão sobre a Terra do Nunca, seja possível argumentar que a inclusão de fadas ou do pó mágico, na história, tem mais que ver com o que Barrie tomou emprestado da mitologia celta do que propriamente com o gênero do conto infantil.

O interesse da fantasia literária moderna pelas realidades alternativas vincula-a estruturalmente à história da carochinha. Muitas vezes, a realidade alternativa é explicitamente representada pela criação de um mundo secundário (como na ficção utópica e na científica). Em muitos casos, o reino alternativo está implícito, aparece como o outro mundo, o mundo interior de uma psique dissociada (um exemplo é a figura de Goliádkin no relato que faz Dostoiévski do mergulho na loucura em *O Sósia*) ou na forma de uma prerrogativa interior ou estado mental (como no caso do protagonista K. em *O Processo* e em *O Castelo* de Kafka). Assim, J. R. R. Tolkien, autor das fantasias populares *O Hobbit* e *O Senhor dos Anéis*, argumenta que o fantasista se converte no subcriador de um mundo que se opõe ao mundo primário da realidade consensual. Essa criação secundária de reinos auto-suficientes da fantasia serve de meio com que despertar, no leitor, o desejo de uma realidade diferente, daquilo que falta no mundo primário e é uma promessa no secundário. Pressupõe-se que o valor supremo está em outro lugar, no mundo da fantasia espiritual, do qual este é um pobre reflexo. Na opinião de Tolkien, se a obra for bem-sucedida, o desejo pelo outro mundo há de permanecer insatisfeito, pois, segundo ele, a fantasia deve orientar continuamente o leitor rumo ao tipo de consolo e alegria espirituais proporcionado, no contexto cristão, pela maior história da carochinha de todos os tempos, os evangelhos.[133]

---

133. "On Fairy-Stories", in Tolkien, *Tree and Leaf*, pp. 64 ss.

O tipo de fantasia de que fala Tolkien se distancia muito da recatada simplicidade do conto tradicional. Por um lado, é abertamente moralista e, por outro, serve de alegoria cristã, oferecendo uma Grande Evasão fictícia do mundo primário e, conseqüentemente, enquanto a história dura, de nosso medo da morte. O bem-sucedido conto de Tolkien localiza com toda segurança a ansiada graça anunciada pela resolução "felizes para sempre" da típica história da carochinha em um reino transcendente "além das paredes do mundo".

À primeira vista, o mundo secundário de Barrie, a Terra do Nunca, parece pertencer à tradição dos fantasistas cristãos como George MacDonald, Tolkien e C. S. Lewis, e nós nos sentimos tentados a estabelecer comparações entre a Terra do Nunca, o Centro da Terra e Narnia. A Terra do Nunca apresenta um paraíso infantil repleto de aventura, alegria e juventude, prometendo a Grande Evasão do mundo primário da realidade consensual dos adultos. Não obstante, não proporciona uma alegoria satisfatória da mensagem cristã. Assim como as referências pagãs mais ou menos abertas de Barrie, descobrimos na Terra do Nunca uma contínua sucessão de violência e intriga, da qual o único ingrediente moral é a "boa educação" ou o "jogo limpo" um tanto ambíguos em que insistem o Capitão Gancho e Peter Pan. Quando, no fim, o ciclo de ação aparentemente se rompe com a vitória do menino sobre o pirata, não há resolução simbólica nem expectativa de redenção mediante o triunfo final da ética cristã: o Capitão Gancho é devorado pelo crocodilo; os piratas morrem ou fogem; os índios são brutalmente massacrados; os meninos perdidos retornam com Wendy ao mundo adulto; e Peter Pan fica sozinho, preso a uma rede infinita de faz-de-conta que confirma a sensação de Wendy, ao vê-lo pela primeira vez, de que está "na presença de uma tragédia".[134]

Talvez Barrie utilize, mais do que seja imediatamente visível, sua fantasia infantil como veículo para desafiar os costumes coletivos e os conceitos tradicionais do que seja real, propondo a Terra do Nunca como alternativa imaginária à realidade consensual da Inglaterra eduardiana. Certamente, a oposição entre os dois mundos, na fantasia, fornece uma estrutura que o autor pode explorar com fins sociais, políticos e morais.

---

134. *Peter Pan*, p. 53.

Tal modo de fantasia vem de uma longa tradição e nós sabemos que Barrie reconhecia a influência de muitos desses fantasistas e satiristas.[135] Não obstante, ainda que se possa ler o conto de Barrie por seu comentário sobre o império e as questões políticas, militares e sociais contemporâneas, a força satírica da narrativa empalidece muito em comparação com sua contestação do real e do imaginário, da imaginação e do sonho, da experiência consciente e da realidade da psique inconsciente. Daí os equívocos e ambigüidades da história: Se Peter faz parte dos sonhos de Wendy, como a Sra. Darling pode explicar as folhas que ficaram no chão do quarto das crianças, "folhas de uma árvore que não nasce na Inglaterra"? Os meninos desapareceram da cama, no entanto a Terra do Nunca para a qual voam é uma coisa "de que vocês brincam [...] durante o dia com as cadeiras e a toalha de mesa [...] mas [que] dois minutos antes de a gente pegar no sono [...] fica quase real".[136]

Ao questionar desse modo a fronteira entre o real e o imaginário, Barrie alinha sua narrativa ao romance medieval, sendo que se pode ver a moderna fantasia literária como sucessora desse gênero, tanto temática quanto estruturalmente. Basta que recordemos os mais comuns deles, que falam nos cavaleiros do rei Artur em busca do Santo Graal, na tragédia de Tristão e Isolda e no encontro de sir Gawain com o Cavaleiro Verde, para perceber que o romance medieval exemplifica o padrão da saga do herói, no qual o protagonista tem por desafio, entre outras coisas, distinguir os valores mundanos dos espirituais.

Esse gênero mostra o herói em busca de identidade e significado tanto no nível exterior quanto no interior. Geralmente, aparecem dois mundos que representam o conhecido e o desconhecido, em cuja oposição descobrimos a semelhança estrutural do romance medieval com o mito e a história da carochinha. O cavaleiro tem de viajar ao mundo noturno em busca do conhecimento ou de um valor que falta ao diurno.

---

135. Em sua Introdução a *Peter Pan*, Michael Hearn observa: "Os nomes dos outros escritores (ao lado de Defoe, Ballantyne e Cooper), junto aos quais Barrie se alinhou com a sua peça, ainda que só em espírito, foram incluídos na cortina que ele próprio desenhou para a reapresentação de 1908, supostamente o pano com amostras de bordado que Wendy preparou aos 9 anos: Hans Christian Andersen, Charles Lamb, Robert Louis Stevenson e Lewis Carroll". (p. 13)
136. *Peter Pan*, pp. 35, 33.

Acima de tudo, o gênero se refere à "visão que o homem tem de sua própria vida como uma busca",[137] sendo que a jornada exterior representa a interior. Conseqüentemente, o romance medieval, assim como o seu equivalente moderno, a fantasia, tem tanto que ver com a identidade individual e com que o protagonista alcance uma sensação segura de estar no mundo quanto com o desejo mais ou menos explícito da ficção científica e na fantasia alegórica ou didática de mudar o tido por verdadeiro e alterar a realidade, seja por tédio, gracejo, moral, visão política ou pelo anseio por algo que falta.

Assim, podemos sumariar os dois principais modos de fantasia: o foco de um envolve a criação consciente de alternativas imaginárias ao mundo do dia-a-dia (a ficção científica, a alegoria moral e cristã, a fantasia com intenção didática ou satírica) e evoca o comentário de Jung sobre a literatura "psicológica" como o escrever ostensivamente dirigido e controlado pela intenção do autor. O foco do outro aborda a erupção do incomum no contexto da experiência comum, aparentemente lógica e racional (o realismo fantástico, a ficção mágica, grotesca e de terror), aproximando-se mais da descrição junguiana do escrito "visionário", no qual o autor se torna o veículo de um complexo autônomo.

Pode parecer que a história da carochinha exige uma categoria própria: no conto popular "puro", geralmente há pouca ou nenhuma evidência de intenção alegórica, sendo que a abordagem da psicologia analítica do conto entende que o mundo primário já sirva de metáfora da dinâmica psíquica representada pelas personagens e os objetos e por meio deles, ao passo que a aparência de um mundo secundário em imagens como as florestas, os castelos encantados, os oceanos, as cavernas etc., simboliza a atividade psíquica em um substrato arquetípico mais profundo do inconsciente. Conseqüentemente, Marie-Louise von Franz e outros atribuem a origem do conto popular e da história da carochinha ao fato de serem a expressão simbólica de uma experiência direta — de outro modo irrepresentável e ininteligível — da psique autônoma.[138]

Pode-se encarar o primeiro modo de fantasia acima descrito como subversivo na medida em que contesta, desafia e inverte o real. A prin-

---

137. Northrop Frye, *The Secular Scripture: A Study of the Structure of Romance*, p. 15.
138. *An Introduction to the Psychology of Fairy Tales*, cap. 1.

cipal característica do segundo é a disjunção: ele enfoca o esquisito e nossa luta por compreender o irreal e nos relacionar com ele; explora o fato anômalo e fantástico que irrompe na vida cotidiana e, desse modo, é uma "forma de escrever que está prestes a abrir os espaços subversivos na tendência prevalecente, não a confinar a fantasia num gueto, encaixando-a em gêneros.[139] Naturalmente, não existe nenhuma norma literária que impeça a coexistência de ambas as correntes da fantasia em uma única obra, e é justamente isso que eu acredito que aconteça em *Peter Pan*. Por um lado, a descrição de Barrie da vida na Terra do Nunca possibilita a crítica das instituições eduardianas: a infância, a família, a maternidade, a paternidade, os costumes sociais e sexuais: ela é subversiva.[140] Entretanto, o próprio título do primeiro capítulo de Barrie, "Peter Irrompe", sugere que qualquer coisa do irracional irrompeu de fato em meio ao véu da experiência racional na figura de Peter Pan: ela é disjuntiva e concerne ao fantástico.

Certamente, Barrie não conseguiu — e é possível que nem tenha tentado — criar uma "boa" obra de literatura infantil tal qual se concebia na época. É o que evidencia o grande número de condensações e versões de *Peter and Wendy* escritas por outros a fim de tornar o conto mais "adequado às crianças" que o original. Violam-se todas as distinções habituais entre conto da carochinha, fantasia, história doméstica e aventura de menino: a Terra do Nunca e Peter Pan são tão inadequados à história doméstica quanto o é, para o conto de aventuras de menino, a presença domesticadora de Wendy na Terra do Nunca. Portanto, no livro, parece que Barrie estava menos preocupado com a elaboração da história e do perfil de seu herói dramático de 1904 que em descobrir um meio de descrever sua experiência de uma força autônoma, com vida própria, que não pode ser contida nos limites de um gênero nem nas normas coletivas da cultura eduardiana.

Retornando a uma observação de Townsend ainda não discutida, ou seja, a de que a idéia de um menino que não cresce é mais atraente para

---
139. Lucie Armitt, *Theorising the Fantastic*, p. 3.
140. Jonathan Rutherford argumenta que *Peter Pan* foi "a história de aventuras culminante da era vitoriana e revelou o que estava reprimido e negado na fantasia imperial da supremacia racial viril: o mundo doméstico das mães, a necessidade sexual e emocional. Foi um ato de aguda reflexão, ainda que inconsciente". (*Forever England: Reflections on Masculinity and Empire*, p. 25)

os pais que para as crianças, sem dúvida concordamos que Peter Pan apresenta um enigma de considerável interesse para os pais, mas também argumentamos que tal enigma com certeza deve *cativar* os adultos em geral e um em particular: J. M. Barrie.

Os Darlings: Ações, Títulos e Gavetas Arrumadas

Para melhor avaliar o eterno menino de Barrie do ponto de vista psicológico e simbólico, examinaremos o livro mediante uma lente interpretativa semelhante à aplicada pela psicologia analítica ao estudo das histórias da carochinha. Leremos *Peter Pan* atentos ao que sua simbologia e ação simbólica podem revelar sobre a dinâmica da psicologia do *puer* em geral e sobre a psicodinâmica representada pelo cativante herói de Barrie em particular. Essa abordagem não é a extrapolação que à primeira vista parece ser. Conforme lembra Jung:

> Como é característico da psique ser não só a fonte de toda produtividade como também, mais especificamente, expressar-se em todas as atividades e realizações da mente humana, não podemos abarcar em nenhuma parte a natureza da psique *per se*, mas só detectá-la em suas variadas manifestações.[141]

Nós encontramos um reconhecimento artístico dessa verdade no termo literário *psicomachia* ("batalha pela alma") e nas muitas obras da literatura em que os autores se referem explicitamente a seus trabalhos como dramas da psique, por exemplo *Dr. Faustus* de Christopher Marlowe, "Manfred" de Lord Byron, *Prometeu desacorrentado* e "Alastor" de Shelley, para citar alguns.

Barrie conta: "Naturalmente, [a família Darling] morava no 14". Portanto, o número 14 representa o mundo primário da realidade consensual (Tolkien) e, certamente, o universo cotidiano consciente da família e da vida social da classe média eduardiana. A expressão "Naturalmente", um tanto fora de propósito, solicita ao leitor que aceite o retrato da família que se segue como o da própria norma social. Sabe-

---

141. "Psychology and Literature", *The Spirit in Man, Art and Literature*, CW 15, par. 85.

mos que Barrie via nos Llewelyn Davies a materialização de um ideal de família do qual ele nunca pôde fazer parte plenamente e que essa família formou a base da caracterização dos Darlings. Não obstante, pode-se supor, a partir da ambivalência do escritor com relação à Sra. Darling e de seu retrato ora simpático, ora mais cruelmente satírico do Sr. Darling, que ele se baseou apenas vagamente a caracterização do casal Darling em Arthur e Sylvia Llewelyn, os pais de "seus meninos". Por um lado, Sylvia tinha uma "tendência inata e básica à melancolia", como a descreveu seu filho Peter Llewelyn Davies, e, por outro, era dona de um grande "apetite pela luxúria, o qual [seu marido] não compartilhava nem tinha esperança de satisfazer", ao passo que Arthur não era "de modo algum o típico pai eduardiano como o Sr. Daling [...] [sendo] muito meigo e gentil com as crianças [...] [e tendo] um instinto bem mais paternal do que Sylvia.[142]

Não obstante, os valores predominantes no mundo dos Darlings, tal qual Barrie os sumaria e satiriza, apresenta uma dinâmica familiar que promove o desenvolvimento precoce da psicologia do "filho da mãe", assim como sua perpetuação na vida adulta. O Sr. e a Sra. Darling fornecem o pano de fundo parental e o ambiente que estimulam a qualidade da psique apresentada, no *puer*, como portadora do espírito a ser "fragmentado" e relegado à Terra do Nunca do inconsciente.

Como veremos, o Sr. e a Sra. Darling parecem incorporar tudo quanto o *puer* mais teme: a rotina, os pés no chão, o pesado fardo da responsabilidade adulta. É deles a atitude consciente e "fechada" que produz, na Terra do Nunca do inconsciente, um Peter Pan e um Capitão Gancho, fadas, piratas, peles-vermelhas, sereias, ninfas, feras e um crocodilo devorador, todos os quais vêm se acrescentar ao inventário da odisséia da criança domesticada: nem reconhecida nem valorizada, apenas descartada em um canto empoeirado do quarto.

O que a consciência do ego rejeita cai na sombra do inconsciente. Devemos ter isso em mente ao discutir os Darlings: os valores coletivos, na aparência de percepções dos papéis de cada sexo e das normas de interação social, mudam e, geralmente, com muita rapidez. O que era considerado um valor aceitável, na Inglaterra vitoriana e eduardiana, pode parecer neurótico e até patológico a um observador de outra era

---

142. Birkin, *J. M. Barrie and the Lost Boys*, cap. 9.

A família Darling

ou cultura. Em comparação, a dinâmica psicológica permanece constante. Embora a psicologia da família eduardiana típica possa, hoje, ser muito mais sutilmente diferenciada que na época do livro de Barrie, nós encontramos regularmente a intransigência e a necessidade de controle do Sr. Darling, a tendência da Sra. Darling a mimar as crianças e o desafio de Peter Pan e da aventura em diversas formas de ansiedade generalizada, de superproteção e do fenômeno popular tão comum do alto executivo que viaja em sua Harley-Davidson para participar de um encontro de motoqueiros.

Analisemos primeiramente o Sr. Darling. Ele é descrito como um homem de negócios que sabe muito de "ações e títulos", mas "se atrapalha ao dar o nó na gravata". O retrato que Barrie dele pinta é o de um homem cuja principal função psicológica e cujos principais valores se identificam com a *persona*, com a opinião dos vizinhos e colegas, tanto que sua excessiva atenção ao racional, ao social e ao profissional o levam a um comportamento absurdo e impróprio. Ele diz:

> Já avisei, mãe, que se eu não conseguir dar um bom nó nesta gravata, não vou sair para jantar hoje e, se não sair para jantar hoje, não volto mais ao escritório e, se não voltar mais ao escritório, você e eu vamos morrer de fome e nossos filhos vão ficar na rua.[143]

A imagem do Sr. Darling com dificuldade para pôr a gravata, e sua sensação de que o mundo vai desabar se ele não conseguir prendê-la bem no pescoço, introduzem uma tendência marcante ao pensamento paranóico, que indica um ego superdefendido por ser fraco, tendência essa que lhe domina cada vez mais a personalidade ao longo do livro. Isso indica também sua obsessão pelas aparências e sua psicologia e visão de mundo como um todo. A gravata o identifica como um membro prestigiado da comunidade dos negócios; entretanto, também sugere que o Sr. Darling está confinado — do mesmo modo que, mais tarde, ele confina Naná na casinha de cachorro com uma coleira no pescoço — por uma sujeição ao *status quo* e por uma atitude perante o mundo que supervaloriza o sucesso e o materialismo, em detrimento do espírito e da intuição.

---

143. *Peter Pan*, p. 43.

A adesão do Sr. Darling ao racional é de tal modo exagerada que o leva ao extremo desumano de encarar os filhos principalmente em termos econômicos: o seu ser "muito honrado" endurece seu coração a ponto de permitir calcular fria e cuidadosamente o custo da criação de um filho para decidir se fica com Wendy ou não, "já que ela era mais uma boca para sustentar". Isso apresenta a imagem de uma insensibilidade que, muitas vezes, é produto da tendência do ego frágil de se superadaptar, numa tentativa característica de compensar o medo profundo de ser excluído. Assim, o Sr. Darling exibe muitos traços de comportamento de uma pessoa que sofre de um profundo abandono emocional e que, segundo Kathrin Asper, inclui, entre outras coisas, a superadaptação, um conformismo quase robótico e a identificação com os valores coletivos, a confiança no intelecto, a tendência a recuar e o esforço "para levar uma vida impecável".[144]

Em muitos aspectos, o retrato que Barrie faz do Sr. Darling sugere esse caso de desenvolvimento tolhido e profundo abandono emocional ou mágoa narcisista. Um "homem simples", capaz de passar por menino novamente se conseguisse se livrar da calvície", ele faz tudo em excesso e, como já se deduz nos primeiros capítulos, tem personalidade instável, infantil, sem base em nenhum senso seguro do eu. Quando os filhos desaparecem, o Sr. Darling vai para a casinha de Naná, culpando-se pelo desastre e mergulhado em um sentimento desproporcional de culpa que se pode entender como a queda em uma enfatuação negativa e a fixação na idéia de que ninguém erra nem sofre tanto quanto ele. Seu estado de espírito oscila incontrolavelmente da alegria para a cólera, para a petulância, para a arrogância e para o pranto; ele chama a esposa de "mãe" e se refere ao quarto das crianças como "o meu quarto". Em sua puerilidade, parece identificar-se mais com o filho caçula, porém, na farsa histriônica que representa com Miguel para tomar o remédio, é a criança que se mostra o pai do homem.

O comportamento infantil do Sr. Darling denuncia-lhe a pouca ou inexistente ligação madura com o sentimento ou com o instinto (situação psíquica, aliás, para a qual a gravata no pescoço é uma imagem adequada, pois marca a separação entre a cabeça e o corpo). Assim, ele age ora como uma criança petulante, ora como uma figura paterna cíni-

---

144. *The Abandoned Child Within*, pp. 162 ss.

ca e rigorosa, que serve de rígido ideal do pai legislador. O que o Sr. Darling *não* representa é a figura da masculinidade madura. Ele nega o espírito masculino criativo na figura de Peter Pan, que, em conseqüência, tornou-se inacessível e inconsciente (isto é, relegado à Terra do Nunca e atribuído à fantasia infantil de Wendy). Rindo-se até da idéia de Peter Pan e vendo-se a si mesmo como forte (afirmação que ele faz quando está sentado meio dentro, meio fora da casinha de cachorro), o Sr. Darling se revela, como vimos anteriormente em Penteu, a vítima inconsciente do próprio impulso que nega. Desse modo, ele serve de incorporação da sombra vitoriana: coisa que fica evidente em suas crises de mau humor, em suas lágrimas espontâneas, em sua efeminação, em sua alternância entre a rigidez e o sentimentalismo.

A veemência com que ele nega Peter Pan sugere que este representa uma parte de sua personalidade que se fragmentou e foi cindida da consciência. Essa parte fragmentada só é aparentemente desativada. Como escreve Jung:

> Na realidade, ela leva a uma possessão da personalidade da qual resulta a falsificação das metas do indivíduo, no interesse da parte fragmentada. Então, quando o estado infantil da psique coletiva é reprimido até a exclusão total [como na negação de Peter Pan pelo Sr. Darling], o conteúdo inconsciente se apodera da meta consciente, inibindo-lhe, falsificando-lhe e destruindo-lhe a realização. O progresso viável provém unicamente da colaboração de ambos.[145]

A maneira como descrevemos até aqui o Sr. Darling aponta para a manifestação de várias qualidades negativas atribuídas à psicologia (ou à patologia) do *puer*, mas ele também tem muitas características em comum com o "velho monarca" da alquimia. Este é o "espírito chefeditador-pai" ou o *senex*, rumo a cuja posição extrema o *puer* pode em sua recusa se fundamentar no tempo e na maturidade. No entanto, trata-se de uma oposição diferente daquela que ele deve definir para que os valores do *puer* e do *senex* não sejam inconscientemente contaminados um pelo outro. Von Franz escreve:

---

145. "The Psychology of the Child Archetype", *The Archetypes and the Collective Unconscious*, CW 9i, par. 277.

A figura do velho monarca geralmente é apresentada [...] como defectiva, irrecuperável, enrijecida, doentia e até má. Essa qualidade defeituosa corresponde a um egoísmo intensificado e a um endurecimento do coração que se devem romper no banho alquímico. Muitas vezes, também a sede de poder e a concupiscência caracterizam ingloriamente o velho monarca [...] [que pode] [...] incorporar uma pura atitude de poder e caracterizar-se pela ausência total de eros. O espírito que, em si, não é "adversário da alma", degenera-se em tais personificações no nível do intelecto e, nessa forma comprimida e enrijecida, obstrui o caminho de todos os impulsos férteis e criativos da psique. Ele é inimigo do emocional e do instintivo, mas, precisamente por essa razão, deixa-se influenciar secreta e negativamente pelos impulsos primitivos.[146]

Pode parecer rude atribuir ao Sr. Darling as características do velho monarca ou as do rancoroso rei pescador da mitologia de Grail. No entanto, muita coisa em seu comportamento indica contaminação ou falta de diferenciação entre as qualidades do *puer* e do *senex*: seu ego frágil e instável leva-o a viver aspectos tanto do *puer* quanto do *senex* de maneira inconsciente e irracional, de modo que nele encontramos semelhanças com o Capitão Gancho e com Peter Pan. Embora o Sr. Darling seja descrito como "mais importante" que a esposa, tudo leva a crer que isso se deva unicamente ao fato de ele ser homem. (Quando as crianças estão brincando de casinha, a história fala na "grande pompa [...] [ocasionada pelo] [...] nascimento de um filho do sexo masculino".) O retrato psicológico que Barrie nos oferece é, pois, o de um homem que nada tem de grandioso, mas que permanece inconscientemente preso ao reino da Mãe porque ficou preso a um nível instintivo de identificação com o papel de filho. Por isso nós o vemos comportar-se como menino, sendo que a Sra. Darling o trata da maneira correspondente.

Embora o Sr. Darling apresente várias qualidades positivas do *puer* — tal qual Peter Pan, é brincalhão, espontâneo e adora dançar — pode-se igualmente entender a "graça" que ele faz para a família como um escudo protetor que mascara a viciosidade da maneira como trata Miguel

---

146. "The Religious Background of the Puer Aeternus Problem", *in* von Franz, *Psychotherapy*, p. 312.

e Naná. Seu aspecto de vítima dos impulsos primitivos, os quais ele não nega com energia nem acredita poder controlar, aparece uma vez mais em sua imagem sendo escovado pela esposa como um cachorro, quando faz "uma cadela de babá", prende Naná no quintal e, finalmente, na autopunição que se impõe, obrigando-se a "andar de quatro e [...] [ir engatinhando] para a casinha de cachorro" até que os filhos retornem.

Barrie o chama de "quixotesco", coisa que traz à mente o ilusório da pretensão de D. Quixote de corrigir os erros do mundo. Do mesmo modo que o Cavaleiro da Triste Figura de Cervantes — e sem dúvida também iludido — o Sr. Darling se deixa impelir inconscientemente por forças que seu frágil ego identifica como desejos próprios e escolhas conscientes, como, por exemplo, a determinação de ir morar na casinha de Naná. O Sr. Darling parece não gostar do estável senso de identidade que Jeffrey Satinover associa ao progresso de um "narcisismo adequado" no desenvolvimento precoce. Nada se sabe de sua infância, porém é visível que ele apresenta muitas características que, posteriormente, encontramos em Peter Pan e na personalidade narcisista: altos extremos seguidos de baixos extremos; rápida oscilação entre a enfatuação positiva e negativa, que indica distúrbio no eixo ego-*Self* ou, em outras palavras, uma desconfiança básica do mundo e a incapacidade de aceitar a qualidade inelutável da vida e seu próprio destino.

Vemos a grandiosidade e a "coragem de leão" darem lugar a sentimentos de fracasso e remorso; uma necessidade obstinada de controle na tentativa de suprimir o medo cada vez maior do desconhecido e do caótico. ("O Sr. Darling estava morrendo de vergonha de si mesmo, mas não dava o braço a torcer.") Vemos uma necessidade egocêntrica de atenção e admiração; uma inflexibilidade que só vê extremos e muitas vezes resulta num pensamento equivocado ou paranóico; uma falta de eros ou *insight* e, assim, a tendência a lidar com as emoções e os impulsos de maneira não relacionada e freqüentemente destrutiva; e, por fim, uma tendência à depressão que, em geral, serve para mascarar a dor provocada pela mágoa. ("Depois de prender [Naná] no quintal, o pai desolado foi se sentar no corredor com os nós dos dedos nos olhos.")

Em tudo, a personalidade quixotesca, instável e essencialmente narcisista do Sr. Darling indica que seu suposto sucesso no mundo social e dos negócios resulta de uma rígida *persona* sustentada por um sistema de defesa um tanto paranóico. A propósito disso, Erich Neumann escreve sobre a justaposição da rigidez e do caos como uma proteção contra o que Kohut posteriormente denominou "ansiedade da desintegração", isto é, a ameaça de se despedaçar e ser inundado pelo inconsciente;[147] e James Hillman observa que "a dissolução de qualquer sistema paranóico desencadeia o pânico".[148]

Nós presenciamos esse processo ativado pelo Sr. Darling: quando suas bem construídas salvaguardas contra todas as eventualidades se tornam ineficazes com a chegada de Peter Pan ao quarto das crianças, ele se comporta de maneira estranha e irracional. Assim como Penteu, ao rejeitar Dioniso, provoca sua própria destruição pelas forças bacânticas que despreza, quanto maior é a veemência com que o Sr. Darling nega a realidade de Peter Pan ou de uma incursão do inconsciente, tanto maior é seu pânico e menos eficientes são suas precauções para proteger os filhos.

Hillman indica que "onde existe pânico também existe Pã",[149] e, veja-se em Peter Pan um pálido vestígio do instintivo deus-bode, uma invenção na imaginação infantil, uma figura do inconsciente, um símbolo da criatividade autônoma ou o espírito de renovação, o efeito de sua invasão na ordem racional da vida, no n.º 14, devolve o Sr. Darling ao nível do instinto. De modo que, no caráter deste, Barrie nos oferece talvez, sob o brando disfarce da fantasia, um retrato na verdade brutal do que pode acontecer quando as qualidades de energia psíquica do *puer* e do *senex* permanecem inconscientes e, conseqüentemente, indiferenciadas e desintegradas: elas se manifestam autonomamente em seus aspectos negativos, como a puerilidade e a rigidez irracional, com pouca evidência de reciprocidade criativa entre as duas.

De diversas maneiras, o comportamento neurótico do Sr. Darling oferece um quadro de como a distorção da configuração arquetípica do *puer-et-senex* muitas vezes aparece na vida consciente: no narcisismo extremo, na efeminação e na decadência, associada à vida vitoriana da virada do século. O que falta é uma realização do masculino ctônico, assim como uma relação diferenciada com o feminino maduro que permitiria ao Sr. Darling reconhecer tanto sua sombra pessoal quanto a do coletivo.

---

147. Citado *in* Kathrin Asper, *The Abandoned Child Within*, p. 157.
148. *Pan and the Nightmare*, p. xxxi.
149. *Ibid.*

No parágrafo de abertura, Barrie dá inúmeras indicações de que, ao visitar o n.° 14, estamos entrando em um universo dominado pelos valores femininos e especificamente maternais: detecta-se uma resistência implícita ao crescimento, à diferenciação e ao conflito — há tanto tempo considerados aspectos da energia masculina — em afirmações como: "Todas as crianças crescem, exceto uma" e "Dois é o começo do fim". Mais importante: a primeira imagem que temos da Sra. Darling é a de sua alegria ao ganhar uma flor de Wendy, que tem 2 anos de idade e "está brincando em um jardim". A imagem de Barrie é a do Paraíso e de Deméter e Perséfone — mãe e filha — antes que esta seja raptada por Plutão/Hades e levada para os Infernos. A exclamação da Sra. Darling — "Ah, se você ficasse assim para sempre!" — expressa um lamento pela passagem da primavera, pela inevitabilidade do processo de mudança e, ao mesmo tempo, a saudade de um mundo estático, perfeito e isento de conflito. A exclamação marca sua resistência à intromissão da energia masculina ctônica no suave refinamento de seu domínio feminino. É o grito de Deméter recusando-se a deixar que o masculino, na forma de Hades, objetive a díade mãe-filha e suplicando a Zeus que Perséfone volte para ela seis meses por ano.

Numa irônica inversão no fim do livro, a Sra. Darling, voltando a assumir o papel de Deméter, faz a Peter Pan uma "oferta tentadora: deixar que Wendy passe uma semana com ele, uma vez por ano, para ajudá-lo a limpar a casa na primavera". Nós compreendemos a força do vínculo mãe-filha, no romance de Barrie, ao perceber o quanto Wendy se identifica com a mãe e o quanto a idealiza, sendo que, no último capítulo, descobrimos que o poderosamente introvertido instinto maternal incorporado pela Sra. Darling passa de mãe para filha, inalterável e incontestável, em gerações sucessivas:

> Quem olhar para Wendy vai ver que seus cabelos estão embranquecendo e que sua figura diminuiu de tamanho, pois isso aconteceu há muito tempo. Jane é agora uma adulta comum e tem uma filha chamada Margaret; na época da faxina da primavera, Peter, quando não se esquece, vem buscá-la e a leva à Terra do Nunca, onde escuta com toda atenção histórias sobre ele mesmo que a menina lhe conta. Quando crescer, Margaret terá uma filha que, por sua vez, também será mãe de Peter; e assim tudo continuará [...][150]

---

150. *Peter Pan*, p. 225.

Do mesmo modo que o Sr. Darling tem paixão pela exatidão, a Sra. Darling adora "ver tudo em ordem" e se ajusta de diversas maneiras à idéia coletiva da feminilidade e da maternidade, que é rigorosamente tradicional e sugere sua própria tendência inconsciente a ser terrivelmente rigorosa. Marido e mulher aparecem como unicamente pai e unicamente mãe, ficando a individualidade de cada um dominada por suas *personae* parentais coletivas. A Sra. Darling desempenha o papel de esposa convencional, apoiando o marido, cuidando da casa, dos filhos e das questões pessoais e sociais; consegue administrar a contabilidade com perfeição, permanece serena quando o marido fica irracional e se põe a dançar "mais assanhado que todos", como exige a ocasião. Jung sugere que esse exagero do elemento maternal resulta no tipo de mãe que passa a ver no marido

> um objeto a ser cuidado, exatamente como as crianças, os parentes pobres, os gatos, os cachorros e a mobília da casa. Mesmo a sua personalidade tem importância secundária; em geral, ela é totalmente inconsciente dessa personalidade, pois vive a vida por meio dos outros, numa identificação mais ou menos completa com todos os objetos de que cuida. Primeiro ela põe filhos no mundo e, então, apega-se a eles, pois sem eles ela não tem nenhuma razão de ser.[151]

Embora pareça excessivamente condenatória quando aplicada à Sra. Darling, essa descrição põe em relevo a qualidade singular de seu instinto maternal: ela administra perfeitamente o livro de contabilidade do marido, é verdade, mas "como se fosse uma brincadeira", e substitui rapidamente "as cifras que devia estar somando" por "desenhos de bebês sem rosto"; trata o marido como uma criança, o que já se mencionou acima, representando Cibele com Átis no nível mitológico, "mimando-o" e, desse modo, figurativamente, tornando-o impotente, reduzindo-lhe o espírito masculino a nada mais que um faz-de-conta infantil quando ele vai se esconder na casinha de Naná; e passa muito tempo "pondo em ordem a cabeça dos filhos", atividade esta — ou atitude perante a vida — que denuncia a necessidade de poder e o direito absoluto de posse que tradicionalmente pertence ao pai.

---

151. "Psychological Aspects of the Mother Complex", *The Archetypes of the Collective Unconscious*, CW 9i, par. 167.

Esse tipo de insistência fanática nos "direitos maternais" surge quando o instinto de parir domina a personalidade a ponto de se transformar em um impulso impessoal. (A Sra. Darling desenha "bebês sem rosto" nos livros do marido.) Jung escreve: "Eros se desenvolve, então, exclusivamente como relação materna, permanecendo inconsciente em termos pessoais [...] [e esse] eros inconsciente sempre se manifesta sob a forma de poder"[152] — que se manifesta no aspecto devorador da Mãe arquetípica, qualidade que detectamos, no âmbito pessoal, no amor abnegado mas sufocante da Sra. Darling pelos filhos e na emasculação psicológica do marido.

Pode-se especular que, sendo unicamente mãe, a Sra. Darling há de ter sido criada como unicamente filha de uma mulher como ela, identificando-se com os valores maternais em detrimento de sua iniciativa feminina própria. Uma tão forte superidentificação pode resultar no tipo de mulher que Jung descreve, aparentemente com pouca simpatia, como "uma pálida donzela [...] geralmente sugada pela mãe até secar". Esse "vaso vazio" atrai todas as projeções inconscientes do homem, sendo que ela se molda prontamente conforme a imagem que ele tem do feminino:

> Essas mulheres podem vir a ser as esposas dedicadas e abnegadas de maridos que existem unicamente por meio de sua identificação com uma profissão ou um grande talento, mas que, em tudo o mais, são inconscientes e assim permanecem. Como eles não passam de máscaras de si mesmos, também a esposa deve ser capaz de desempenhar o papel secundário com alguma naturalidade.[153]

Tudo indica que a Sra. Darling é exatamente esse tipo de mulher cuja indeterminação feminina "capta todas as projeções masculinas, coisa que agrada muito aos homens".[154] Barrie descreve da seguinte maneira como o Sr. Darling a cortejou: "Muitos cavalheiros que eram meninos quando ela era menina descobriram ao mesmo tempo que a amavam e todos foram correndo à casa dela para pedi-la em casamento, com exceção do Sr. Darling, que tomou um táxi e chegou primeiro".[155]

---

152. *Ibid.*
153. *Ibid.*, par. 182.
154. *Ibid.*, par. 169.
155. *Peter Pan*, p. 28.

A Sra. Darling aceita o primeiro pretendente que chega a sua porta, de modo que, aparentemente, o Sr. Darling se casa com ela mais por ter sido impelido pelo impulso inconsciente (projeção) e por acaso que em virtude de um relacionamento consciente e por amor, pois a Sra. Darling parece incorporar algo do mistério e do fascínio do feminino arquetípico. Afinal de contas, ela é "a mais importante" no n.º 14 até o nascimento de Wendy e tem aquela qualidade esquiva, enigmática, da mulher cuja inocência (ou o vazio) sugere um "grande segredo feminino [...] absolutamente estranho ao homem".[156]

> Sua cabeça romântica era como aquelas caixinhas que vêm do enigmático Oriente: uma dentro da outra e, por mais que a gente as retire lá de dentro, sempre acaba descobrindo que há mais uma; e sua boca delicada e irônica guardava um beijo que Wendy nunca conseguia ganhar, embora ele ficasse ali, perfeitamente visível no canto direito.[157]

A descrição de Barrie, embora sentimental, também é sutilmente ambivalente. De um lado, no beijo que nunca é dado e na "caixinha" da qual o Sr. Darling nada sabe, atribui à Sra. Darling certo senso de si própria e de integridade interior. Ele pinta o feminino como essencialmente *outro*, misterioso e exótico ("do enigmático Oriente"). No entanto, a "caixinha" também serve de imagem negativa de controle; também é o hermético recesso interior do afeto da Sra. Darling (e, pode-se conjeturar, do afeto da própria mãe de Barrie), tão inacessível e tabu quanto o beijo esquivo.

Em todo o livro há uma ambivalência marcante no retrato que Barrie pinta da Sra. Darling em particular e das mães em geral, uma ambivalência refletida em Peter Pan, que leva Wendy à Terra do Nunca porque os meninos perdidos precisam de uma mãe, mas que mal se lembra da sua própria e acha, em todo caso, que ele e Sininho "não querem saber da chatice de mãe nenhuma". Quando os meninos estão voltando da Terra do Nunca, a voz de narrador de Barrie interfere para denunciar a Sra. Darling como uma mulher que "não tem espírito próprio". Com isso, ele designa o tipo de mãe que declara "Que importância eu te-

---

156. "Psychological Aspects of the Mother Complex", *The Archetypes of the Collective Unconscious*, CW 9i, par. 183.
157. *Peter Pan*, pp. 27 ss.

nho?" e sacrifica tudo — inclusive sua própria personalidade — pelos filhos e por seu papel. (Recorde-se a dedicação abnegada de Sylvia Llewelyn Davis pelos cinco filhos.) "Enquanto as mães forem assim, os filhos se aproveitarão delas", diz Barrie; contudo, esse amor abnegado pode mascarar uma qualidade sedutora da mãe negativa — a bruxa na casa de doces —, que promete aos filhos conforto e segurança em um abraço potencialmente devorador que, entretanto, os escuda contra a consciência do conflito moral e, portanto, da vida.

Não obstante, assim que acaba de conjurar uma vez mais a imagem sentimental dessa "mulher de olhos muito tristes [...] porque perdeu os filhos", Barrie decide que, sem dúvida, gosta mais da Sra. Darling. Sua ambivalência se manifesta mais claramente em Peter Pan, que projeta na Sra. Darling o que deve ser uma imagem arquetípica interior da mãe, já que ele não tem experiência própria de uma mãe pessoal; ao mesmo tempo, rejeita energicamente os braços estendidos. Por um lado, Peter cochicha à Fada Sininho: "Ela é bonita, mas não como a minha mãe"; por outro, avisa a Sra. Darling: "Não chegue perto, dona, ninguém vai me agarrar para que eu cresça e vire homem".

Peter Pan está convencido de que, se não rejeitar a oferta da Sra. Darling de adotá-lo, tornar-se-á um homem solene e barbudo — ou seja, unicamente *senex*. No contexto do conto de Barrie, ele tem toda razão. Nós vemos o que acontece a João, a Miguel e aos meninos perdidos que ficam sob os cuidados da Sra. Darling: esquecem (ou tornam inconsciente) a ambivalência que sentiam pelos "adultos" e o "Não!" com que a eles opunham resistência. Enquanto Peter Pan se define a si mesmo e, assim, cria-se e recria-se continuamente dizendo "Não!" ao mundo adulto, os pequenos Darlings e os meninos perdidos não tardam a se tornar adultos "derrotados":

> Por isso não vale a pena falar mais sobre eles. A gente pode ver os Gêmeos, Peninha e Cachinho indo todo dia para o escritório, cada qual com sua maleta e seu guarda-chuva. Miguel é maquinista de trem. Magrela casou-se como uma dama da nobreza e tornou-se lorde. Está vendo aquele juiz de peruca saindo pela porta de ferro? Um dia ele foi Beicinho. O senhor barbudo que não sabe contar nenhuma história para os filhos é o João de antigamente.[158]

---

158. *Ibid.*, p. 219.

Na incapacidade de João de lembrar uma história, Barrie associa a qualidade unicamente *senex* do mundo adulto com a morte da imaginação. Recorde-se que o Sr. Darling ou nega a realidade de Peter Pan, ou o denuncia como "inimigo", e nós nos perguntamos se Barrie nunca se sentiu um "inimigo" aos olhos de Arthur Llewelyn Davies por lhe haver roubado a afeição dos filhos. Bem que aparentemente permaneçam vivas e passem de geração a geração pela linha materna (como é verdadeiro na experiência pessoal de Barrie), as histórias — assim como a indulgência do faz-de-conta — ficam claramente confinadas ao quarto das crianças e à infância: a Sra. Darling tem certeza de que Wendy, ao crescer, esquecerá o fascínio que sente por Peter Pan e, para esta, que desde o começo emula a qualidade maternal que experimenta em sua própria mãe e, conseqüentemente, "cresceu por livre e espontânea vontade um dia mais depressa que as outras meninas", Peter Pan em breve não será "mais que um grãozinho de poeira na caixa em que ela deixou guardados os brinquedos".

Nada muda no n.º 14 por causa da rigidez e da fixidez das estruturas conscientes. Wendy não é muito diferente da mãe apesar da experiência que viveu na Terra do Nunca. Embora inicialmente resista à tirania do Sr. Darling e acompanhe Peter Pan, está de tal modo identificada com a sua "unicamente mãe" que, mesmo na Terra do Nunca — isto é, inconscientemente — tanto age como "mãe" quanto, tendo superado toda ambivalência anterior, toma a iniciativa de voltar à sua mãe real no continente.

Jung escreve que, quando há um distúrbio de instintos na relação de um dos pais (particularmente da mãe) com o filho, produzem-se fantasias arquetípicas que "ficam entre a criança e a mãe como um elemento estranho e muitas vezes assustador".[159] No livro de Barrie, não faltam evidências a vincular a origem de todo distúrbio de instinto, na família Darling, às atitudes conscientes dos pais, principalmente da mãe. As figuras que poderiam representar a sabedoria natural (Liza, a criada) e o instinto (a cadela) são ou imaturas e conseqüentemente desprezadas (Liza tem pouco mais de 10 anos de idade), ou banidas (Naná,

---

159. "Psychological Aspects of the Mother Complex", *The Archetypes of the Collective Unconscious*, CW 9i, par. 161.

que, na melhor das hipóteses, oferece uma imagem do instinto distorcido, superdomesticado, é acorrentada na casinha de cachorro).

Pode-se argumentar que Peter Pan e a atração exercida pela Terra do Nunca aparecem como fantasias interferentes, geradas pela necessidade das crianças de resistir aos pais e deles se separar, necessidade esta simbolizada por sua fuga. Na experiência da ambivalência, que as crianças natural e necessariamente sentem pelos pais (As mães são boas ou más? Os pais são necessários?), Peter Pan representa um pólo ou uma alternativa sedutora, ao passo que a outra se mantém viva nas histórias de Wendy do Sr. e Sra. Darling. Por fim, vence o medo da separação e do abandono e os meninos voltam ao n.º 14. As emoções negativas com relação à mãe, ao pai e à vida adulta tornam a ser reprimidas. Uma imagem final é a do círculo familiar fechado, do qual se exclui o "êxtase" Peter Pan do mesmo modo como o próprio Barrie, aquele gênio entretido mas idiossincrático da Escócia, era relegado à situação de forasteiro, sempre "a escutar" os Llewelyn Davies, sempre incapaz de se indentificar com muitos valores incorporados nos pais decididamente ingleses de "seus meninos".

Sem embargo, nós sabemos que Peter Pan não foi completamente esquecido. Ele sobrevive na imaginação de gerações de filhas, muito embora a vaga sensação de mau agouro da Sra. Darling, na noite em que ele rouba Wendy e seus irmãos do quarto, não seja forte o bastante para impedi-la de deixar os filhos sozinhos. Barrie também conta que houve uma comoção no firmamento aquela noite. Portanto, muita coisa sugere que a perpetuação de Peter Pan e a inevitabilidade (ainda que não muito confiável) de seu retorno na primavera simbolizam a orquestração da psique arquetípica contra a qual o imperativo do ego consciente pouco pode fazer.

Essa leitura faz de Pan uma figura com a qualidade do *Self*, que aparece de vez em quando, qual uma fatalidade, para moldar o destino e dar continuidade ao processo de individuação; essa figura manifesta uma potencialidade de desenvolvimento positivo, criativo, a menos que a tolha e perverta a vontade do poder de um ego inflexível ou a escravização inconsciente a um complexo petrificador.

A Terra do Nunca: Onde Ancoramos nossos Barcos em Praias Mágicas

Na Terra do Nunca, descobrimos o reino da fantasia do *puer* e toda a vitalidade ausente no mundo dos valores coletivos, representado pela vida do Sr. e da Sra. Darling no n.° 14. O espírito, a espontaneidade, a criatividade, o masculino agressivo e o feminino corajoso, tudo é relegado ao inconsciente, onde os encontramos em Peter Pan e no Capitão Gancho, nos piratas, fadas, sereias e peles-vermelhas da Terra do Nunca.

No nível consciente, tal qual o representa o casal Darling, a agressão se manifesta na injustiça, no espírito de birra infantil; a criatividade e a espontaneidade são adequadamente canalizadas e "arrumadas" como a roupa na gaveta, sendo o sentimento substituído pelo sentimentalismo. Daí a ambivalência do livro com relação ao espírito perdido da infância: mesmo que Barrie tenha saudade da Terra do Nunca, isso não o impede de expor-lhe o lado sombrio nem de alertar o leitor para o resultado deletério e caótico das incursões de Peter Pan ao mundo adulto.

Barrie anuncia que nenhum desenho da Terra do Nunca é capaz de "representar o mapa da mente infantil". Qualquer mapa da Terra do Nunca tem muitas camadas, como se cada uma delas fosse transparente; trata-se, pois, de uma espécie de palimpsesto. O resultado é "um bocado confuso, principalmente porque nada fica parado no lugar", sendo que a descrição de suas "praias mágicas" nos convida a pensar em termos de diferentes níveis ou qualidades da experiência psíquica. Acompanhando o modelo junguiano da psique, pensaríamos na consciência do ego, no inconsciente pessoal e no inconsciente coletivo. O fato de a ilha de Peter Pan "variar muito" e ser idiossincrática acusa sua relação com o conteúdo do inconsciente pessoal: a Terra do Nunca de João tem uma lagoa com flamingos, na de Wendy existe um "filhote de lobo abandonado pelos pais", sendo que em todas há inumeráveis versões da experiência consciente comum, como o "o primeiro dia de aula, a religião, os pais, o laguinho redondo, as aulas de bordado, o dia de pudim de chocolate, os três vinténs para que você arranque seu dente sozinho [...]" e assim por diante. Por outro lado, sugere-se o inconsciente coletivo por meio de

manchas coloridas aqui e ali e recifes de coral, belos navios ao longe, índios e esconderijos solitários, gnomos que são quase todos alfaiates, cavernas por onde passa um rio, príncipes com seis irmãos mais velhos, uma cabana quase caindo e uma velhinha de nariz adunco.[160]

As muitas alusões de Barrie situam a Terra do Nunca em uma longa série de países imaginários que, durante séculos, serviram de metáforas literárias do "outro mundo" da psique inconsciente e arquetípica. Esses países pertencem ao folclore e à história da carochinha (alfaiates, gnomos, príncipes e bruxas), às lendas e aos contos de aventura (recifes de coral, índios e esconderijos solitários), ao poema épico ("cavernas por onde passa um rio", que traz à memória o rio sagrado de Coleridge a descer "por cavernas incomensuráveis para o homem rumo a mares que não conhecem o sol", em "Kubla Khan").[161]

Um dos precursores da Terra do Nunca é, evidentemente, Tir Nan'Og, o Outro Mundo ou o Mundo Subterrâneo da mitologia céltica, também denominado As Ilhas dos Blest, A Terra dos Mortos (Felizes), A Terra dos Vivos, As Ilhas da Fortuna, a Ilha da Alegria, a Terra da Juventude ou o Eternamente Jovem. É incerta a localização do Outro Mundo; certo é que se pensava que ele ficasse num lugar muito profundo ou além dos mares conhecidos e era acessível por meio dos antigos túmulos pré-célticos guardados pelos sidhes (o povo das fadas).

T. W. Rolleston, em seu longo estudo da mitologia e das lendas célticas, relata o mito dos habitantes do Outro Mundo, os sidhes. Tendo sido derrotados pelos milésios, que, conforme a lenda, foram os primeiros invasores inteiramente humanos do país, os Tuatha De Danann (povos da deusa Danann), uma raça mítica que dominava a Irlanda,

> não recuaram. Valendo-se de sua arte mágica, cobriram-se com um véu de invisibilidade, o qual podem pôr ou tirar à vontade. Por conseguinte, existem duas Irlandas, a espiritual e a terrena. Os dananns moram na Irlanda espiritual [...] Ali onde os olhos humanos vêem apenas túmulos verdes e fortificações, relíquias de fortalezas e sepulcros em ruínas, erguem-se os palácios encantados das divindades derrotadas; lá elas têm seus festins ao sol eterno, alimentam-se da carne e da cerveja mágicas, que lhes dão juventude e beleza imperecíveis; e de lá retornam,

---

160. *Peter Pan*, p. 32.
161. *Poetical Works*, p. 297.

às vezes, para se misturar com os mortais no amor ou na guerra. A antiga literatura mítica concebe-as como heróicas e esplêndidas em força e beleza. Em épocas posteriores, com o fortalecimento da influência cristã, elas ficaram reduzidas a meras fadas, o povo do Sidhe; mas nunca desapareceram completamente; até hoje a Terra da Juventude e seus habitantes continuam existindo na imaginação.[162]

Barrie faz alusão ao mundo céltico do país das fadas no título do segundo capítulo de *Peter Pan*, "Vamos Embora!". Essas são as palavras centrais do refrão de um poema da juventude de W. B. Yeats (1889), "The Stolen Child" [A Criança Roubada], que relata os encantos e a atração dessa Terra da Juventude ou do Outro Mundo das Fadas:

Vamos embora, ó criança humana!
Para as águas e o sertão
De mãos dadas com uma fada
Pois o mundo está mais cheio de lágrimas do que podes compreender.

Na estrofe final, um aviso: a única coisa que a criança humana perderá para sempre se acompanhar o bando de fadas são as alegrias simples e imediatas da vida *neste* mundo:

Ela já não ouvirá o mugir
Dos bezerros na cálida montanha
Nem o caldeirão na lareira
Cantar a paz em seu seio,
Nem verá o camundongo pardo
Correr ao redor da panela de guisado.[163]

Neste e em outros poemas de Yeats sobre o Outro Mundo do Sidhe, a demarcação entre os dois reinos é vaga e perigosamente permeável. Embora seja fácil a passagem para o País das Fadas, tal facilidade engana, pois raramente o retorno é possível e nunca sem que os sidhes cobrem um preço elevadíssimo. É o que nos conta a lenda de Oisin, que, correndo grande perigo, "viu as maravilhas da Terra da Juventude com

---

162. *Celtic Myths and Legends*, pp. 136 ss.
163. *Collected Poems*, pp. 20 ss.

A entrada de um *sidh* ou sepulcro
(New Grange, County Lough, Irlanda; construído *c.* 2500 a. C.)

olhos mortais e viveu para contá-las com lábios mortais".¹⁶⁴ Em "The Hosting of the Sidhe" [O Hóspede dos Sidhes], de Yeats, o preço de conhecer a Terra da Juventude é, nada mais, nada menos, do que o "sonho mortal" que constitui nossa humanidade:

[...] Embora, vamos embora:
Esvazia teu coração do seu sonho mortal.
Os ventos despertam, as folhas rodopiam,
Nosso rosto está pálido; nossos cabelos, desgrenhados,
Nosso peito arfa, nossos olhos brilham,
Nossos braços se agitam, nossos lábios se entreabrem;
E se alguém olhar para o nosso bando em correria,

---

164. Rolleston, *Celtic Myths*, p. 272. A história conta que Oisin é encantado por Niam, a filha do rei da Terra da Juventude, que o leva ao Outro Mundo das Fadas em um garanhão. Ali ele vê muitas maravilhas e vive incontáveis aventuras. Após uma permanência que lhe parece de três semanas, saciado que está das delícias do reino da princesa mítica, Oisin tem saudade de sua terra e quer voltar. Ao receber o garanhão branco encantado é avisado de que não deve "tocar o solo do mundo terreno com os pés, do contrário o caminho de volta à Terra da Juventude há de ficar eternamente fechado para ele".

Depois de muitas aventuras, Oisin se detém para ajudar uns homens que estão lidando com uma rocha enorme. Assim que ele toca na pedra, quebra-se o encanto. Subitamente transformado em "um homem extremamente idoso, enrugado, de barbas brancas, estende as mãos tateantes e deixa escapar débeis gemidos de amargura. Seu vestido púrpura e sua túnica de seda amarela transformam-se em pano grosseiro, tecido em casa, preso com uma corda rústica na cintura, e sua espada de empunhadura de ouro converte-se no tosco bastão de carvalho dos mendigos que vão de casa em casa e perambulam nos caminhos". Ao que tudo indica, Oisin passa a ser uma figura análoga ao Judeu Errante. Tendo visto o que nenhum olho mortal deve ver, é maldiçoado, sendo a maldição já não pertencer nem a este nem ao Outro Mundo: sua estada na Terra da Juventude foi de mais de trezentos anos, de modo que ele perdeu a vinda de São Patrício à Irlanda e sua doutrina da mensagem cristã. Em "The Wanderings of Oisin" [As perambulações de Oisin], o personagem conta a São Patrício o que viu na Terra da Juventude. O santo, para quem o Mundo das Fadas é o inferno e a princesa um demônio, responde:

Estás alquebrado, calvo e cego,
Tens o coração pesado e a mente errante,
Conheceste três séculos, cantam os poetas,
De conluio com as coisas do demônio.

Chegaremos entre ele e os feitos de sua mão,
Chegaremos entre ele e a esperança de seu coração.[165]

Na introdução a *Peter Pan*, Michael Hearn especula que, ao situar o herói e os meninos perdidos na morada subterrânea de uma ilha mágica, Barrie "estava brincando com o fato de os filhos dos Llewelyn Davies, à exceção de George e Jack, não terem sido batizados quando bebês; de certo modo, a Terra do Nunca é um Purgatório infantil".[166] Fica muito claro que Peter Pan, tal qual Adão no Jardim do Éden, foi encarregado de dar nome aos animais e aos pássaros da Terra do Nunca, pois, quando está sozinho à procura dos meninos seqüestrados, lamenta "ter dado aos passarinhos da ilha nomes tão estranhos que eles eram muito ariscos e não deixavam ninguém se aproximar".[167] Isso pode nos levar a interpretar a ilha como um paraíso (ou um purgatório) infantil, porém, o fato de a Terra do Nunca ser o país dos mortos e Peter Pan o guia das almas nesse lugar ("quando as crianças morriam, ele as acompanhava uma parte do caminho para que não ficassem com medo")[168] parece ligar mais intimamente a Terra do Nunca à doutrina céltica da vida após a morte do que à fé cristã.

O Outro Mundo céltico contém grande parte das bem-aventuranças do Éden anterior à Queda: "todos são belos e grande é a abundância de coisas belas, e as alegrias da vida são infinitas".[169] Não é diferente da Terra do Nunca, que promete uma versão idealizada do mundo real da infância, em que os sonhos se realizam e quase toda e qualquer coisa é possível. Não obstante, embora os antigos testemunhos, a literatura e as descobertas da arqueologia indiquem que os celtas acreditavam na vida após a morte, o Outro Mundo não era simplesmente um paraíso bem-aventurado:

> Era também — ainda que primitivamente — uma alternativa à realidade, um mundo no qual o herói podia entrar a convite de um rei ou de uma bela mulher. Como esse mundo, por mais bonito que seja, não é

---
165. *Collected Poems*, p. 61.
166. *Peter Pan*, p. 20.
167. *Ibid.*, p. 174.
168. *Ibid.*, p. 34.
169. J. Gantz, *Early Irish Myths and Sagas*, p. 15.

humano (por exemplo, nele não há inverno), o herói jamais fica lá definitivamente; mas a alternativa — e, assim, a tensão — está sempre presente.[170]

É útil ter em mente o comentário de Grantz ao considerar os aspectos mais sombrios do fantástico mundo alternativo de Barrie, assim como a lembrança de Rolleston de que a concepção céltica do reino dos mortos se parecia mais com a da religião egípcia que com a do mundo subterrâneo da crença grega e romana (Hades e Dis, respectivamente):

> O Outro Mundo não era um lugar de trevas e sofrimento, mas de luz e libertação. O Sol era o deus tanto desse mundo quanto deste. Existiam o mal, a dor e a escuridão, sem dúvida, [...] porém que fossem particularmente associados à idéia da morte é [...] uma falsa suposição baseada em analogias desorientadoras com as idéias das nações clássicas.[171]

À primeira vista, a Terra do Nunca apresenta um ciclo infindável de aventura e liberdade, contudo, embora seja em muitos aspectos um país de "luz e libertação", ele não está livre do mal, da violência e da crueldade. Entretanto, na ilha de Peter Pan, as más ações que o ego ético decerto condena — como o massacre dos índios perpetrado pelo Capitão Gancho, a morte da tripulação pirata e a tentativa de afogamento de Raio-de-Sol — raramente evocam tristeza, remorso ou sofrimento. A Terra do Nunca, tal qual o mundo do conto da carochinha, é amoral, um reino atemporal de processo cíclico sem fim, no qual parece ser escassa a consciência da dor ou do progresso.

Ainda que Peter Pan "deteste a letargia" e que tudo, na ilha, "entre novamente nos eixos" quando ele retorna de suas freqüentes excursões, a existência da Terra do Nunca é presa de um ciclo contínuo, de um "eterno retorno"[172] do faz-de-conta. Barrie descreve o que lá acontece na noite em que Pan chega com Wendy, João e Miguel:

> Naquela noite, as principais forças da ilha estavam dispostas da seguinte maneira: os meninos perdidos tinham saído à procura de Peter; os

---

170. Ibid., p. 17.
171. *Celtic Myths and Legends*, p. 89.
172. Vide Mircea Eliade, *The Myth of the Eternal Return, or Cosmos and History*.

piratas andavam à procura dos meninos perdidos; os peles-vermelhas, à procura dos piratas; e os animais, à procura dos peles-vermelhas. Ficavam todos dando voltas e mais voltas na ilha, mas nunca se encontravam porque caminhavam no mesmo passo.[173]

A ação é ritualizada. O quadro que nos vem de pronto à mente é o de um mandala, que, tradicionalmente, simboliza a plenitude e o equilíbrio, mas, neste caso, talvez uma qualidade de rigidez e estagnação. Na Terra do Nunca, são os "bons modos" ou o "jogo limpo" que conservam as coisas uniformes e tudo em equilíbrio, no entanto, a única ênfase que podemos considerar *moral* é a conformidade de Peter Pan e do Capitão Gancho com esse código. Assim, Peter Pan salva Raio-de-Sol do afogamento não por compadecer-se dela como Wendy, mas porque não consegue tolerar a transgressão do jogo limpo por parte dos piratas: "Foi o dois contra um que o irritou, e ele resolveu salvá-la".

Não obstante, o jogo limpo possui uma qualidade paradoxal: para incorporá-lo e praticá-lo, não se pode ter consciência de sua existência. Ele é inconsciente e natural: "[O Capitão Gancho] lembrou que a gente tem de provar que não sabe que é bem-educado para se candidatar a Pop".[174] Conseqüentemente, o Capitão Gancho é "detido" e reduzido à impotência quando está prestes a "ganchar" seu contramestre, o amável Barrica, porque este acaba de provar que "era bem-educado sem saber, o que corresponde ao supra-sumo da educação":

---

173. *Peter Pan*, p. 79.
174. *Ibid.*, p. 180. Como explica Andrew Birkin em *J. M. Barrie and the Lost Boys*, "Pop" vincula o Capitão Gancho a Eton assim como certamente o faz o que Barrie anotou em seu diário em 1920, época da décima sexta reapresentação consecutiva da peça *Peter Pan*: "Gancho. Eton & Magdalen [...] Estudou para conquistar o grau de bacharel em Letras. Adquiriu o vício da bebida em 1816, foi eleito parlamentar no ano seguinte etc." Pop era uma sociedade de debates, em Eton, fundada em 1816 por Charles Fox Townshend. Começou numa casa de propriedade da Sra. Hatton, que, antes, tinha uma loja de meias cujo nome latino é Popina. Cyril Connolly, que acreditava que sua única esperança de ser eleito Pop era "uma piada", escreve em *Enemies of Promise*: "Toda a escola, teoricamente controlada pelos alunos do último ano e pelo capitão, era dirigida pela Pop ou a Eton Society de duas dúzias de rapazes que [...] se auto-elegiam [...] A Pop eram os chefes da Eton, e os mestres e os pobres meninos desamparados do último ano os bajulavam. Era tão grande o seu prestígio que alguns rapazes que não conseguiam entrar jamais se recuperavam; diziam os

— Ganchar um homem porque ele tem educação, o que seria isso?
— Falta de educação!
O pobre Capitão Gancho ficou tão impotente quanto deprimido e tombou para a frente qual uma flor cortada.[175]

Podemos especular que a origem da "boa educação" é a ordenação potencial inerente à psique, em outras palavras, o arquétipo do *Self*. Todavia, a reação do Capitão Gancho a Barrica indica que a falta de autoconsciência, assim como a identificação inconsciente com o processo psíquico autônomo, é a condição ideal para estar na Terra do Nunca. Recordemos a afirmação de Barrie segundo a qual "Dois é o começo do fim", e que a ausência da autoconsciência persiste somente na primeira infância.

Enquanto a vida aderir a um padrão de comportamento inconsciente, só pode haver repetição: sem mudança ou desenvolvimento, ou seja, sem memória e, portanto, sem história. Do ponto de vista da consciência, isso representa a paralisia, a impotência; não se afirma nenhum impulso criativo para escapar ao ciclo perpétuo e perpetuador da existência irrefletida. A vida se petrifica quando mantida em equilíbrio tão rígido, fixa-se em um estágio particular de desenvolvimento. Persiste em um ciclo inconsciente de atividade autônoma, em um estado de infinito ser, para sempre fora do tempo e, assim, excluído da história que confere significado.[176]

---

boatos que um deles chegou a oferecer a própria irmã para os membros mais influentes. À parte os privilégios: pois eles podiam bater em qualquer um, pôr os calouros a seu serviço, andar de braços dados, usar belas roupas, freqüentar um clube próprio e cometer pequenas transgressões da disciplina; também possuíam um poder executivo, o qual seus membros muitas vezes experimentavam uma única vez na vida".
175. *Peter Pan*, p. 180.
176. Em *Memories, Dreams, Reflections*, Jung descreve sua experiência no Quênia, quando, sozinho na vasta savana, ficou a observar os rebanhos de animais pastando como que no "silêncio do eterno começo, no mundo como sempre fora na condição de não-ser; pois até pouco tempo ninguém lá estivera presente para saber que havia 'esse mundo'". (p. 255)
É a consciência que confere existência objetiva — e possibilidade de significado — ao mundo instintivo, natural. Portanto, a humanidade

> é indispensável para completar a criação; aliás, o próprio [homem]
> é o segundo criador do mundo, pois lhe deu existência objetiva

Aqui deparamos novamente com o paradoxo: a redenção da vida enquanto "eterno retorno" desprovido de significado, tal qual o representa a Terra do Nunca, necessitaria de uma encarnação, isto é, de um movimento de ingresso no tempo e, portanto, na tragédia. Uma transformação de tal modo radical de uma condição de não-ser virtual para um estado de devenir, com a dor, o sacrifício e o compromisso que o acompanham, choca-se com a firme resistência de Peter Pan (que se recusa a crescer) e do Capitão Gancho (que foge aterrorizado do tique-taque do crocodilo, símbolo da passagem do tempo, do processo e da inevitabilidade do fim na morte). A recusa de ambos constitui uma recusa da consciência.

Há numerosas imagens da atemporalidade da Terra do Nunca e da rejeição de seus habitantes a ingressar no tempo. Toda manhã os meninos perdidos cortam o tronco da árvore do Nunca, que cresce no centro de sua morada subterrânea:

> Na hora do chá ela sempre estava com sessenta centímetros de altura, e então os meninos colocavam uma porta em cima dela, fazendo assim uma mesa; por fim, depois de tirar a mesa, eles serravam o tronco outra vez e ficavam com mais espaço para brincar.[177]

A resistência dos meninos ao crescimento e ao desenvolvimento também é simbolizada pelas árvores ocas que servem de entrada pes-

---

> (—) sem a qual, não sendo ouvido nem visto, a comer em silêncio, a parir, a morrer, a balançar a cabeça durante centenas de milhões de anos, o mundo teria mergulhado na profundíssima noite do não-ser até chegar ao seu fim desconhecido. A consciência humana criou a existência e o significado objetivos, e o homem encontrou o seu lugar indispensável no grande processo do ser.
> (*Ibid.*, p. 256)

Posteriormente, Jung acrescenta que o homem moderno, "despojado de transcendência pela miopia dos superintelectuais [...] tornou-se vítima da inconsciência. Mas sua missão é exatamente o contrário disso: tornar-se consciente dos conteúdos que pressionam para emergir do inconsciente. Ele não deve nem persistir na inconsciência, nem permanecer idêntico aos elementos inconscientes de seu ser, evadindo-se assim de seu destino, que é criar mais e mais consciência. Tanto quanto nos é possível discernir, o único propósito da existência humana é acender uma luz na escuridão do mero ser. (*Ibid.*, p. 326)

177. *Peter Pan*, p. 106.

soal de cada um. É o garoto que se ajusta à árvore, não o contrário, e "se alguém ficar entalado ou se a única árvore disponível não for do tamanho certo, Peter faz umas coisas com ele e, depois disso, o menino acaba cabendo". A partir do momento em que se coube na árvore é preciso ter cuidado para "continuar cabendo [...] e isso mantém toda uma família em perfeitas condições" (isto é, estática, infantil, inocente, pré-púbere). Peter tem dificuldade para fazer com que João, o filho mais velho dos Darlings, caiba na árvore, o que sugere que a sexualidade madura não tem lugar na Terra do Nunca. É o que confirma sua insistência em que "é só de faz-de-conta, não?" quando ele age como o pai do menino e quando fica intrigado com Raio-de-Sol: "Ela quer ser alguma coisa minha, mas não minha mãe", ao que Wendy responde com veemência: "Não, claro que isso não". Peter Pan é essencialmente assexuado; é o eterno filho, por mais que persista em negar a necessidade de uma mãe.

Embora se oponha conscientemente à mãe no nível pessoal (por exemplo, recusando-se a tornar-se membro da família Darling), ele apresenta muitos sintomas de estar preso ao arquetípico emaranhado mãe-filho. Agarra-se ao faz-de-conta em vez de ingressar plenamente na vida e, inconscientemente, busca uma mãe em toda criança do sexo feminino, nas ninfas e na princesa índia. A resposta direta de Wendy à confusão de Peter quanto aos propósitos românticos de Raio-de-Sol é instrutiva e também divertida; o mesmo vale para a apaixonada interferência de Sininho, a "pequenina criatura abandonada", que "gritou um nome feio" do seu quarto, concluindo o protesto com um sonoro "Sua burra!" No mundo fictício de Barrie, a consciência sexual pertence à fêmea, não ao macho.

O valor simbólico da árvore foi muito ampliado por Jung, von Franz e outros. No que se refere a *Peter Pan*, é útil recordar a relação da árvore com a Grande Mãe ou Grande Deusa[178] e reparar no simbolismo dos meninos entrando em sua morada subterrânea pelo tronco oco das árvores. Isso sugere pelo menos três possibilidades simbólicas: a volta à Mãe arquetípica por intermédio da morte (supostamente, os meninos perdidos são os bebês que caem do carrinho e morrem devido ao des-

---

178. Vide, por exemplo, p. 70, acima.

cuido das babás); a incapacidade emocional de abandonar o abraço da mãe a fim de entrar plena e apaixonadamente na vida como adulto independente; e o fracasso em desenvolver impulsão masculina suficiente para realizar a individualidade e o potencial criativo. No entanto, todos os símbolos verdadeiros são irredutivelmente complexos; e seus muitos possíveis significados, em geral contraditórios. Jung conta que, com a imagem da árvore filosófica, o alquimista descreveu o processo de individuação, caso em que a árvore também simboliza um "encontro com a vida e o mundo [...] [e, assim, com] experiências capazes de nos levar à reflexão demorada e cabal, da qual, no devido tempo, nascem os *insights* e as convicções".[179] Podemos jogar com a idéia de que é o crescimento dessa árvore, da Árvore da Vida, que as crianças retardam diariamente.

A lenda judaica conta que havia duas árvores no Jardim do Éden:

> Estão no paraíso a árvore da vida e a árvore do conhecimento; esta última forma uma cerca em torno da primeira. Apenas aquele que abriu caminho por entre a árvore do conhecimento poderá chegar à árvore da vida — que é tão espessa que pode exigir de um homem quinhentos anos para percorrer a distância equivalente ao diâmetro do seu tronco; não menos vasto é o espaço coberto por sua copa de ramos.[180]

Se o fruto da Árvore do Conhecimento confere consciência (conhecimento dos opostos, do bem e do mal e, assim, da estrutura essencial da consciência), a Árvore da Vida promete a imortalidade. A lenda estimula-nos a comer repetidamente o fruto da Árvore do Conhecimento a fim de forjar um caminho em meio à densa folhagem da Árvore da Vida, pois "a recuperação de nossa integridade perdida só pode ser alcançada mediante a ação de provar e de assimilar integralmente os frutos da consciência".[181] Essenciais a esse processo redentor são o conhecimento contínuo de ambas as árvores pelo indivíduo e sua conexão com elas. Em termos psicológicos, conceitua-se essa experiência de conexão como

---

179. *Mysterium Coniunctionis*, CW 14, par. 313.
180. Edward F. Edinger, *Ego and Archetype: Individuation and the Religious Function of the Psyche*, p. 20 (citando Louis Ginzberg, *Legends of the Bible*). [*Ego e Arquétipo*, publicado pela Editora Cultrix, São Paulo, 1989.]
181. *Ibid.*, p. 21.

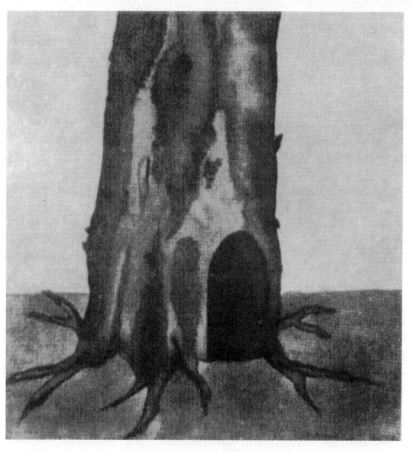

A árvore como símbolo de renovação
("A Porta Escura", imagem de um sonho pintada pelo sonhador)

o eixo ego-*Self*: isto é, por um lado, o reconhecimento por parte da consciência do ego de sua própria relatividade em face de um poder maior e, por outro, a percepção de uma realidade transpessoal, arquetípica, que é a base e o sustentáculo de seu ser no outro. Uma vez mais, a árvore serve de símbolo desse eixo vital tanto no indivíduo quanto no mundo, tal qual o *omphalós* da mitologia, o umbigo do mundo ou o *axis mundi*. Na mitologia nórdica, Yggdrasil é a Árvore do Mundo da qual provém toda vida, e o carvalho era sagrado entre os celtas porque se acreditava que suas raízes alcançavam o Mundo Subterrâneo. No universo mitológico cristão, a árvore se associa à vida eterna, à morte, ao sacrifício e à redenção: os ramos se estendem para o céu, as raízes, para o inferno, e esses dois reinos não-humanos estão ligados pelo tronco, o mundo intermediário, terreno, humano.

Peter Pan aborda de diversas maneiras o problema de transpormos imaginativamente o abismo e realizarmos a tensão entre os dois reinos díspares, entre este mundo do século XX e o Outro Mundo ou a realidade alternativa. Barrie sugere que é possível chegar ao Outro Mundo por meio do sonho, da imaginação e da brincadeira ("dois minutos antes de a gente ir dormir [a Terra do Nunca] fica quase real"), mas para quem for criança e, particularmente, menina. Assim, a prova de que Peter Pan visitou o quarto das crianças "parecia tão natural a Wendy que não dava para descartá-la dizendo que tinha sido um sonho". Portanto, é para as sucessivas filhas pequenas da linhagem dos Darlings, ou para um jovem aspecto feminino da consciência, que a passagem para a Terra do Nunca está aberta e Peter Pan é realidade, uma qualidade interior da alma infantil: "'Oh não, ele não cresceu', garantiu Wendy [à mãe] com toda confiança, 'ele é assim, do meu tamanho'".

Pode-se argumentar que, no livro de Barrie, Wendy serve de portadora dos atributos da *anima*; representa uma qualidade da feminilidade consciente que sustenta (nas atitudes masculinas, femininas ou coletivas) a capacidade de abertura para o Outro Mundo desconhecido da fantasia imaginativa e do inconsciente. Em termos junguianos clássicos, a *anima* é o elemento feminino contra-sexual na psique masculina que, em seu aspecto positivo, habilita o homem a desenvolver relação tanto com o mundo exterior quanto com o reino interior desconhecido, cuja realidade é anunciada nos sonhos, nas fantasias e nos estados de espírito.

Seguindo essa linha de raciocínio, cabe perguntar: Wendy, enquanto *anima*, faz parte da psique masculina *de quem*? A resposta óbvia leva-nos a Barrie e a um labirinto impossível de indagações no qual não temos a intenção de entrar. No entanto, à medida que a intromissão do material inconsciente (neste caso, incorporado por Peter Pan) pode arrastar a consciência do ego à realização da psique objetiva e ao engajamento com ela, uma qualidade da consciência (neste caso, uma qualidade da feminilidade consciente incorporada por Wendy) também pode desencadear o processo involuntariamente. Assim, Jung escreve que muitos "processos inconscientes podem ser indiretamente ocasionados pela consciência, mas nunca pelo arbítrio consciente".[182] O engajamento positivo entre a consciência do ego e a fantasia inconsciente aprimora-se inevitavelmente quando as qualidades relacional e de receptividade da *anima* já fazem parte, até certo grau, da orientação consciente da pessoa. Em termos do romance de Barrie, a chegada de Peter Pan ao quarto das crianças é "indiretamente ocasionada" pelo interesse de Wendy pela história; tanto Peter Pan quanto ela são essenciais ao desenvolvimento da ação.

Se lermos o conto no nível simbólico, como história da dinâmica psíquica, Wendy representa claramente uma função "que transmite os conteúdos do inconsciente coletivo para a consciência".[183] Sem ela, seria impossível uma ponte para o mundo arquetípico. Sem a história de suas aventuras na Terra do Nunca, que Wendy transfere para a geração seguinte, não se realizaria a oportunidade de vincular os dois mundos, simbolizada pelo conhecimento inato de Peter Pan que têm as filhas.

Não obstante, Wendy continua sendo criança, se bem que uma criança curiosa. Também apresenta qualquer coisa paradoxal, sendo ao mesmo tempo imatura e, no entanto, já estando moldada pelo instinto maternal que plasma sua experiência da família e do mundo adulto. Mesmo o lobo de sua imaginação, freqüentemente um símbolo da selvageria instintiva e da feroz individualidade da alma, é "um filhote abandonado pelos pais". Wendy, afinal de contas, foi criada à imagem da mãe. Imita a Sra. Darling e Peter a escolhe para ser mãe dos meninos perdi-

---

182. "The Psychology of the Child Archetype", *The Archetypes and the Collective Unconscious*, CW 9i, par. 261.
183. "The Syzygy: Anima and Animus", *Aion*, CW 9ii, par. 40.

dos, oferecendo uma expressiva ilustração de que, mesmo na meninice, "a voz serena da natureza" é afogada pelas "opiniões, crenças, teorias e tendências coletivas [...] [que] sustentam todas as aberrações da mente consciente".[184] Em termos de costumes eduardianos, porém, Wendy seria qualificada de "boa" menina, confirmando a suposição cultural de que a ambição natural da mulher é ser absorvida pela maternidade. No livro, Wendy é apenas uma das crianças vinculadas à maturidade e à sexualidade. Ela faz os outros saírem da Terra do Nunca e apóia a perspectiva de Barrie segundo a qual as mulheres são mais fortemente inclinadas a crescer que os meninos, ainda que meramente graças à sua biologia.

A Sra. Darling, única figura da feminilidade humana adulta na história, mal se lembra de Peter, ao passo que Wendy, Margaret, Jane... são muito jovens e não suficientemente individuais (isto é, não suficientemente diferenciadas dos valores coletivos e de suas próprias mães) para servir de intermediárias efetivas entre os dois mundos. Não conseguem produzir nem uma transformação da atitude consciente predominante no n.º 14, nem uma reconciliação duradoura entre a consciência e os conteúdos esquecidos (ou inconscientes) da psique representados por Peter Pan, o Capitão Gancho, o crocodilo, Sininho *et al*. Sabemos que João não se lembra de nenhuma história para contar aos filhos. Embora a insistência de Wendy para que voltem ao continente altere o padrão de comportamento e, assim, interrompa o ciclo recorrente de aventura na ilha, o que leva a que os piratas seqüestrem os meninos e a que Pan finalmente mate o Capitão Gancho, isso é feito a serviço de um ideal cultural da maternidade.

O impulso de Wendy é ambíguo. De certo modo, constitui a recusa a permanecer criança, assexuada, pois ela decide deixar a Terra do Nunca quando Peter Pan lhe confessa que os sentimentos que tem por ela são os de um filho dedicado. Por outro lado, seu desejo de voltar a Londres é conservador. Embora exteriormente adaptativo e favorável aos valores coletivos aprovados, é interiormente repressivo: Wendy esquece rapidamente a Terra do Nunca, de modo que não ocorre nenhuma mudança apreciável na atitude consciente por intermédio de sua percepção, na vida consciente, de alguma qualidade do mundo arque-

---

184. *Ibid*.

típico que ela encontrou na forma de Peter Pan, do Capitão Gancho e dos outros habitantes da ilha. Prevalece a rígida distinção entre os papéis feminino e masculino no mundo exterior, sendo que permanecem imutáveis as qualidades femininas e masculinas da psique. Como já observamos, o círculo familiar se fecha, no fim do romance, para excluir Peter Pan, mas para incluir todas as crianças (assim como o Sr. Darling) no abraço bestificante de uma mãe negativa inconsciente. Nada se altera, a não ser o fato de que tomamos consciência de que nada se altera por meio do conto de Barrie.

A "tragédia" que Wendy reconhece ao pôr os olhos em Peter Pan pela primeira vez pode, pois, ser tanto dela mesma quanto dele. Reflete, em parte, a sugestão de Barrie de que a Terra do Nunca e o mundo adulto são mutuamente excludentes e incapazes de se deixar afetar, um pelo outro, seja para melhor, seja para pior. O acesso às praias mágicas da Terra do Nunca parece bloqueado para os adultos:

> É para essas praias mágicas que as crianças estão sempre levando seus barcos. Nós também estivemos lá; ainda ouvimos o barulho das ondas, porém, nunca mais vamos ancorar ali.[185]

As palavras de Barrie evocam o idílio romântico da infância como um país separado e trazem à mente a noção de Wordsworth de que "Na infância rodeia-nos o céu!", quando brincamos nas praias do mundo, com a alma infantil ainda próxima "desse mar imortal / Que para cá nos trouxe".[186] Na imaginação de Wordsworth, a vida na "casa-prisão" do mundo nos leva "costa adentro", para longe dessas praias, e nós esquecemos o começo de nossa alma em "Deus, que é a nossa morada". Todavia, o poeta e a alma de poeta em cada um de nós conserva a capacidade, "por mais embrenhados que estejamos costa adentro", de avistar as praias da meninice e de "para lá viajar" pelo poder da intuição poética.

Nós vimos acima que, na mitologia clássica, Hermes/Mercúrio, como psicopompo mediador e guia das almas no Outro Mundo, também é uma figura do movimento da inspiração poética e da imaginação que transpõe o abismo entre este mundo e as praias do outro. Em termos

---

185. *Peter Pan*, p. 33.
186. Acima, p. 92.

psicológicos, Hermes/Mercúrio significa a ponte entre a consciência do ego e a psique objetiva. Essa função essencialmente religiosa da psique, que a mitologia clássica reconhece na figura de Hermes, é variadamente representada na mitologia mundial. Para o nosso propósito, basta notar o interesse pela intuição poética que está no centro da tradição profética do Velho Testamento. A mitologia céltica nos traz Manannan (*mac Lir*, filho do mar), um enganador com poderes mágicos, que transporta as almas à Terra da Morte Feliz (que, como vimos, também é, paradoxalmente, a Terra dos Vivos e da Juventude).

Embora também sirva de guia e ponte entre dois mundos, Peter Pan não consegue penetrar no mundo consciente dos Darlings sem a colaboração de Wendy, enquanto aspecto feminino receptivo da consciência; tampouco pode se comprometer com a vida sem sacrificar sua soberania na Terra do Nunca. Preso entre dois mundos, é um solitário, um isolado, por mais que o pó mágico e o poder de voar fascinem as crianças presas à terra. Desse modo, ele chega a representar o tipo do poeta que, tendo sido salpicado do pó mágico da intuição poética, fica para sempre um pouco à margem. Ocorre-nos a advertência de Coleridge, no fim de "Kubla Khan", para que tomemos cuidado com o poeta inspirado a ponto de chegar à loucura, pois ele "bebeu o leite do Paraíso".[187] O acesso ao Outro Mundo é ao mesmo tempo uma bênção e uma praga. Esse é o tema de numerosos contos das tradições nórdica e céltica que falam no isolamento, nos temores e nos dons mágicos daquele que foi tocado por algo ou alguém do Outro Mundo, o homem ou a mulher, por exemplo, que desfrutou do amor de uma ninfa ou de uma criatura das águas. A pessoa desse modo abençoada conhece um pouco de ambos os mundos, mas não pertence inteiramente a nenhum, existe à beira da praia, ou seja, no lusco-fusco da região do imaginário.

Essa região essencialmente intermediária também é conhecida pelo contador de histórias como o lugar onde nascem os contos. Está ao mesmo tempo dentro e fora: é simultaneamente uma geografia física, cujos marcos narram incontáveis histórias da alma, e um sentido íntimo imaginário que, ao ganhar voz por meio da história, fala da nossa experiência do mundo. Assim, Peter Pan, compreendido como uma qualidade da psique ou da alma, vive graças à história de Barrie, porém, do

---

187. *Poetical Works*, p. 298.

mesmo modo, não pode haver história sem Peter Pan. Uma vez mais, questionam-se os supostos vínculos entre o real e o irreal, o tangível e o imaginário, o material e o espiritual. O que é uma irrefutável prerrogativa interior ou fato psíquico para Wendy ("[Peter Pan] é assim, do meu tamanho") não passa de um fantasma insubstancial da imaginação infantil para seu pai; e Barrie, na qualidade de contador de histórias e ego modelador, tem o poder de moldar seu conto como quiser, "à maneira típica dos autores". A história, pois, é ao mesmo tempo arbitrária, como só podem ser os constructos conscientes e as ficções, e uma incorporação de Peter Pan como um imperativo psíquico que está muito longe de ser arbitrário.

Se estendermos a teoria de Calvino sobre a narrativa, segundo a qual o sentido ou o "significado mítico é algo com que só cruzamos se insistirmos em brincar com as funções narrativas [...] inventando novos desenvolvimentos na composição",[188] pode-se argumentar que na narração de qualidade (isto é, significativa), a consciência racional e a imediação arquetípica, o intelecto e a natureza, encontram-se em nossa experiência do conto. Uma história é significativa porque nos apresenta algo surpreendente e provocador. Voltamos novamente à idéia apresentada na discussão anterior sobre a fantasia literária, ou seja, de que a história idealmente faz referência a um encontro entre dois mundos.

Eu sugiro que o significado reside na *relação* que imaginamos estabelecer entre esses dois mundos: entre as disparidades percebidas como a Londres eduardiana e a Terra do Nunca, o fato e a ficção, a consciência linear e a holística, o intelecto e a intuição. Desse modo, pode-se descrever toda narração significativa ou cheia de alma como uma *literatura do encontro*, pois nos força a refletir sobre o encontro de nosso intelecto com nossa natureza e, assim, com nossa identidade. O modo como entendemos a ordem da existência e como nos relacionamos com a não-existência — o eterno, o arquetípico, o Outro — depende da nossa noção de lugar, de propósito e de relação com o mundo, em outras palavras, depende de nosso senso de identidade. Naturalmente, o inverso também é verdadeiro. A literatura de fantasia, devido a sua própria estrutura, refere-se à questão da identidade: aborda o processo imaginati-

---

188. Acima, p. 79.

vo de lidar com a estranheza inerente ao mundo em que vivemos, representada na impossível estranheza do segundo mundo da ficção. Anteriormente, nós observamos que, para Blake, o processo imaginativo é primário ("O que está hoje provado outrora era apenas imaginado"),[189] e Jung escreve o seguinte sobre a base psíquica, imaginária, da realidade:

> É a minha mente, com seu acúmulo de imagens, que dá cor e som ao mundo; e essa certeza extremamente real e racional que eu chamo de "experiência" é, em sua forma mais simples, uma estrutura sumamente complicada de imagens mentais. Assim, em certo sentido, não há nada que seja diretamente experimentado senão a própria mente. Tudo é mediado pela mente, tudo é traduzido, filtrado, alegorizado, distorcido e até falsificado por ela. Nós estamos [...] envolvidos em uma nuvem de imagens cambiantes e infinitamente inconstantes.[190]

A isso Hillman acrescenta a importância da narração e da estrutura narrativa:

> A fantasia [narrativa] na qual se coloca um problema diz mais sobre a maneira como ele é construído e como pode ser transformado (reconstruído) do que qualquer tentativa de analisá-lo em seus próprios termos.[191]

Se concordamos com Blake, Jung e Hillman que nossa experiência de nós mesmos e do mundo é essencialmente psíquica e nos chega em imagens, podemos olhar para os fenômenos imaginativos — neste caso, a narração de Barrie — em busca de alguma coisa tanto sobre a fenomenologia da imaginação enquanto função da psique quanto sobre a maneira como formamos nossos constructos imaginativos de identidade humana. Podemos nos voltar para a arte a fim de melhor aprender a nos criarmos e recriarmos continuamente e a fim de recordar que a vida vivida plena e conscientemente é uma existência de ação simbólica profundamente comprometida. Portanto, a história nos confronta com a

---
189. Acima, p. 35.
190. "Spirit and Life", *The Structure and Dynamics of the Psyche*, CW 8, par. 623.
191. *Archetypal Psychology: A Brief Account*, p. 45.

alma, e o ato de contar histórias nos envolve com a atividade de fazer a alma.

Peter Pan e o Capitão Gancho: "Gancho ou Eu, Desta Vez"

Nós sugerimos, anteriormente, que Peter Pan representa algo do irracional, um conteúdo previamente inconsciente que rompeu o véu da experiência racional, consciente. Se ele for de fato o resultado da tentativa de Barrie de criar uma figura dessa experiência da psique arquetípica, fica explicado o seu caráter equívoco, ambíguo, arisco, assim como nossa luta para compreendê-lo. A advertência de Jung é, portanto, reconfortante, ou seja, quando fazemos um comentário psicológico sobre uma imagem arquetípica,

> distinções claras e formulações rigorosas são praticamente impossíveis [...], pois que uma espécie de interpenetração fluida pertence à própria natureza de todos os arquétipos. Estes podem, quando muito, ser apenas grosseiramente circunscritos. Seu significado vivo resulta mais de sua apresentação como um todo do que de uma formulação isolada [...] É um empreendimento quase impossível arrancar um arquétipo isolado do tecido vivo da psique; mas, apesar de seu entrelaçamento, os arquétipos constituem unidades de significado que podem ser apreendidas intuitivamente.[192]

A dificuldade de atribuir a Peter Pan uma "unidade de significado" sustenta o argumento de que ele não é apenas a imagem de um complexo pessoal potencialmente patológico (*puer*, mãe negativa etc.), mas também um mitologema significativo: ele personifica uma qualidade do núcleo arquetípico do complexo que lhe determina a forma e o dinamismo, mas se mantém além do alcance e da compreensão do ego. Se a história apresenta idealmente um encontro da natureza (o arquétipo) com o intelecto (a consciência do ego), Peter Pan (enquanto natureza) e sua ilha mágica da Terra do Nunca desafiam e, ao mesmo tempo,

---

192. "The Psychology of the Child Archetype", *The Archetypes and the Collective Unconscious*, CW 9i, par. 301 ss.

compensam a atitude consciente do Sr. e da Sra. Darling. Essa atitude, como vimos, é extremamente unilateral, preocupada em demasia com a opinião dos vizinhos e em "encobrir" tudo que não sejam os "mais belos pensamentos" das crianças. Apesar da puerilidade e do sentimentalismo do casal Darling, apesar de sua afeição às vezes um tanto adocicada por Wendy, João e Miguel, o que parece faltar à sua orientação consciente são as qualidades positivas da consciência, simbolizadas pela imagem arquetípica da criança, particularmente do deus-menino ou da criança divina, da qual Peter Pan é, em diversos aspectos, uma figura adequada.

Como personificação do "tesouro difícil de alcançar" ou do valor essencial, bem que perdido, a imagem arquetípica da criança divina tem uma qualidade numinosa muitas vezes indicada pela maneira como a criança aparece: na forma de uma pérola ou de uma bola dourada, por exemplo, em uma flor ou em uma estrela. A descrição de Barrie da relação de Peter Pan com as estrelas sugere que ele carrega em si alguma coisa dessa qualidade numinosa do divino ou da psique transpessoal:

> [As estrelas] se zangam com Peter, que tem um jeito levado de se aproximar delas por trás e tentar apagá-las com um sopro. Mas elas gostam tanto de se divertir que nessa noite ficaram do lado dele [...] Assim, logo que a porta se fechou atrás do Sr. e da Sra. Darling, houve uma comoção no firmamento, e a menor de todas as estrelas da Via Láctea gritou: "Agora, Peter!"[193]

Peter Pan chega de um lugar que é, ao mesmo tempo, o misterioso desconhecido da natureza, já que ele veste as folhas de uma árvore exótica, e o passado: a Sra. Darling guarda uma vaga lembrança do menino de sua própria infância. No entanto, as qualidades que ele representa não têm grande importância na vida consciente do casal. A janela fechada deixa-o do lado de fora, de modo que, se não for patentemente negado, ele é sem dúvida desprezado pelo mundo adulto.

Em "The Psychology of the Child Archetype" [A Psicologia do Arquétipo da Criança], Jung sugere que aquilo que se perdeu ou se des-

---

193. *Peter Pan*, p. 49.

prezou geralmente retorna de forma inesperada e em lugar inesperado — por exemplo, na forma de um anão, de um elfo, de uma criança, de um animal ou de qualquer coisa que pode ir da pedra à pele. Quando enfrentamos semelhante imagem, também enfrentamos,

> a cada nova etapa conquistada na diferenciação cultural da consciência, a tarefa de encobrir uma nova *interpretação* adequada a essa etapa, a fim de vincular a vida do passado que ainda existe em nós com a vida do presente, que ameaça escapar de nós.[194]

Embora, aqui, Jung esteja falando em termos de cultura coletiva, o mesmo se aplica ao âmbito do crescimento psicológico pessoal: o anão, o elfo ou o animal podem aparecer nos contos e mitos culturais em conexão com o valor coletivo perdido ou nos sonhos dos indivíduos cujas qualidades infantis da psique estão esquecidas. Aquilo que falta ou é excessivamente dominante na consciência pode ser encontrado, ou há de constelar seu oposto, no inconsciente, pois todas as coisas geram opostos: não se pode conhecer o subir sem o descer, o rico sem o pobre.[195] Em *Peter Pan*, há evidência na atitude consciente empobrecida dos Darlings da *necessidade* de que Peter apareça no quarto das crianças e da *necessidade* de que seja reconhecido. A energia que ele incorpora promete redimir tudo quanto os Darlings perderam, olvidaram e reprimiram: relação com a imaginação, com o passado e com o natural, a sabedoria instintiva, a pobreza que se detecta nos maus-tratos que o Sr. Darling inflige a Naná e no esforço diário da Sra. Darling para pôr em ordem a cabeça dos filhos.

Não obstante, se não conseguirmos reconhecer o deus-menino, qualquer que seja a forma em que ele apareça, não temos como reconhecer o nosso próprio potencial interior de renovação. De diversos modos, isso constitui um fracasso em nosso encontro com o caráter numinoso do deus-menino; trata-se, portanto, de uma falha de ligação

---

194. *The Archetypes and the Collective Unconscious*, CW 9i, par. 267.
195. O que freqüentemente fica esquecido nessas oposições tão fáceis e satisfatórias é o espaço intermediário! Decerto há uma profusão de significados psicológicos e simbólicos na diferenciação sutil e dolorosa da miríade de tons cinzentos que se espalham entre o preto e o branco de qualquer situação.

e de interpretação. Permanecemos apartados e inconscientes do aspecto infantil da psique coletiva que a imagem da criança personifica e, assim, corremos o risco de nos achar desarraigados, carentes de orientação e, em conseqüência, altamente sugestionáveis. Já examinamos esse desenvolvimento no Sr. Darling, que vai ficando tanto mais desorientado e pueril quanto mais veementemente ele nega tal tendência em si. É de tal modo evidente a sua falta de ligação com o passado que não lhe ficou nenhuma lembrança de Peter Pan. Não surpreende, pois, que a descrição de Jung da pessoa que sofreu dissociação entre o passado e o presente proporcione um esboço psicológico adequado da figura paterna eduardiana de Barrie. Jung escreve:

> Certas fases da vida de um indivíduo podem se tornar autônomas, podem personificar-se na medida em que resultem em uma *visão de si mesmo* — por exemplo, a pessoa se vê como criança [...] Essas dissociações ocorrem em virtude de incompatibilidades; por exemplo, o estado presente de um homem pode haver entrado em conflito com seu estado infantil, ou pode ter havido uma separação violenta no seu caráter original, a favor de uma *persona* arbitrária, mais ajustada às suas ambições. Desse modo, ele tornou-se "carente de infância" e artificial; perdeu suas raízes. Tudo isso representa uma oportunidade favorável para um confronto igualmente veemente com a verdade primária.[196]

Naturalmente, a "verdade primária" pode não ser reconhecida como tal: é bem o caso do Sr. Darling.

Na falta de memória do próprio Peter Pan, assim como no fato de ele ser esquecido por gerações e gerações de adultos, Barrie oferece outra imagem poderosa da incapacidade de estabelecer um elo criativo com o passado e, mais precisamente, com a mitológica "idéia da criança". Isso evoca seu comentário, citado anteriormente, sobre o que mais o assustava na vida adulta, ou seja, a proibição das brincadeiras da infância, que o obrigaria a abrir mão delas. Semelhante tabu gera a necessidade consciente de segredo e ativa o mecanismo de repressão autônomo da psique. Alternativamente, escreve Jung, o vínculo intacto com o aspecto infantil da psique permite-nos uma ligação com "a condição

---

196. *Ibid.*, par. 274.

original".¹⁹⁷ Esta, por sua vez, afirma uma realização profunda de bem-estar e plenitude, uma sensação de confiança no mundo e na ordem das coisas, que nós atribuímos ao princípio estruturador do *Self*, a tendência ao equilíbrio aparentemente inerente à psique. Uma conexão vital com esse aspecto do *Self* confere-nos a capacidade de manter uma abertura e uma flexibilidade e, assim, uma humildade consciente, perante a vida.

Não obstante, tudo tem seu lado sombrio, o qual pode dominar a personalidade daquele que fica preso a um estágio de desenvolvimento ou inconscientemente identificado com uma qualidade ou aspecto da

---

197. *Ibid.*, par. 275. Por "condição original" Jung entende o estado de *participation mystique* indiferenciada que, segundo se supõe, o bebê goza com a mãe nos estágios pré-natal e pós-natal precoce de desenvolvimento. Sugere-se também que, nos povos que vivem no estágio de *participation mystique* com o mundo, a predominância do conteúdo psíquico aparece "exteriormente", na forma de deuses e espíritos naturais, não "interiormente", como qualidades da experiência subjetiva e da personalidade. Entretanto, essas distinções tendem a igualar a consciência com a consciência solar do ego. Os estudos recentes sobre a infância e as investigações arqueológicas das imagens das deusas do Neolítico indicam a existência de um grau anteriormente insuspeito de consciência discriminadora em seus objetos, os recém-nascidos e os povos neolíticos respectivamente. A consciência altamente discriminadora hoje atribuída aos povos neolíticos pode ter sido qualitativamente *diferente*, mas não necessariamente qualitativa e quantitativamente *inferior* ao tipo de consciência do ego diferenciada que a cultura ocidental considera superior a todas as demais, particularmente desde o início do Renascimento. Nós já não conseguimos "ler" a complexa linguagem simbólica que aparece nas estatuetas e nos lugares onde se encontraram as imagens das deusas, no entanto, com toda probabilidade, ela constitui um sistema de símbolos que não só informou o ritual religioso como também deu apoio a um estilo de vida e um estar no mundo simbólicos.

Parece haver dois tipos de consciência: uma pertencente à terra, com suas divindades ctônicas, a outra pertencente ao cume das montanhas e ao céu, com seus deuses mais olímpicos. Foi principalmente para estes, ou seja, para as mitologias da Antiguidade clássica, que a psicologia moderna se voltou ao fazer a leitura simbólica da psique humana, recorrendo comparativamente pouco ao mito céltico, por exemplo, para essa análise. Os seres humanos, porém, não vivem na terra nem no céu, e sim em algum lugar entre os dois. De diversos modos, parece que Barrie se esforça para transpor o vazio entre essas duas maneiras de estar no mundo ou qualidades da consciência, pois, em *Peter Pan*, ele superpõe as mitologias bíblica, céltica e clássica.

psique que foi retirado do todo. O lado sombrio do arquétipo infantil se manifesta em uma moralidade indiferenciada, primitiva, que se apega servil e acriticamente ao passado, às leis naturais e à tradição. O resultado é a defesa intransigente de ideais descomprometidos que tende não a renovar o crescimento, mas a retardá-lo. Nós detectamos essa tendência na adesão do Sr. Darling ao jeito "certo" de fazer as coisas e na importância dada à "boa educação" tanto por Peter Pan quanto pelo Capitão Gancho, mesmo quando arriscam a vida.

Jung discute várias outras qualidades e atributos da figura da criança divina além de sua função de vínculo com o passado. Ela significa futuridade e renovação e, como imagem da possibilidade, simboliza a função transcendente da psique. O menino-deus é dotado de força e dons inusitados, porém sofre de uma vulnerabilidade extrema. Ele geralmente passa por um nascimento miraculoso que supera a adversidade que lhe ameaça a vida na primeira infância, do mesmo modo que o herói-menino. Comecemos por este último: os motivos do nascimento miraculoso, a adversidade na infância, os dons, a força e a vulnerabilidade.

Peter Pan conta a Wendy: "Eu fugi no dia em que nasci" porque "ouvi papai e mamãe [...] conversarem sobre o que eu ia ser quando crescesse", e se vangloria com o Capitão Gancho: "Eu sou a juventude, sou a alegria [...] eu sou um passarinho que acaba de sair do ovo".[198]

---

198. *Peter Pan*, p. 196. Em *Symbols of Transformation*, CW 5, par. 388 ss., Jung escreve que "o homem deriva apenas secundariamente a personalidade humana daquilo que os mitos chamam de sua descendência dos deuses e dos heróis". O que significa que as figuras arquetípicas, "dotadas de personalidade desde o começo", plasmam a personalidade. Os motivos mitológicos sustentam essa visão:
Em primeiro lugar [é] o deus [arquétipo quase pessoal] que se transforma, e só por meio dele o homem participa dessa transformação. Assim, Khnum, "o fazedor, o oleiro, o construtor", molda seu ovo no torno do ceramista, pois ele é "o crescimento imortal, sua própria geração e seu próprio autonascimento, o criador do ovo que saiu das águas primevas". O Livro dos Mortos egípcio diz: "Eu surgi como o poderoso falcão que sai do ovo" e "Eu sou o criador de Nun, que fez do Mundo Subterrâneo a sua morada. Meu ninho não se vê e meu ovo não se quebrou". Todavia, outra passagem menciona "aquele deus grande e glorioso em seu ovo, que se criou a si mesmo para os que dele saíram". Por isso, o deus também é chamado Nagaga-uer, o "Grande Cacarejador". (Livro dos Mortos 98:2: "Eu grasno como o ganso e assobio como o falcão".)

Assim, somos levados a comparar a história de Peter Pan com os contos dos nascimentos miraculosos e dos feitos extraordinários dos deuses-infantes anteriormente discutidos (Dioniso, Hermes, Pan, Jesus). A imagem de Peter Pan como passarinho vincula-o ao motivo do mensageiro alado, do anjo ou do pássaro amigo do mito e do conto da carochinha. Isso indica tanto sua autonomia (a sombra da qual, naturalmente, é o isolamento de órfão) quanto o fato de ele ser uma parte da natureza e, em conseqüência, uma figura do aspecto da psique objetiva, instintiva.[199]

Tudo isso nos diz que Peter Pan não é como os outros meninos: nem humano, nem totalmente divino; vulnerável, embora imortal. Como muitos heróis da Antigüidade, ele é vulnerável devido aos seus dons especiais e à sua força. Traz à mente Aquiles, cujo calcanhar, a única parte vulnerável de seu corpo, em tudo o mais imortal, provoca a sua destruição. Do mesmo modo, a ambição juvenil de Faetonte e Ícaro, assim como o poder de voar, levam-nos à morte. A capacidade de voar de Peter Pan e seus vários dons mágicos, os quais ele usa para o bem e para o mal, só servem para antagonizar seu arquiinimigo, o Capitão Gancho, sendo que, apesar dos atributos singulares, o Peter Pan órfão é desesperadamente solitário e "precisa muito de uma mãe".

Outra característica do menino divino ou herói é a de sofrer a adversidade na infância, geralmente na forma de abandono e exposição aos elementos e aos animais ferozes. Ele descobre algo de sua divindade por ter sobrevivido miraculosamente; o significado simbólico disso na psicologia do indivíduo é altamente valorizado por Jung:

A "criança" é tudo o que é abandonado, exposto e, ao mesmo tempo, divinamente poderoso; o começo insignificante e duvidoso e o fim triunfal. A "eterna criança" no homem é uma experiência indescritível, uma

---

Recordemos que Peter Pan é conhecido por grasnar e cacarejar, principalmente quando se sente triunfante e todo-poderoso, em outras palavras, quando se sente um deus.
199. Em *The Little White Bird*, conto que, segundo a babá dos meninos Llewelyn Davies, Mary Hodgson, não tinha "nenhuma aplicação moral", Barrie escreveu sobre uma ilha em Serpentine, Kensington Gardens, onde nascem todos os pássaros que, mais tarde, viram bebês. Conforme Barrie, todas as crianças um dia foram passarinhos, e ele insistia em dizer que "As crianças no estágio de passarinho são difíceis de capturar". (Birkin, J. M. *Barrie and the Lost Boys*, p. 62.)

incongruência, uma deficiência e uma prerrogativa divina; um imponderável que determina o valor supremo ou a falta de valor de uma personalidade.[200]

A maior adversidade que Peter Pan, os meninos perdidos, os piratas e o Capitão Gancho enfrentam é o abandono. Se os meninos perdidos caíram do carrinho quando as babás se distraíram, Peter deu com a janela fechada e com a entrada do quarto bloqueada quando resolveu voltar à casa dos pais. Barrica pergunta "O que é mãe?" e quando, por exemplo, o Capitão Gancho aponta para o pássaro do Nunca em seu ninho de ovos, "sua voz falhou como se, durante um momento, ele estivesse se lembrando dos dias inocentes em que..."[201]

Nossa discussão sobre o abandono, a saudade da mãe e dos "dias inocentes" de uma infância idílica, em *Peter Pan*, afastar-nos-á inicialmente da imagem do "eterno menino" como símbolo de uma "prerrogativa divina". Retornaremos às dimensões divinas e mitológicas da imagem depois de analisar suas implicações na psicologia pessoal. No indivíduo, a experiência precoce do abandono geralmente se manifesta nesses traços, muitos dos quais são característicos da personalidade narcisista e do *puer* moldado pelo complexo da mãe negativa, que é importante para nossa compreensão do herói de Barrie. Esses traços parecem ter se tornado sinônimos, juntamente com Peter Pan, da lamentável oclusão de seu caráter numinoso.

Nós já observamos um efeito negativo do abandono na incapacidade que Peter Pan tem de confiar. Sem ter tido jamais uma "mãe suficientemente boa", no sentido de Winnicott, ele tem pouca confiança nas pessoas, mas desconfia principalmente das mães e da maternidade em geral e da Sra. Darling em particular. Desconfia até de Wendy em seu papel de "mãe" dos meninos perdidos. Essa desconfiança defensiva e suas declarações de obstinada independência ("não queremos saber da chatice de mãe nenhuma") se complicam com sua trágica indigên-

---

200. "The Psychology of the Child Archetype", *The Archetypes and the Collective Unconscious*, CW 9i, par. 300.
201. *Peter Pan*, p. 121. É interessante notar que a única imagem positiva de mãe na novela, a única figura materna com a qual Peter Pan se relaciona, é o pássaro do Nunca, cujos ovos ainda não empolharam.

cia, que provém do medo profundamente arraigado de que admitir a necessidade e a vulnerabilidade seja expor-se novamente ao risco do abandono. A indigência e a desconfiança de Peter alimentam seus conseqüentes atos de negação e suas manifestações de ambivalência. Ele não se atreve a admitir seu anseio por uma mãe e pelas histórias que as mães contam aos filhos, de modo que projeta essa necessidade nos meninos perdidos: Wendy e suas histórias são *para eles*. Peter Pan idealiza a mãe ausente e, a seguir, atormenta-se numa busca infindável da mãe perfeita que ele não conhece e que, se aparecesse, sempre repudiaria como inadequada. Sua ambivalência é mais extrema na idealização e na simultânea destruição (rejeição) da Sra. Darling: "Ela é bonita, mas não como a minha mãe. Sua boca é cheia de dedais [beijos], mas não como era a da minha mãe".[202]

Na criança de 2 anos, as demonstrações de ambivalência podem indicar o começo de uma independência sadia. Entretanto, devemos recordar o que Barrie diz no primeiro capítulo, "Dois é o começo do fim!" Se esse estágio de desenvolvimento não for negociado com sucesso, uma ambivalência debilitante pode chegar a caracterizar o núcleo de uma estrutura neurótica típica da personalidade narcisista e do *puer*, como eterno adolescente. Diante de uma escolha, o narcisista, assim como o *puer*, tende a ser incapaz de sacrificar uma alternativa a fim de se comprometer plenamente com a outra: ele quer as duas — quer tudo — por medo de acabar uma vez mais sem nada. Desse dilema, resulta muitas vezes um pensamento inflexível, simplista e não relacionado: incapaz de sofrer o conflito sustentado ou de suportar a negação, e confrontado com uma escolha inaceitável, o ego sobrecarregado se agarra a qualquer coisa.

Um meio de escapar ao inevitável conflito ocasionado pela escolha é uma absurda e altamente indesejável terceira alternativa. O caráter tipicamente extremo dessa "resposta" demonstra a falta de base de apoio suficiente para o ego e, assim, seu fracasso em se vincular ao sentimento ou a uma estrutura de realidade outra que não a sua. Um exemplo de decisão de tal modo precipitada, impelida pelo medo, encontra-se na brusca mudança de atitude dos piratas para com Wendy, ao se verem confrontados com o misterioso e terrível "fantasma" que assombra o navio. Acusada de levar má sorte à tripulação, ela se transforma instantaneamente,

---

202. *Ibid.*, p. 207.

aos olhos dos piratas, de objeto/mãe desejado que era, em bode expiatório e "pé-frio". Num momento, é elogiada e protegida; no outro, torna-se a primeira candidata a andar na prancha e acabar sepultada nas águas. Em intenso contraste com sua espontaneidade e seu amor pela aventura, Peter Pan demonstra grande rigidez nas idéias que tem sobre a infância, a maturidade e a maternidade. Embora talvez em menor grau que os meninos perdidos, o Capitão Gancho e os membros da família Darling, ele não deixa de ser um prisioneiro da matéria — da Mãe — e, preso à matéria, continua vítima da matéria. Em termos psicológicos, essa tendência à fixidez resulta de um fracasso em distinguir a mãe pessoal da arquetípica e se manifesta em um complexo da mãe negativa. Sem ter conhecido a sua própria, a idéia de Peter das mães sugere um produto de quase pura projeção, uma imago complexa que pouca ou nenhuma base tem na experiência real e na qual a fantasia arquetípica e a consciente disputam o papel principal. Jung escreve o seguinte sobre a projeção e a imago:

> Assim como tendemos a supor que o mundo seja tal qual o vemos, nós supomos ingenuamente que as pessoas sejam como as imaginamos. Nesse último caso, infelizmente, não há teste científico capaz de provar a discrepância entre percepção e realidade. Embora aqui a possibilidade de um erro grosseiro seja infinitamente maior que no mundo físico, continuamos projetando ingenuamente nossa própria psicologia nos outros seres humanos. Desse modo, cada um cria para si uma série de relações mais ou menos imaginárias, essencialmente baseadas na projeção [...] Uma pessoa que eu percebo principalmente por meio de minhas projeções é uma *imago* ou, alternativamente, uma *portadora* de imagos e símbolos. Todos os conteúdos de nossa consciência são constantemente projetados no ambiente que nos rodeia, e é só reconhecendo certas propriedades dos objetos como projeções de imagos que conseguimos distingui-las das propriedades reais dos objetos. Mas, se não tivermos consciência de que uma propriedade do objeto é uma projeção, nada podemos fazer, a não ser convencer-nos ingenuamente de que ela realmente pertence ao objeto.[203]

---

203. "General Aspects of Dream Psychology", *The Structure and Dynamics of the Psyche*, CW 8, par. 507.

Embora Jung sugira que "É na coisa natural e dada que o inconsciente se projeta",[204] o crescimento da personalidade consciente depende das projeções que vão sendo reconhecidas e, enfim, removidas, ainda que dolorosamente. Nós nos engajamos com esse ritmo natural de projeção inconsciente/reconhecimento consciente principalmente pela relação com os outros: o amor abre caminho para o que antes era inconsciente, pois somos levados para os outros porque neles vemos — e somos atraídos por — alguma coisa em nós mesmos da qual ainda não somos conscientes. Inicialmente, encontramos materiais novos e diferentes como pertencentes ao outro (isto é, em projeção). Só quando e se as projeções forem removidas é que percebemos que a qualidade, o vício ou a virtude que nos chamou a atenção está, de fato, não só "lá", no outro, como também "aqui", em nós.

Como todos os processos psíquicos, a projeção pode apresentar uma face positiva ou negativa. Parece que, quando a projeção é vista como negativa, o ego se torna intransigente, resistindo a qualquer perturbação do *status quo* ou à mudança de atitude exigida pelo reconhecimento e pela remoção da projeção. A tendência conservadora da psique assume o controle para defender um ego sitiado contra a ruptura e a mudança, sendo que a rigidez se inicia. Reconhecer como uma qualidade sua um aspecto que a pessoa detesta no outro desencadeia um processo exigente de autoconhecimento e de aceitação na personalidade sadia. Naquele que tem um senso mínimo de si mesmo, isso agride o ego frágil com a ameaça de desintegração.

O comentário de Jung sobre a projeção enquanto uma função de ponte que nos vincula emocionalmente aos outros e às partes desconhecidas de nós mesmos é útil ao nosso entendimento de como a situação psíquica de "fixidez" (particularmente evidente em Peter Pan, no Sr. Darling e no Capitão Gancho) pode inicialmente se aglomerar na personalidade:

> Enquanto a libido puder usar [...] as projeções como pontes agradáveis e convenientes para o mundo, elas abrandarão a vida de maneira positiva. Porém, assim que a libido quiser tomar outro caminho e, para tanto, começar a retroceder sobre as pontes de projeção anteriores, es-

204. *Ibid.*

tas funcionarão como os maiores obstáculos imagináveis, pois sua efetividade impede qualquer separação real do antigo objeto. Então nós presenciamos o fenômeno característico de uma pessoa que procura desvalorizar ao máximo o antigo objeto para dele apartar sua libido. Mas como a identidade anterior se deve à projeção de conteúdos subjetivos, a separação completa e definitiva só pode ocorrer quando se restaurar a imago que se refletia nesse objeto, assim como seu significado para o sujeito. Essa restauração se realiza pelo reconhecimento consciente do conteúdo projetado, isto é, pelo reconhecimento do "valor simbólico" do objeto.[205]

Se considerarmos *Peter Pan* como um todo, podemos argumentar que, em sua inteireza simbólica, o livro apresenta a imagem narrativa de um campo psicodinâmico. A vida, tanto na Londres eduardiana quanto na Terra do Nunca, decorre com previsível regularidade até que a ação se inicia em virtude de uma surpresa, de um acontecimento excêntrico: o aparecimento de Peter Pan à janela do quarto das crianças coloca o nosso campo em movimento. A ação não é senão uma abertura para novas possibilidades, uma indicação de que, no nível da personalidade individual, o desejo ou a libido "quer tomar outro caminho". No entanto, conforme Jung, a mudança só pode ocorrer se as antigas ligações (os investimentos anteriores da libido) forem reconhecidas e removidas.

Como leitores, temos a liberdade de propor alguns possíveis desenvolvimentos dos personagens de Barrie. Dependendo da perspectiva de cada um, os meninos perdidos podem ser encontrados e Peter Pan pode crescer, deixando de estar condenado ao seu eterno isolamento; os Darlings — tanto os pais quanto os filhos — podem experimentar um aprimoramento da consciência e, portanto, da vida; os piratas podem ser redimidos do dia-a-dia dominado pelo medo e pela violência, o que, por sua vez, livraria os índios da necessidade de estar sempre em pé de guerra etc. etc. Todavia, tanto no caso de Wendy que, seja na Terra do Nunca, seja em Londres, identifica-se excessivamente com a mãe, quanto no do Sr. Darling, de seus filhos, dos meninos perdidos, do Capitão Gancho e dos piratas, é impossível efetuar e sofrer a grande transformação exigida para separar a libido da Mãe a fim de canalizá-la para outra

---

205. *Ibid.*

parte. A escravidão do Sr. Darling com relação ao pólo negativo do feminino arquetípico é evidente em seu comportamento infantil e na dependência que demonstra pela esposa; a força com que Peter Pan e o Capitão Gancho são possuídos pela imago de uma Mãe inconsciente é visível na extrema veemência de sua resistência às mães e ao sentimento. Em suma, todos eles estão fixados.[206]
A busca de uma mãe por parte de Peter Pan é eterna. Essa necessidade determina o seu retorno, toda primavera, à janela do quarto das crianças, sendo que, tal qual os filhos juvenis da mitologia, como Átis e Adônis, que nem mesmo na morte conseguem escapar ao abraço da mãe, ele não sabe o que é ficar livre da imagem dela. Sua aparição anual como menino vestido de folhas alinha-o aos deuses moribundos e ressurgentes da Antiguidade e, assim, uma vez mais, à Mãe, já que, por intermédio da morte, os deuses juvenis retornam à Mãe arquetípica a fim de renascer. Jung diz que esse motivo encontra um paralelo no tema do perder-se e reencontrar-se,[207] que aliás é central no livro de Barrie. Refere-se particularmente aos meninos perdidos e aos filhos dos Darlings, ligando-os ao mitologema paradoxal dos jovens deuses-sol do Oriente Próximo: a necessidade de morrer para viver, incorporada ao impulso heróico de retornar à Grande Mãe, a matriz e a fonte da vida, a fim de renovar-se.

Esse impulso é apresentado em inúmeras imagens mitológicas, sendo algumas das mais óbvias a luta do herói com o dragão, o encontro com a bruxa, a viagem no mar-noite e a busca do mundo subterrâneo. A missão do herói vem sempre acompanhada do risco do fracasso: a possibilidade de ser "devorado" pelo dragão/mundo subterrâneo/Grande Mãe seria o malogro em matar a besta metafórica do inconsciente e

---

206. A "fixidez" resulta de nossa experiência dos opostos e do medo da perda que deve acompanhar qualquer movimento de escolha. Ficar fixado entre opostos, incapaz de recuar ou avançar, também é uma visão clássica da neurose. Quando não mediados ou resolvidos, os opostos aparecem como opções caóticas e inaceitáveis (situação na qual descobrimos vários personagens de Barrie). Outro exemplo de fixidez psicológica é quando a pessoa permanece fixada em certos estágios da vida: a vida não vivida cai no inconsciente e, estando irrealizada, tende a perturbar a direção da consciência. (Peter Pan é uma excelente figura do conteúdo inconsciente que irrompe na vida consciente da família Darling.)
207. "The Dual Mother", *Symbols of Transformation*, CW 5, par. 531.

cometer o matricídio simbólico necessário para garantir um retorno seguro ao lar e uma renovação ou expansão da consciência. Conseqüentemente, ao pensar nos freqüentes ataques maldosos de Peter Pan contra as "mães", é importante compreender simbolicamente a sua resistência e recordar as palavras de advertência de Jung sobre a maneira pela qual podemos tratar de maneira mais útil o material simbólico:

> Simbolizada não é a mãe real, mas a libido do filho, cujo objeto outrora foi a mãe. Nós tomamos os símbolos mitológicos demasiado concretamente e ficamos intrigados, a cada passo, com as infinitas contradições dos mitos (e das obras literárias de conteúdo arquetípico). Mas sempre esquecemos que é a força criativa inconsciente que se envolve em imagens. Portanto, ao ler: "Sua mãe era uma bruxa má", devemos traduzir: o filho é incapaz de separar sua libido da imago-mãe, sofre resistências porque está preso à mãe.[208]

Em *Peter Pan*, o quadro psicológico se complica ainda mais se recordarmos que, na psique masculina, a imagem arquetípica da *anima* (a imagem interior, no homem, de uma equivalente sexual e do Outro feminino) aparece primeiramente misturada com a da mãe. "A mãe é o primeiro ser feminino com o qual o futuro homem entra em contato, e é inevitável que ela aluda, aberta ou dissimuladamente, consciente ou inconscientemente, à masculinidade do filho."[209]

Nós detectamos no Sr. Darling essa contaminação ou confusão entre mãe e imagos contra-sexuais. Sua relação com a esposa é tanto de filho quanto de marido, o que sugere que ela é objeto ou portadora de suas projeções inconscientes da mãe e da amante; ele espera que a Sra. Darling seja ambas as coisas e aja da maneira correspondente. Na Terra do Nunca, essa contaminação é composta pela falta de diferenciação entre Wendy e sua mãe. A menina entra tão facilmente no papel de mãe como no de filha, do mesmo modo que seu pai se metamorfoseia em marido, em filho e em patriarca. Até mesmo Peter Pan, "para quem o faz-de-conta e a verdade eram exatamente a mesma coisa", sente neces-

---

208. "Symbols of the Mother and of Rebirth", *ibid.*, par. 329.
209. "Psychological Aspects of the Mother Archetype", *The Archetypes and the Collective Unconscious*, CW 9i, par. 162.

sidade de confirmar que a brincadeira de Wendy de fingir-se mãe de seu pai é deveras um faz-de-conta.

Não são claros os papéis dos sexos e a diferenciação sexual, e a ausência de fronteiras no nível consciente, como representada pela família Darling, reflete-se na confusão que reina no inconsciente, na Terra do Nunca, como se vê em Peter Pan, no Capitão Gancho e nos piratas. Como se observou acima, a inocência de Peter se evidencia quando ele não consegue entender o que Raio-de-Sol quer ser dele senão mãe e quando ele "faz uma coisa" com os corpos em crescimento dos meninos, de modo que eles continuem cabendo nos troncos ocos! No entanto, nem Raio-de-Sol nem Sininho são tão inocentes ou ignorantes quanto os habitantes masculinos da Terra do Nunca, sendo que as sereias não hesitam em tentar afogar Wendy para que Peter Pan continue sendo delas.

Simbolicamente, essa tentativa de afogar Wendy indica a vulnerabilidade desta: enquanto um atributo da consciência recém-adquirido ou florescente, mais fortemente sintonizado com a maturidade do que com a infância eterna, ela corre o perigo de ser tragada pela psique instintiva. As sereias incorporam um impulso negativamente conservador e regressivo do inconsciente que se opõe ao impulso do ego à maturidade sexual e à adaptação coletiva, evidente na insistência de Wendy para que os meninos voltem ao continente. Elas tentam devolver ao inconsciente o jovem impulso feminino que ameaça atrair Peter Pan à arena da vida consciente. Conseqüentemente, podemos compreender as sereias como figuras primitivas e essencialmente negativas da *anima*. K. M. Briggs escreve que a sereia é uma

> personagem sinistra [...] ainda que se conheçam algumas inofensivas [...] Para um navio, avistar uma sereia era considerado presságio de naufrágio [...] Como diversas outras entidades mitológicas, as sereias desejam muito as crianças humanas. O folclore de uma grande quantidade de países afirma que elas, assim como outros habitantes das águas, anseiam por ganhar uma alma humana. Embora tenham vida longa, as sereias, quando morrem, perecem definitivamente.[210]

---

210. *The Anatomy of Puck: An Examination of Fairy Beliefs Among Shakespeare's Contemporaries and Successors*, p. 191. (Recorde-se o desespero de Peter Pan quando parece que Sininho vai morrer.)

Uma característica-chave da sereia, assim como das ninfas, é fascinar os homens e atraí-los para a morte. Vê-se, pois, que Sininho e as sereias apontam para o aspecto sobrenatural da *anima*, que cativa e atrai suas vítimas para longe do mundo "real", ao passo que o feminino, tal qual o corporifica Wendy, busca tirar Peter Pan e os meninos de um apego regressivo à infância, levando-os a um compromisso consciente, adulto e terreno.

Aliás, a vida de Wendy está sempre em perigo. À parte a tentativa das sereias de afogá-la, Sininho procura matá-la mais de uma vez; ela é atingida por Beicinho por engano e os piratas ameaçam liqüidá-la. Isso sugere que a força da *anima* negativa, como "ser natural", sereia ou fada, tal qual a mulher-foca ou a mulher-cisne do folclore, "indica psicologicamente a proximidade original da *anima* com a água — o inconsciente — na qual ela está sempre prestes a desaparecer e na qual, em certas histórias, desaparece de fato".[211] O que esse simbolismo indica é a dificuldade de capturar e conservar na psique a qualidade da *anima* positiva, aquela função de intermediação que possibilita o diálogo entre o ego consciente e o inconsciente e que facilita ao ego distinguir o ser imaginário e arquetípico (Sininho, as sereias) do ser humano (Wendy). O primeiro atrai para o reino fantasmagórico da fantasia inconsciente, ao passo que o segundo convida ao entrosamento com a vida real.

Em *Peter Pan*, a possibilidade de uma sexualidade madura parece estar longe da consciência, com os "selvagens" (Raio-de-Sol) e talvez com as sereias e as fadas, ainda que mesmo nelas haja certa confusão de identidade sexual. Como Wendy explica à mãe, "[As fadas] moram em ninhos, no alto das árvores; as roxas são meninos; as brancas são meninas e as azuis não passam de umas bobinhas que não sabem direito o que são". No entanto, é nas fadas que reside a sombra bacântica de uma suposta inocência sexual. Quando Peter Pan está dormindo na superfície para vigiar Wendy em sua casinha, "algumas fadas bêbadas tiveram de passar por cima dele, quando voltavam de uma orgia. A qualquer outro menino que lhes obstruísse o caminho durante a noite, elas teriam feito alguma malvadeza, mas se contentaram em apenas lhe torcer o nariz".[212]

---

211. Rivkah Scharf Kluger, *Psyche in Scripture*, p. 94.
212. *Peter Pan*, p. 103.

Quanto à técnica de Peter para fazer com que os meninos caibam nas respectivas árvores, Barrie, uma vez mais, omite os detalhes, deixando muita coisa à conjetura e à imaginação do leitor adulto! Nesse ponto, todavia, é tentador interpretar a Terra do Nunca como uma metáfora da Irlanda céltica. Na tradição dos celtas, a raça mitológica dos Tuatha De Danann (povos da deusa Danann) foi derrotada pelos invasores humanos e obrigada a refugiar-se no subsolo com sua religião natural, época em que se tornaram a Gente Pequenina ou o Povo das Fadas da lenda irlandesa. Este passou a simbolizar a antiga ligação sensual e espiritual dos Tuatha De Danann com a vida e a natureza que influenciou os druidas, embora tenha sofrido outras repressões com o advento do cristianismo. Também é provável que as fadas da Terra do Nunca simbolizem esse aspecto instintivo, próprio de Pã, remanescente na natureza de Peter Pan, que se manifestou, na primeira produção da peça, com a presença de um bode vivo no palco e que sobrevive, no livro, quando o menino "toca alegremente sua flauta impiedosa".

A sutil confusão de atributos masculinos e femininos com que Barrie descreve muitas de suas personagens oferece ainda outro exemplo da poderosa força dominante, ainda que inconsciente, do feminino maternal. Se grande parte do encanto de Peter reside em sua assexualidade pré-púbere, o simbolismo do aparecimento e da personalidade do Capitão Gancho aponta para uma inter-relação complexa, indiferenciada e obscura das qualidades masculinas e femininas. A roupa do Capitão, com seus longos cachos negros, é do estilo de Carlos II (vide ilustração a seguir), cuja corte ficou famosa pela mistura permissiva de efeminação, libertinagem e perversidade; ele tem as feições cadavéricas do diabo, mas uns olhos de "um azul não-me-esqueça"; é tão elegante e educado quanto sinistro e cruel; nega os sentimentos, mas enxuga uma lágrima furtiva com um movimento de sua mão de gancho; é obrigado a depender da força de seu ego e da solidez de sua *persona*, cochichando ao próprio ego, "Não me abandone, companheiro", quando seus homens ameaçam amotinar-se, pois "em sua natureza sombria havia um toque feminino, como em todos os grandes piratas, coisa que às vezes lhe dava intuições'.[213]

---

213. *Ibid.*, p. 123.

Por fim, a autoridade do Capitão Gancho acaba minada e ele é emasculado pela própria recusa a aceitar, na vida consciente, sua feminilidade inata: o medo de ser tomado por "um bacalhau" por seus homens leva-o a transgredir "com astúcia quase diabólica" as regras do jogo na Terra do Nunca. Seu heroísmo duvidoso, que o aparta de seus seguidores "em espírito e em substância" e resulta no massacre dos índios, leva-o a ser finalmente derrotado por Peter Pan e a morrer na boca do crocodilo que ele mais temia.

A nêmesis do Capitão Gancho, o crocodilo, é um tipo de dragão ou de Leviatã, um símbolo dos poderes primevos e da *prima materia* alquímica, assim como um complexo amálgama de qualidades masculinas e femininas. Segundo *The Herder Symbol Dictionary*, o crocodilo

> era objeto de especial veneração no Egito, onde se acreditava que ele nascera das águas como o sol; era reverenciado como uma divindade poderosa (Sebek), simultaneamente solar e ctônico (isto é, masculina e feminina).[214]

Tal qual o Leviatã do Velho Testamento, o crocodilo

> corporifica os efeitos contínuos do caos primevo que ameaça a criação e deve ser vencido. [...] personifica, assim, as dificuldades a serem superadas para se atingir uma meta importante.[215]

Criatura tanto da terra quanto da água, o crocodilo significa a natureza dual do ser humano. Evoca antiguidade e proximidade com a origem e a fonte da vida, já que existe desde muito antes da história documentada. Jung menciona a serpente como o símbolo mais comum "do obscuro e ctônico mundo do instinto",[216] porém, outros animais de sangue frio, como o crocodilo, podem substituí-la. É precisamente esse mundo ctônico que o Capitão Gancho teme: o crocodilo devorador que significa, devido à sua associação com o tempo em *Peter Pan* (ele engoliu um relógio), "a necessidade de passar pela morte para viver".[217] Ao

---
214. p. 49.
215. *Ibid.*
216. *Aion*, CW 9ii, par. 385.
217. J. C. Cooper, *An Illustrated Encyclopaedia of Traditional Symbols*, p. 44.

recusar a morte, o Capitão recusa simbolicamente a vida e a consciência.[218] Para ele, ser devorado pelo crocodilo representa uma derrota irreversível perante o processo (o tempo) e a descida final ao inferno, à matriz maternal; daí a mistura de temor e respeito com a qual a criatura é considerada, enquanto incorporação do numinoso, o alfa e o ômega da existência.

Também encontramos uma mistura de temor e respeito quando o Capitão Gancho enfrenta a descida à morada subterrânea de Peter Pan, que "parecia ser o lugar mais vazio dentro do vazio", outra imagem poderosa do aspecto negativo da Mãe arquetípica. O pavor do pirata é extremo:

> [Ele] deixou a capa escorregar devagar até o chão e, então, mordendo os lábios até fazê-los sangrar, também entrou. Era um homem valente; mas, naquele momento, foi obrigado a parar e enxugar a testa, de onde o suor escorria feito a cera de uma vela. Então, em silêncio, mergulhou no desconhecido.[219]

Em termos psicológicos, pode-se descrever o medo do Capitão Gancho pela morte, pelo desconhecido e pelo feminino como a resistência à regressão ou o temor pela dissolução e a fragmentação da identidade. Em termos mitológicos, representa o receio ao incesto simbólico com a Grande Mãe, o terror de ser possivelmente engolfado e obliterado no caos primevo. Esse medo se corporifica na figura do crocodilo e subjaz à rigidez tirânica do pirata (assim como subjaz à paranóia do Sr. Darling). O quadro que temos, quando o Capitão Gancho, decidido a matar, esgueira-se na morada subterrânea e dá com um menino adormecido, é de um tortuoso conflito. A libido parece lutar contra a libido, o instinto contra o instinto:

> Foi assim, indefeso, que o Capitão o encontrou [Peter Pan mergulhado em um sono sem sonhos]. Ficou em silêncio, junto ao pé da árvore,

---

218. Jung: "A consciência só pode existir por meio do permanente reconhecimento do inconsciente, assim como tudo que vive deve passar por muitas mortes". ("Psychological Aspects of the Mother Archetype", *The Archetypes and the Collective Unconscious*, CW 9i, par. 178)
219. *Peter Pan*, p. 168.

olhando para o inimigo do outro lado da sala. Será que nenhum sentimento de compaixão enterneceu seu coração de pedra? Esse homem não era inteiramente mau; gostava das flores (me contaram) e de música suave (ele mesmo tocava a espineta, ainda que muito mal); e, para falar com franqueza, a natureza idílica da cena o tocou profundamente. Dominado por seus melhores sentimentos, ele teria voltado a subir com relutância pelo oco da árvore. Se não fosse por uma coisa.

O que o deteve foi o ar atrevido de Peter enquanto dormia [...] tamanha personificação da petulância [...] endureceu o coração do pirata.[220]

Se o Capitão Gancho for, como o Sr. Darling, um representante do pai enquanto espírito, uma de suas funções há de ser opor-se à instintividade pura (personificada tanto por Peter Pan quanto pelo crocodilo). No entanto, a falta de integração consciente do feminino deixa-o em uma posição defensiva, a qual se tinge das cores dos pólos negativos dos arquétipos tanto maternal quanto paternal. A crueldade tirânica (o pai negativo) predomina somente quando ele nega brutalmente seus sentimentos (a mãe positiva). Ao reprimir o feminino positivo, o Capitão se une involuntariamente à mãe negativa em cujas fauces ele já vive simbólica, mas inconscientemente: não nos esqueçamos de que seu gancho de ferro foi feito para substituir a mão que, em combate, Peter Pan decepou e jogou para o crocodilo. Este devorou há muito tempo uma parte do pirata e gostou tanto dela que passou a persegui-lo incansavelmente na esperança de se banquetear com o resto.[221]

---

220. *Ibid.*, p. 169.
221. Isso convida a uma comparação do Capitão Gancho de Barrie com o capitão Ahab de Herman Melville. Os dois perderam um membro para o mundo inconsciente e ctônico, respectivamente na forma de crocodilo e na de baleia branca (Moby Dick); no final, ambos são devorados pela criatura que odeiam; o Capitão Gancho sofre uma sensação de dissolução, Ahab se sente "todo vazado"; ambos são aleijados, aleijão que, de diversas formas, representa uma identificação perversa com o Pai e uma separação debilitante da Mãe. Também se pode comparar o tratamento que o pirata dá a sua tripulação com a brutalidade de Ahab e, ao recordar a descrição sentimental que faz o Capitão Gancho da maternidade, pensar nas palavras de Ahab quando, no final da caçada a Moby Dick, ergue o punho para seu "Pai furioso", no céu, e pergunta o que foi feito de sua mãe: "Agora eu vos conheço, a vós, espírito claro [...] minha doce mãe, eu não conheço. Oh, cruel! Que fizestes com ela? (Melville, *Moby Dick*, pp. 616 ss.) Vide também Edward F. Edinger, *Melville's Moby Dick: An American Nekyia*.

O estilo da morte do Capitão Gancho nos conduz finalmente a outras características da criança divina: futuridade, renovação e possibilidade. De diversos modos, o conflito permanente entre ele e Peter Pan é uma encenação da resistência do velho rei à renovação e à juventude enquanto símbolo da futuridade. A malvadeza do Capitão, com seu gancho de ferro, é uma descrição simbólica do soberano que, reduzido à impotência ou à deformação, já não serve para governar. O motivo do rei desgastado e estéril (o Capitão Gancho lamenta que "não há criancinhas que me amem") ocorre na mitologia e na literatura de todo o mundo, porém, na Irlanda há um análogo particularmente interessante ao conto de Barrie.[222]

A história fala de Nuada, o rei dos Tuatha De Danann, que perde a mão em combate. Embora fabriquem para ele uma mão de prata, a mutilação o torna inaceitável como governante, de modo que outro o sucede. Todavia, o novo monarca, Bres, é Tuatha apenas em parte e se revela miserável e tirânico, despojando os Tuatha De Danann de sua riqueza. Por fim, estes exigem a restituição do reino. Nuada volta a governar quando se descobre que sua mão de prata transformou-se, magicamente, em carne e osso. Até a morte, Nuada é efetivamente apoiado por Lug, "um jovem guerreiro, leal e belo, com aparência monárquica", que chega a sua corte e se mostra "sábio em todas as artes".[223] Lug, cujo nome significa luz, é associado à juventude, à coragem, à consciência solar e às artes; ele infunde vitalidade e espírito criativo nos Tuatha De Danann até sua derrota final ante os conquistadores milésios e o desterro nas regiões "das fadas". No entanto, Lug, que como o Deus da Luz parece-se com "o sol nascente", também figura na mitologia irlandesa como um deus do Mundo Subterrâneo, "pertencendo, por parte de mãe [...], aos Poderes das Trevas".[224]

Neste conto, não se acha nenhuma polarização fácil entre o bem e o mal, a luz e as trevas, o *puer* e o *senex*. Lug não depõe Nuada, pelo contrário, beneficia-o e ao reino com o dom de *todas* as suas habilidades, da

---

222. Ao que se sabe, o mito do Graal e do Rei Pescador ferido tem origem na tradição céltica.
223. Alwyn Rees e Brinley Rees, *Celtic Heritage: Ancient Tradition in Ireland and Wales*, pp. 33, 35.
224. Rolleston, *Celtic Myths and Legends*, p. 88.

poesia à arte da guerra. Trata-se de uma história da realização do oculto e da libido psíquica — o poder do deus — no reino do manifesto. Não se pode dizer o mesmo de *Peter Pan*. Na história de Barrie, não se verifica nenhuma mudança notável no reino do manifesto como resultado da experiência de Wendy com Peter Pan: no fim, a vida prossegue praticamente inalterada tanto no mundo consciente quanto na Terra do Nunca. Se bem que não se possa igualar Peter Pan e o Capitão Gancho, respectivamente, ao bem e ao mal, e embora cada um tenha muitas qualidades em comum com o outro (sombra e luz), eles não cooperam como Nuada e Lug.

Uma explicação para isso é que, como *puer* e *senex*, menino e ancião, Peter Pan e o Capitão Gancho não atingiram um grau suficiente de diferenciação para permitir que um se relacione com o outro como aspectos distintos mas complementares de uma única configuração arquetípica ou enquanto faces do mesmo dominante (como o rei e o filho do rei; o jovem Dioniso e o idoso Sileno). O contrário é verdadeiro para Lug. Ao chegar à corte de Nuada, primeiramente ele tem de se distinguir dos demais, provar suas artes e enfrentar diversos desafios a fim de testar seu poder. Só depois de conhecê-lo em todas as suas muitas partes é que Nuada o convida, na qualidade de "homem de toda e qualquer arte", a tomar o assento do rei.[225]

Em nossa história, o pirata pede muitas vezes a Peter Pan que se identifique, mas as respostas do menino, ainda que líricas, nada têm de conclusivas: "Eu sou a juventude, eu sou a alegria", "[Eu sou] o menino maravilhoso". Ele não tem um senso sólido de identidade à parte aquele que os outros refletem para ele, daí sua desesperada carência e seu medo da mudança de *status quo*, de que seu mundo sofra uma fragmentação irreparável. Tampouco o Capitão Gancho tem segurança de sua própria identidade a ponto de se abrir com o garoto. Os dois persistem em uma inimizade total e indiferenciada, um vínculo rígido e essencial à estabilidade de ambos os protagonistas, até que Peter, imitando o tique-taque do crocodilo, engana o pirata e o derrota apenas para tomar, simbolicamente, o seu lugar. Enquanto Lug, como precursor da consciência, leva renovação e possibilidade ao reino de Nuada, Peter Pan assume os aspectos sombrios do Velho Rei: tanto que manda Wendy

---

225. Rees, *Celtic Heritage*, p. 35.

lhe fazer uma roupa nova com "uma parte da maléfica vestimenta do Capitão Gancho":

Depois, passaram a cochichar entre si que, na primeira noite em que usou essa roupa, ele ficou muito tempo na cabine, a piteira do Capitão Gancho na boca e o punho cerrado, com exceção do dedo indicador, o qual ele curvou feito um gancho e ergueu ameaçadoramente no ar.[226]

No ensaio "Symbols of the Mother and of Rebirth" [Símbolos da Mãe e do Renascimento], Jung argumenta que a mitologia ilustra como o "pano de fundo paradoxal da [...] consciência" — isto é, o que parece ser um "inconsciente em conflito consigo mesmo" — pode se projetar nas "adversidades e contrariedades de natureza exterior" e nelas refletir-se.[227] Trata-se de uma metáfora útil se considerarmos a inimizade entre o Capitão Gancho e Peter Pan, entre o *senex* e o *puer*, como a apresentação da imagem do "inconsciente em conflito consigo mesmo". A deformidade do pirata, sua sabedoria arcana, que o leva a fazer um veneno "totalmente desconhecido pela ciência", e sua semelhança com "o próprio espírito do mal saindo da toca", quando ele emerge da morada subterrânea de Peter Pan, vincula-o aos deuses obscuros, ctônicos, da Antiguidade, assim como ao diabo do cristianismo.[228] A *persona* do pirata implacável desmente a luta constante do Capitão Gancho contra o sentimento potencialmente avassalador, e não se pode esquecer que ele é dotado de uns "olhos doces [...] azuis como miosótis".

Por outro lado, Peter Pan dispõe do poder mágico e mercurial de voar, associa-se à luz por meio de Sininho e tem domínio adâmico sobre os animais, os peixes, os pássaros e as fadas. Sem embargo, também se liga ao diabo mais de uma vez e assume uma postura luciferina de tão obstinada oposição ao mundo adulto do pai que nos leva a perguntar se o que ele representa é a esperança de redenção ou uma perturbação insensível e destrutiva.

---

226. *Peter Pan*, p. 202.
227. *Symbols of Transformation*, CW 5, par. 395.
228. Jung observa: "A feiúra e a deformidade são características especiais desses deuses ctônicos, os filhos de Hefaístos, o Cabiri, a quem se atribuem grandes poderes milagrosos". (*Ibid.*, par. 183)

Tanto o Capitão Gancho quanto Peter Pan têm poderes extraordinários, todavia ambos sofrem de uma solidão desesperada e autodestrutiva: o Capitão é capaz de matar a juventude e o jovem que ele inveja; Peter é tão impiedoso e cruel quanto o "velho" que odeia. Interiormente, os dois são vítimas de um tortuoso silogismo de autoria própria. O pirata se atormenta com o paradoxo da "boa educação", um constructo que, independentemente de sua origem, parece uma doutrina do racionalismo do *senex*. Ele se identifica totalmente com a "boa educação" e, em conseqüência, tem "um pressentimento de que seu fim estava próximo, graças à sua incapacidade de resolver esse problema que se pode expressar da seguinte maneira:

É falta de correção pensar em ter boa educação.
O maior bem é a educação;
Portanto, quem é bem-educado conscientemente não tem educação.[229]

Peter constrói para si uma prisão lógica comparável que o prende a uma posição unicamente *puer* e o condena à infância eterna, destino esse que, até mesmo aos olhos infantis de Wendy, parece uma tragédia. A equação paradoxal que o mantém fora da vida pode ser:

Todos os homens têm uma vida solene e sem graça.
Todos os meninos crescem e se tornam homens;
Portanto, crescer leva a uma vida solene e sem graça.

Naturalmente, Peter quer se divertir sempre, daí sua resistência à Sra. Darling, que diz que "gostaria [dele] com barba".
Portanto, a vida na Terra do Nunca é menos idílica do que pode parecer a princípio. Examinando-o mais detidamente, vemos que o outro mundo de Barrie se trai cada vez mais como um lugar do medo. Como tal, apresenta uma imagem de "angústia psíquica" que Jung associa à inconsciência pré-psicológica primitiva, mas que pode se unir à

---

229. O modo como o Capitão Gancho tem o pressentimento de que seu fim está próximo sugere o começo de uma dissociação da personalidade. Ele se refere a si mesmo na terceira pessoa, coisa que faz "somente nos seus momentos mais sombrios".

psique moderna, sofrendo uma "situação de conflito que não oferece saída".[230] Afinal, a Terra do Nunca fica mais próxima durante a noite; o Capitão Gancho ataca protegido pela escuridão, transgredindo as regras tácitas em que se apóia o ciclo de atividade coletiva de seus habitantes, devolvendo tudo a um estado caótico, no qual o homem natural (a tribo de índios) e seus próprios piratas são dizimados e ele mesmo acaba sofrendo a dissolução na barriga do crocodilo; e Peter Pan, quando penetra no navio pirata na calada da noite, sabe "muito bem que a morte súbita pode estar na próxima árvore ou esgueirando-se às suas costas".

Uma vez mais, essa angústia psíquica, essa neurose, oferece uma defesa. Vemos várias personagens de Barrie tentando desesperadamente (neuroticamente?) manter o *status quo*, em vez de arriscar uma escolha que resulte na ruptura da ordem conhecida das coisas. Peter Pan procura uma mãe que deixe felizes os meninos perdidos; o Sr. Darling se agarra à sua posição; a Sra. Darling, ao seu papel maternal; Wendy, na Terra do Nunca, à sua lembrança de como são as mães e os pais; o Capitão Gancho apega-se aos bons modos; os índios, à tradição de atacar os inimigos ao amanhecer etc. No entanto, a escolha e a mudança são componentes inevitáveis da vida e do crescimento psicológico individual, e ambas exigem sacrifício. Os apegos da infância devem ser sacrificados para que a libido anteriormente investida na Mãe (tanto real quanto simbolicamente) se redirecione para o mundo. Isso constitui um ato criativo, uma libertação do espírito masculino a fim de, primeiramente, criar o mundo e, depois, frutificar o que se criou.

Em *Peter Pan*, Barrie não oferece nenhum modelo de libertação do espírito masculino da matéria, da Mãe e da inércia. Nenhuma figura paterna positiva possibilita a ruptura com a matriz materna nem promove uma iniciação à ação independente e madura. O Sr. Darling é um pai ineficaz. Ao lado do Capitão Gancho, ele incorpora uma masculinidade perversa e degenerada, não uma libido fálica geradora que, apesar de sua potência, permanece relacionada com o feminino (como o Hermes mitológico, que tanto serve Afrodite quanto por ela é libertado).

---

230. "The Psychology of the Child Archetype", *The Archetypes and the Collective Unconscious*, CW 9i, par. 288.

Conseqüentemente, é essencial a luta de Peter Pan para se definir como a juventude e a alegria, em oposição ao Capitão Gancho enquanto *senex*. O filho deve se separar da mãe, porém também precisa se diferenciar do pai — ou matá-lo simbolicamente — a fim de se definir em termos de sua própria energia fálica. Por definição, o *puer* tem de resistir ao *senex*. No entanto, paradoxalmente, do mesmo modo que o *puer* e o *senex* são obrigados a se definir um em oposição ao outro, devem se realizar um por meio do outro. Esse movimento da libido requer um apoio no feminino positivo, possibilitando ao ego confiança básica suficiente para abrir mão momentaneamente da autonomia com a fé de que esta sobreviverá.[231]

A integração da qualidade da consciência que denominamos *senex* apóia, em seu aspecto positivo, a realização da paixão criativa e da fantasia simbolizadas pela figura do *puer*. Como sugerimos anteriormente, o *puer* que se envolve de maneira unicamente negativa com o pólo *senex* do arquétipo *puer-et-senex* permanece o filho da mãe, identificado com uma feminilidade negativa e incapaz de confiar plenamente na vida. Jamais se tornará o herói que afirma seu poder fálico e prova seu valor e sua independência rompendo simbolicamente com a inércia inconsciente representada, mitologicamente, pela Grande Mãe e, psicologicamente, pela postura do ego desgastado ou pela adesão infantil a um estágio anterior de desenvolvimento. Enquanto impulso criativo, ele sofrerá o perpétuo desterro no Outro Mundo.

Para que o *puer* realize as qualidades heróicas da consciência, é necessário que haja uma alternância entre o Capitão Gancho *ou* eu" e "O capitão Gancho *e* eu". É necessária uma tensão criativa no interior da configuração *puer-et-senex* em vez da negação de um pólo pelo outro. Contudo, primeiramente é necessária uma diferenciação para que, depois, o *puer* possa aspirar àquilo que Hillman designa como um vôo (vertical) de Ícaro para entrar em contato com o espírito do *senex*/pai. Essa condição psíquica engendraria, para Peter Pan, o reconhecimento doloroso e a integração das qualidades da sua sombra: suas semelhanças com o Capitão Gancho, suas necessidades e vulnerabilidades e o fato de que, embora ele finja ser livre e poderoso, sua liberdade e seu poder continuam sendo ilusões isoladoras.

---

231. Vide Erik Erikson, *Identity: Youth and Crisis*.

Jung diz que a sombra do *puer* "torna-se fatal quando há pouca vitalidade ou pouca consciência para que o herói conclua sua missão heróica".[232] Peter Pan tem vitalidade de sobra, mas lhe falta consciência. Isso fica simbolizado em sua reação ao perder a sombra, que é decepada quando Naná fecha a janela, na tentativa de capturá-lo. Embora se possa argumentar que o menino devia se alegrar por perder a sombra, isso pressupõe que ele lhe conheça o conteúdo. Não obstante, em termos psicológicos, o apego físico de Peter à sua sombra (a ponto de pedir que Wendy a emende nele novamente) descreve uma identificação inconsciente do ego com a sombra. Essa identificação explica sua falta de distância auto-reflexiva e objetiva, sem a qual não se podem desenvolver nem o autoconhecimento nem o desejo de mudança:

> Se ele pensou em alguma coisa, coisa que eu duvido muito, pensou que ele e sua sombra voltariam a se unir feito gotas d'água quando se aproximam; e, como isso não aconteceu, ele ficou abaladíssimo. Tentou grudá-la com sabonete no banheiro, mas isso também não deu certo. Peter estremeceu e, sentando-se no chão, começou a chorar.[233]

Naná (o instinto) sabe que Peter Pan voltará para buscar a sombra perdida, que um e outro são totalmente indiferenciados e unidos "feito gotas d'água". O "problema da sombra" está por trás da sua falta de *insight*, substância e psicologia: enquanto sua sombra não for "vista", como personagem fictício ele continua sendo uma idéia agradável, ainda que esquiva, mas de modo algum uma personalidade complexa. Isso se evidencia em sua recusa a se enredar em relações e em sua incapacidade de se separar dos sonhos dolorosos ("mais dolorosos que os dos outros meninos"), que têm a ver "com o enigma de sua existência", mas cujo conteúdo permanece um mistério.

Entretanto, a diferenciação da sombra, como passo inicial no desenvolvimento da personalidade, é uma função da consciência egóica e, como vimos ao discutir sobre a família Darling, em *Peter Pan* não existe uma figura representando a consciência egóica que seja forte o suficiente para cumprir semelhante tarefa. Conseqüentemente, faz muito tempo que o lado sombrio da vida, representado pelo Capitão Gancho, seus

---
232. *Symbols of Transformation*, CW 5, par. 393.
233. *Peter Pan*, p. 52.

piratas, os índios etc. foram relegados ao inconsciente, como fica claro, em primeiro lugar, com a necessidade ficcional da Terra do Nunca e do fato de a maior parte da ação desenvolver-se ali. Particularmente lamentável é a contaminação ou confusão do potencial espiritual (Peter Pan) com a sombra, para a qual a identificação de Peter Pan com a própria sombra serve de adequada metáfora. O problema é o sacrifício. O heroísmo requer um ego forte e flexível o bastante para abrir mão de sua soberania perante a face sombria do inconsciente. Só então a personalidade como um todo adquire a coragem e a humildade que lhe permite manter uma postura sacrifical diante da vida, sem o que não há esperança de transformação nem de crescimento espiritual. No entanto, o medo do desconhecido paralisa. E, como explica Jung, o medo da morte prende o não-heróico, o neurótico, à "mãe" (e, assim, à neurose).[234] O ego heróico, pelo contrário, não fica preso (como Peter Pan) nem morre (como o Capitão Gancho), mas supera o medo de morrer na forma do dragão da inércia material e espiritual. Esse movimento heróico da libido representa um matricídio simbólico, uma resistência à dependência infantil, à regressão e ao inconsciente, com a qual Peter Pan flerta, mas que não se realiza no nível consciente (na família Darling) nem no inconsciente (na Terra do Nunca).

Identificado com a própria sombra e sofrendo a conseqüente enfatuação, Peter Pan é incapaz de conceber o sacrifício de seu *status* de soberano, de modo que não consegue vencer o crocodilo/dragão do inconsciente. Enquanto o Capitão Gancho é engolido por ele, Peter com ele se identifica, assumindo-lhe o tique-taque, entre outras qualidades, nos últimos estágios de sua batalha com o pirata:

> Peter chegou à praia sem maiores problemas e seguiu em frente; suas pernas encontraram a água quase sem perceber que haviam entrado em um elemento novo. É assim que muitos animais passam da terra para a água, mas nunca ouvi dizer que outro ser humano fizesse isso.[235]

A identificação com o crocodilo, tanto quanto o fato de ser devorado por ele, simboliza a vulnerabilidade de um ego frágil ou de uma consciência embrionária subjugada pela psique instintiva. Escapar ao

---
234. *Symbols of Transformation*, CW 5, par. 398.
235. *Peter Pan*, p. 188.

impasse no qual Peter Pan e o Capitão Gancho se encontram exige um ato de sacrifício consciente. Como escreve Jung:

> Os animais representam o instinto e também a proibição do instinto, de modo que o homem se torna humano ao conquistar sua instintividade animal [...] [O sacrifício como] um ato de suprema coragem e de suprema renúncia é uma derrota fragorosa para a natureza animal do homem [...] O sacrifício é exatamente o contrário da regressão: é uma canalização bem-sucedida da libido para o equivalente simbólico da mãe e, daí, uma espiritualização dele.[236]

Evidentemente, a única canalização da libido que descobrimos em *Peter Pan* está na história, não na ação: no contar histórias da Sra. Darling, de Wendy e de suas descendentes femininas, e na própria ficção de Barrie.

Embora, em diferentes momentos, Peter Pan fantasie a aventura que seria morrer ou viver, os únicos personagens preparados para sofrer o sacrifício consciente, coisa que se verifica em sua disposição para morrer, são Raio-de-Sol e Sininho. Esta toma o veneno que o Capitão Gancho preparou para Peter Pan e aquela enfrenta a morte nas mãos do pirata pelo bem do coletivo, ou seja, de sua tribo. Em ambos os casos, um aspecto do feminino jovem está disposto a se sacrificar a fim de sustentar os valores coletivos da tribo (Raio-de-Sol) ou de garantir a sobrevivência do jovem espírito masculino (Sininho morreria no lugar de Peter). Esses sacrifícios representam uma tendência conservadora de manter o *status quo* vigente, assim como a evasão de Peter Pan ao sacrifício e ao sofrimento apóia-se em sua recusa a crescer e ingressar na vida. O empobrecimento da consciência que resulta disso é representado pela psicologia pessoal inibida de cada um dos Darlings, assim como pela situação coletiva estática da unidade familiar. Não ocorre a libertação da repetitiva psicodinâmica inconsciente e dos padrões de comportamento; a renovação não se efetua e nenhuma vida nova ou vitalidade anima o ciclo cotidiano do n.º 14. Citando Jung uma vez mais, "A consciência só pode existir mediante o reconhecimento contínuo (isto é, mediante o sacrifício) do inconsciente, assim como tudo que vive tem de passar por muitas mortes".[237]

---

236. *Symbols of Transformation*, CW 5, par. 398.
237. "Psychological Aspects of the Mother Complex", *The Archetypes and the Collective Unconscious*, CW 9i, par. 178.

Embora o herói reivindique os atributos da juventude, da alegria e da espontaneidade, *Peter Pan* é, em muitos aspectos, a história da inibição dessas qualidades favoráveis à vida. Quando Peter volta para buscá-la na primavera posterior ao seu retorno da Terra do Nunca, Wendy descobre que ele não se lembra do Capitão Gancho nem de suas aventuras anteriores. Esqueceu-se até mesmo de Sininho. Compreendido simbolicamente, isso indica o que pode acontecer quando o potencial dinâmico no nível arquetípico da psique, ou seja, uma nova configuração do dominante Peter-Gancho/*puer-senex*, não consegue atingir intensidade suficiente para causar impacto na consciência. Ele torna a mergulhar profundamente no inconsciente onde se originou, para todos os efeitos esquecido, a não ser para o próprio impulso criativo que, na figura de Peter Pan, pode retornar esporadicamente para envolver-se em mais uma escaramuça com a consciência do ego.

Além da Mãe e do Pai: Peter Pan, o *Puer*, o Fenômeno do Espírito

Uma conclusão? Peter Pan pouca relação tem com conclusões, embora tenha muita com retornos, renovações, rupturas recorrentes, *insights*, vôos tanto físicos quanto fantásticos, jogos e escalas musicais, proposições e paixões. A conclusão sugere a prova final de alguma coisa, ao passo que minha preocupação é a elucidação, para usar a expressão de Peter Tatham, da geografia simbólica do *campo* que é Peter Pan. No entanto, antes do último capítulo, no qual especularei sobre os motivos do impacto forte e contínuo de Peter Pan sobre a cultura popular inglesa e norte-americana, convém sumariar o nosso mapeamento da Terra do Nunca.

Se optarmos por entender Peter Pan da perspectiva da psicologia pessoal, não teremos dificuldade para encontrar nele os traços e o comportamento identificados com o *puer* como neurose ou patologia. Entre os mais evidentes estão a petulância muitas vezes intolerável, a recusa a deixar o provisório reino da fantasia da infância para assumir a identidade adulta e a responsabilidade social, a instabilidade de suas emoções e afetos, a implacabilidade, a crueldade, a vulnerabilidade e a carência, a frivolidade e o charme, para citar apenas alguns. No Sr. Darling, vimos o quanto semelhante comportamento parece ridículo quando fixado no adulto. Nós sugerimos que, no nível inconsciente de um adulto desse tipo, a dinâmica representada por Peter Pan e o Capitão Gancho, pelo *puer* e pelo *senex*, fica presa a um conflito constante. No fim da novela de Barrie, Peter Pan/*puer* reina supremo. Adota alguns dos atributos mais óbvios do velho pirata no vestir e no curvar o dedo para imitar-lhe a mão de gancho, porém, todo o potencial restante do Capitão Gancho/*senex* fica perdido e esquecido; é reabsorvido na fauce da matriz materna do inconsciente (o crocodilo): o ciclo do masculino se reinicia sem transformação.

Nada sabemos dos pais do Sr. Darling, mas, como Peter Pan não recebeu nenhum cuidado efetivo dos seus, vemos nele o resultado da falta de um ambiente emocional precoce para sustentar o processo de narcisismo adequado ou introspecção sadia que Jeffrey Satinover considera essencial à aglutinação do *Self* na criança. Conforme Satinover, a constelação do *Self* talvez seja melhor compreendida como

> a apreensão introspectiva de uma relação coerente que prevalece entre as várias estruturas da psique. Quando a psique funciona de maneira estável e harmoniosa; quando *há* uma relação entre as partes, uma unidade funcional existe e é percebida pelo ego como o senso de identidade.[238]

A falta de um senso constante de identidade leva o *puer* a relações notoriamente efêmeras e intensas porque elas têm menos que ver com relação do que com a necessidade do *puer* de se refletir e, assim, de afirmar-se "pelos olhos de outrem".[239] Daí a dependência do Sr. Darling com relação à esposa, à família e aos colegas para a verificação de sua *persona* como homem de negócios e pai; daí a necessidade imperiosa que sente Peter Pan por Wendy e pelo Capitão Gancho para dar substância às suas ações por meio das reações deles. Conseqüentemente, Wendy se sente muitas vezes menosprezada, como se fosse a mera extensão ou exteriorização de uma função psíquica de Peter, e o Capitão Gancho é logo esquecido, sendo que o menino chega a desdenhar seu esquecimento do antigo inimigo com a observação cruel: "Eu os esqueço depois de matá-los".

---

238. "Puer Aeternus: The Narcissistic Relation to the Self", p. 76.
239. *Ibid.*, p. 100.

A contínua revisão que Barrie fez de *Peter Pan* e a reiterada exploração, na maior parte de seus outros numerosos trabalhos, do que agora eu sinto que podemos denominar "o enigma de Peter Pan" falam da centralidade da imagem tanto pessoal quanto coletivamente, uma vez que os dramas e livros de Barrie geralmente foram bem recebidos pelo público. Podemos fantasiar que ele era, por alguma razão de psicologia pessoal, viciado na imagem de um eu infantil, com seu poder de nele evocar o dom aparentemente ilimitado da imaginação da criança, livre das restrições do mundo terreno adulto. Também podemos supor que esse vício era tão forte que Barrie não perdia oportunidade de experimentar, sucedaneamente, a integridade e a pura vitalidade do eu infantil em sua associação com os filhos dos Llewelyn Davies.

Muitos de seus detratores, conseqüentemente, acusaram-no de alimentar um relacionamento pouco sadio com "seus meninos", porém, Nico, o mais novo deles, elimina qualquer temor desse tipo em uma de suas entrevistas a Andrew Birkin, o autor de *J. M. Barrie and the Lost Boys*, pouco antes de sua publicação em 1979:

> Dentre todos os homens que conheci, Barrie foi o mais inteligente e a melhor companhia. Foi também o menos interessado em sexo. Era uma pessoa adorável.[240]

— e depois, mais explicitamente, em uma carta a Birkin:

> Eu tenho duzentos por cento de certeza de que nunca houve um desejo de beijar (a não ser a bochecha!), embora, obviamente, pela mente dele passassem coisas — e, em geral, elas produziam magia — que nunca passam pela mente mais comum de gente como eu [...] O que posso dizer com toda certeza é que [...] nunca ouvi uma palavra nem vi o menor sinal, absolutamente nada, que sugerisse homossexualidade ou pedofilia: ele não tinha nenhuma dessas inclinações, nunca apresentou o mais leve sintoma que eu tivesse percebido. Barrie era inocente — por isso foi capaz de escrever *Peter Pan*.[241]

Todas as indicações das cartas remanescentes dos meninos a Barrie e dos cadernos de anotações do próprio escritor sugerem que ele estava

---

240. *J. M. Barrie and the Lost Boys*, p. xii.
241. *Ibid.*, p. 130.

fadado a sofrer, no sentido de Hillman, a *infirmitas* completa do arquétipo da eterna juventude em sua arte e, pode-se supor, em tudo na vida. Sem dúvida, a patologia pairava em sua atormentada sensação de inadequação como homem e de fracasso como marido, na melancolia, na inteligência, no humor, na grandeza e no desprezo aos limites, no sentimentalismo, na crueldade e nas extravagâncias de seu gênio. Contudo, principalmente no fim da vida, deixou evidências suficientes em seu trabalho, em suas cartas e anotações, para que concluamos que Peter Pan representava os poderes transcendentais da imaginação e lhe abria uma janela para a alma, possibilitando, às vezes, aquele profundo compromisso com a própria plenitude da vida que nós tendemos a associar às brincadeiras da infância.

Na dedicatória de *Peter Pan*, Barrie escreveu que, no verão de 1912, em uma pescaria com Michael, o menino que veio a incorporar cada vez mais o irresistível enigma de Peter Pan, ele conseguiu fazer com que o garoto "voltasse a acreditar [nas fadas] durante pelo menos dois minutos".[242] Na época, Michael tinha 12 anos e "deixara de acreditar", pois estava passando pelo ponto sem volta entre a infância e a adolescência:

— Quem você mais quer ver, Michael?
— Claro que quem eu mais gostaria de ver é Johnny Mackay.
— Muito bem, então deseje vê-lo.
— Ora essa!
— Desejar não faz mal a ninguém.
Ainda que de má vontade, ele desejou, e quando as cordas foram jogadas no pier, viu Johnny à sua espera, carregando todo o equipamento de pesca. Eu sei que ninguém se parece menos com uma história da carochinha do que Johnny Mackay, porém, Michael passou dois minutos vibrando em outro mundo que não o nosso. Ao voltar, dirigiu-me um sorriso que significava que nos havíamos entendido e, dali por diante, esqueceu-se de mim durante um mês inteiro, ficando sempre com Johnny [...] esse episódio não está na peça; portanto, embora eu dedique que *Peter Pan* a você, continuo sorrindo para os outros poucos fragmentos de imortalidade que encontrei em meu caminho.[243]

---

242. *Peter Pan and Other Plays*, pp. 85 ss.
243. *Ibid.*, p. 86.

Barrie escreveu, "Nada do que acontece depois dos nossos 12 anos tem muito interesse", e guardou como um tesouro particular as lembranças de "seus meninos" naquela "idade de ouro" entre a infância e a adolescência. Os "fragmentos de imortalidade" aos quais se refere na dedicatória certamente são as recordações desses momentos em que, brincando com os meninos, ele era transportado desse mundo para se achar vitalmente presente no outro, o da imaginação: aliás, pode-se dizer de Barrie o que E. V. Lucas disse de Michael: "Com seu vivo interesse pelo momento, [Michael sempre estava] no mundo muito mais do que a ele pertencia, era mais um espectador que um participante".[244]

Não obstante, parece que Barrie era inimigo de sua criação. Lady Cynthia Asquith, que foi sua secretária durante algum tempo, assim o descreveu ao marido:

> Uma extraordinária personalidade plural [...] Apesar de toda a casualidade aparente, nele parece haver muita astúcia, muita cautela. Quanto à lenda segundo a qual o próprio Barrie é o menino que não queria crescer, não vejo nenhuma evidência disso. Pelo contrário, ele me dá a impressão de ser mais do que velho, aliás, eu chego a duvidar que tenha sido menino um dia. Mas afinal, pensando bem, Peter Pan não é um menino, é? Ele é a realização, em forma de fábula, do desejo do tipo de mãe — Barrie é especialista nisso — que não quer que o filho cresça.[245]

No entanto, apesar de toda a sua cautela, da conduta lúgubre e do melancólico recolhimento, havia em Barrie uma leveza que parecia pertencer ao reino imaginário, mas que ele se propunha a realizar neste mundo.[246] Conseqüentemente, a babá dos meninos se queixava acerbamente de que Barrie os mimava, protegendo-os a ponto de debilitá-los.

---

244. *J. M. Barrie and the Lost Boys*, p. 279.
245. Dunbar, *J. M. Barrie: The Man Behind the Image*, p. 307
246. Birkin, *J. M. Barrie and the Lost Boys*, p. 201. Birkin cita Nico, que escreveu sobre Barrie: "Ele era o mais maravilhoso companheiro e o homem mais inteligente e divertido que conheci, e toda essa conversa sobre ele viver obcecado pela mãe e sobre sua melancolia não passa de uma grande distorção (não me lembro de tê-lo ouvido falar uma só vez na mãe em todos os anos que convivi com ele) [...] Seus estados de espírito variavam, sem dúvida: talvez o que se pode esperar de um homem de gênio; horas de silêncio, porém muito mais horas de bom humor."

Mesmo Peter, o terceiro e talvez o mais cínico dos cinco, escreve no *Morgue*, sua compilação das cartas e dos papéis da família,

> O lado mais leve da vida estava muito bem nutrido, pois [...] acho que ele [Barrie] tinha muito mais interesse em que George e todos nós fôssemos os melhores nos jogos e na pesca [...] do que em que adquiríssemos a cultura real no sentido que Matthew Arnold dá à palavra.[247]

Com seu próprio ideal da infância alicerçado na fantasia e nas histórias da meninice de sua mãe, Barrie parecia condenado a construir uma ficção — e lutar para habitá-la imaginariamente — que lhe proporcionasse a sensação de segurança e alívio que lhe faltou na infância. Os Llewelyn Davies satisfaziam de todos os modos possíveis a necessidade que ele tinha de uma "família de livro de histórias". Peter Davies escreveria mais tarde que seus pais eram, talvez, perfeitos demais para viver muito, referindo-se à mãe, Sylvia, como "a viúva, ainda tão linda aos 44 anos, do esplêndido Arthur".[248] Ela, especialmente, tentava cercar os filhos de alegria e leveza, insistindo, em um testamento encontrado vários meses após sua morte, em que era preciso "cuidar muito" de Michael em particular. Moribunda, tratou de proteger os meninos do fato de sua morte, proibindo-os de vê-la no fim, sendo que, quando cresceram, eles parecem ter achado muito natural encarregar-se de proteger Barrie contra os fatos mais brutais de suas próprias vidas: George, aos 21 anos, antes de tombar na frente de batalha em 1915, poupou Barrie dos horrores da guerra de trincheiras, insistindo em suas cartas:

> Não se preocupe comigo, eu tomo todas as precauções possíveis e vou fazer tudo direito. É um espetáculo impressionante, e não sou capaz de prever mais do que as duas ou três próximas horas [...]
> O zumbido de uma bala passando perto não me preocupa muito agora. Só me avisa que devo me agachar o máximo possível [...]
> Em suma, meu querido tio Jim, não há nenhum motivo para que você fique preocupado por minha causa [...]
> Eu sou um homem muito medroso (acho que agora sou um homem) para correr mais riscos do que devo [...]

---

247. *Ibid.*, p. 219.
248. *Ibid.*, p. 192.

Pode me mandar um pouco de salsicha de Cambridge da Fortnum & Mason? [...]
Enquanto isso, querido tio Jim, você deve continuar o trabalho de conservar a sua coragem [...][249]

Talvez a leveza do Outro Mundo de brincadeira e da imaginação, uma leveza pela qual Barrie ansiava (quando não estava mal-humorado e recolhido neste), seja apenas em parte conseqüência da inocência a que Nico se refere. Todavia, como vimos em *Peter Pan*, assim como na maneira pela qual Barrie prefere ser indulgente com "seus meninos", parece haver uma ausência marcante da qualidade contrária à leveza, ou seja, do peso e da sombria materialidade do lado ctônico da vida. O obscuro por natureza era apresentado com as tonalidades mais luminosas possíveis, embora na realidade tanto a vida de Barrie quanto a história dos Llewelyn Davies se caracterizassem muito mais pela tragédia que pela comédia e a sorte. É possível que essa atração pela luz fale muito da consciência coletiva da época em que o escritor viveu, assim como de sua própria psicologia e de seu gênio criativo, idéia que vou explorar no capítulo final.

Paradoxalmente, embora a luminosidade, a liberdade e o espaço possam ser as condições necessárias aos jogos infantis, estes, em si, estão longe de ser claros na medida em que têm a capacidade de basear a pessoa na totalidade de seu ser. Discutindo a importância do brincar na infância, Anthony Stevens cita a afirmação de Johan Huizinga, em *Homo Ludens*, sua obra sobre o tema, segundo a qual "nos jogos há algo 'em jogo' que transcende as necessidades imediatas da vida". É por isso que as atividades arquetípicas da vida humana estão repletas de possibilidades de jogo. Stevens observa:

> Daí o famoso aforismo de Schiller, "O homem só é verdadeiramente ele quando está brincando".
> [...] A infância é um período de imensa vitalidade e inventividade, no qual a imaginação tem rédeas soltas para complementar as realidades e compensar as deficiências da vida cotidiana [...]
> Um dos infortúnios de crescer é que nós perdemos prontamente o contato com esse rico país da infância [...] Contudo, nada se perde para o Eu, e o brinquedo, tal qual a criança que responde por ele, continua vivendo como propensão da psique ao seu entardecer.[250]

---

249. Dunbar, *J. M. Barrie: The Man Behind the Image*, pp. 226, 267, 268, 273 e 275.
250. *On Jung*, pp. 87 ss.

De particular interesse para a nossa discussão sobre Barrie é a ênfase de Stevens na idéia de que a fantasia, como brinquedo *introvertido*, é produto do jogo entre os arquétipos do inconsciente coletivo e as circunstâncias vivas do indivíduo [...] A fantasia não é um meio regressivo de fugir à realidade [...] e sim o *modus operandi* do crescimento psicológico: é a matéria da vida a levar-nos para o futuro.[251]

O brinquedo e a fantasia conduzem-nos ao futuro porque nos tornam criadores. Legitimam nossa "re-formação" e "re-criação", permitindo-nos "re-cordar" e, assim, "re-dimir" os fragmentos esparsos da vida ordinária. Transformam-nos em deuses uma hora por dia, possibilitando uma atividade que afirma o nosso senso do Eu porque confere abrangência ilimitada ao desejo de realização, plenitude e poder criativo em um mundo criado por nós mesmos, um mundo secreto e, portanto, seguro. A tarefa do artista é, pois, estabelecer um elo vital entre o mundo oculto da possibilidade e o da realidade.

Não obstante, segundo Winnicott, o "lugar" do brinquedo e da fantasia é precioso, "porque pertence à interação, na [...] mente, daquilo que é subjetivo (quase alucinação) com o objetivamente percebido (a realidade presente ou compartilhada)".[252]

Esse lugar precário é uma terra de ninguém, uma região interposta, é o reino intermediário da imaginação que o artista precisa negociar e renegociar continuamente ou, para ser mais precisa, interpretar e reinterpretar. É nele que se pode encontrar a imagem do menino-deus, aquela "prerrogativa divina" sepultada nas profundezas da personalidade. O problema do escritor que se sente, como Barrie, infinitamente mais à vontade e mais vivo no reino imaginário é interpretar uma experiência ou um encontro *naquele* mundo nos termos *deste*. Em *Peter Pan*, essa resolução reconfortante não ocorre. Os dois mundos de Barrie são tão opostos no fim quanto no começo, sendo que nada sugere que, no mundo eduardiano dos Darlings, haja espaço para a intensidade e a riqueza da vida descobertas na Terra do Nunca. No final, Barrie é incapaz de mostrar que a realidade oferece espaço para a auto-realização, uma resolução domesticadora e reconfortante que, como observa Elliott Gose, encontra-se em outros clássicos infantis da época, como *Wind in*

---

251. *Ibid.*, pp. 88 ss.
252. *Playing and Reality*, p. 61.

the Willows [Vento nos Salgueiros], de Kenneth Grahame, e as histórias do Ursinho Pooh, de A. A. Milne.²⁵³

Barrie nos coloca justamente em face do contrário: de uma desvalorização e de um questionamento explícitos da domesticidade confortável e de um esforço iconoclástico que parece percorrer toda sua obra, embora seja mais evidente na figura de Peter Pan e de outros heróis que não são senão versões da enigmática presença deste. Como resultado, descobrimos em Peter Pan a qualidade da energia masculina descrita como o malandro, uma figura comum no mito e no folclore, que funciona como o "fora-da-lei [...] [e] [...] representa a expressão dos desejos instintivos". ²⁵⁴

O elemento malandro geralmente representa um estágio precoce no desenvolvimento do ego heróico e, ao mesmo tempo em que resiste à transformação, expressa o poder transformador da natureza.²⁵⁵ Do mesmo modo, o herói de Barrie opõe resistência à transformação. Em *Peter Pan*, há pouquíssima evidência da sexualidade ativa de um Don Juan ou de um malandro. Há, igualmente, escassa promessa de desenvolvimento claro ou não, além do infante-menino-malandro, rumo ao herói maduro, ao pai ou possivelmente ao Ancião Sábio. Pelo contrário, o iconoclasmo de Peter Pan ameaça solidificar-se em um ídolo gratuito da perversidade e do desafio infantis (pré-púberes).

Só isso já suscita uma compreensão de Peter Pan como um aspecto muito específico do personagem da psique arquetípica, visto no impulso implacável da consciência do ego e da consciência coletiva da psique em direção a uma meta ou condição indefinida. Peter Pan parece-me muito mais especificamente *menino* do que jovem, Don Juan, malandro

---

253. Vide *Mere Creatures: A Study of Modern Fantasy Tales for Children*.
254. Barbara Greenfield, "The Archetypal Masculine", *in* Andrew Samuels, org., *The Father*, p. 192.
255. *Ibid.*, p. 191. Greenfield argumenta que "O menino, Don Juan e o malandro mostram-nos o ego em seus estágios precoces de desenvolvimento, enquanto o herói, o pai e o sábio representam os estágios posteriores do desenvolvimento. Como um todo, o *animus*, ou arquétipo masculino, unifica essas figuras díspares porque existe como o conjunto de princípios que a elas subjaz". A autora sugere que as mais poderosas formas mitológicas do arquétipo masculino são a do pai e a do malandro, afirmando que este é "uma encarnação anterior do pai", não um arquétipo separado deste como o considera Jung.

ou *senex* em potencial: ele é a personificação do esforço inquieto, do anseio ou do *Pothos*, que James Hillman traduz do grego, entendendo o deus que tem esse nome como "o anseio pelo inatingível, o impalpável, o incompreensível, a idealização que acompanha todo amor e que sempre se acha fora de alcance".[256] Barrie estabelece Peter Pan muito claramente como a força ou a imagem arquetípica do eterno menino, cuja natureza se opõe à autoridade e à velhice representada pelo Capitão Gancho na qualidade de Saturno/Cronos. Tal oposição, ele considerava essencial, como evidenciam suas anotações de dezembro de 1920, quando estava preparando um discurso intitulado "Coragem" para os formandos de St. Andrews:

O bom é formar opinião própria, não aceitar boatos. Tentar chegar ao que vocês realmente vêem em tudo. Questionar a autoridade. Contestar os pontos de vista, os valores e as reputações aceitos. Não ter medo de estar entre os rebeldes [...] Falar com desprezo da era vitoriana. Da era eduardiana. Do ano passado. Dos autores antiquados, como Barrie, que acatam idéias ultrapassadas. Não envelhecer antes do tempo: conselhos demais os tornam assim.[257]

No entanto, à medida que Barrie envelhecia e seus meninos mais preciosos lhe iam sendo arrebatados — pela guerra, pelo afogamento, pela maturidade —, parece que aumentava a distância entre este e seu outro mundo. Isso é visível na mudança de sua perspectiva de Peter Pan: nos primeiros anos, ele era "o menino que *não queria* crescer", posteriormente, "o menino que *não podia* crescer" e, por fim, após a morte

---

Sua visão sustenta a nossa discussão precedente sobre as semelhanças inerentes entre Peter Pan e o Capitão Gancho e é útil quando se trata do desenvolvimento individual e da patologia pessoal. No entanto, o que se pode descrever como o "iconoclasmo criativo" do Eu em seu impulso para ampliar a consciência, favorece o tratamento que Jung dá ao malandro, reconhecendo-lhe o papel importante e constante no drama arquetípico da psique. Talvez isso apresente um caso de terminologia "tanto/quanto", não de "ou/ou"; e um conceito de níveis coexistentes de atividade, não de um desenvolvimento mais linear de um estágio para outro, com traços apagados das características mais antigas, visíveis nos estágios ulteriores.
256. "Pothos", *in Loose Ends*, p. 53.
257. Birkin, J. M. *Barrie and the Lost Boys*, p. 289.

de Michael, "o guri que *nunca envelhecerá*".²⁵⁸ Peter Pan e seu mundo permanecem constantes: somos nós e este mundo que mudamos.

No entanto, a constância de Peter Pan pode ser também uma imagem do conhecimento intuitivo de Barrie de que, enquanto fenômeno espiritual e representação do "coração desperto", Peter Pan *não pode* ser obrigado a se desenvolver, crescer e se transformar. O *puer*, como imagem do anseio da alma, não pode senão aglutinar seu oposto ou *alteridade*, aquela meta indefinível pela qual ele anseia e rumo à qual é impulsionado. Se essa alteridade se manifesta como *senex*, mãe, amante homossexual ou heterossexual, "sente-se a presença da alteridade como autoestrangulamento, como auto-alienação" e nossa experiência dela nos inicia na consciência de nossa "natureza essencialmente dúplice".²⁵⁹

Depois que a pessoa se torna consciente da consciência do *puer* ou gêmea, escreve Hillman, seu "ser é metafórico, sempre em dois níveis ao mesmo tempo", e, pouco além de seu alcance, flutua "sempre o reflexo de um outro invisível". Seu desejo corre o perigo de ser "fisgado" e obsessivamente empurrado "na direção da imagem que inicia o desejo", isto é, rumo à imagem do *puer aeternus*.²⁶⁰ Essa idéia, a do eterno menino enquanto um "reflexo imaginário de nós mesmos",²⁶¹ Barrie a captura nada menos que no pungente *Neil and Tintinnabulum* [Neil e o tintinábulo], no qual escreve realmente sobre Michael na idade "de ouro" dos 12 anos:

> Um jogo de críquete rural no tempo dos botões-de-ouro, com os meninos jogando, vistos e ouvidos por entre as árvores; essa é, sem dúvida, a cena mais adorável da Inglaterra, seu som mais encantador. Dos recessos da morte invisível, passando eternamente pelas veredas em sua infindável jornada, o inglês se detém um momento, olha por cima do portão para o campo de críquete e sorri. Que o 26 de Neil contra o de Juddy [...] seja a última recordação que dele guardamos quando criança. Ele está voltando ao pavilhão, o taco na mão [...] Uma glória sobrenatural passou pelo campo de críquete. Neil procura se mostrar indiferente; a gente conhece bem a expressão, o coração disparado [...] [Ele]

---

258. *Ibid.*, p. 300, itálicos meus.
259. Hillman, "Pothos", *in Loose Ends*, p. 59.
260. *Ibid.*, pp. 59-60.
261. *Ibid.*

recolhe a glória e a joga na cama. "Fim", como costumava dizer em suas cartas. Eu nunca mais voltei a vê-lo tão bem. Desde então, Neil parece vir correndo ao meu encontro num caminho que se move ainda mais rapidamente no sentido contrário.[262]

Barrie mantinha seus dois mundos e o senso que tinha da nossa duplicidade essencial constantemente diante do público. Algumas de suas últimas peças apresentam a metáfora do fino véu que, segundo ele imaginava, separa este mundo do outro, e a dificuldade que alguns têm de saber em que lado do véu estão.[263] Há sempre uma personagem cujo caráter é parecido com o de Peter Pan. Desse modo, sua figura do eterno menino quintessencial, como imagem do nosso desejo pelo inatingível, continua viva, permanentemente no palco, recusando-se a permitir que esqueçamos o seu mistério, o diminuamos ou fujamos dele.

Enfim, ao criar Peter Pan, cuja necessidade arquetípica é a de iniciar a transformação nos outros mas recusá-la em si mesmo, Barrie consegue nos oferecer um herói que também resiste obstinadamente à interpretação e continua a esquivar-se do significado ou a adiá-lo. Simplesmente porque ele não tem como fazer com que o enigmático Peter Pan deixe de nos fustigar, convidando-nos jocosamente a entrar no futuro, provocando-nos a arriscar uma interpretação e, assim, a manter uma janela aberta para a imaginação e a possibilidade. Nisso reside seu encanto, seu fascínio infinito e a força de seu significado simbólico.

---

262. Birkin, J. M. Barrie and the Lost Boys, p. 203.
263. Mary Rose é sobre uma jovem mãe que desaparece misteriosamente ao visitar, com o marido, uma das ilhas de Outer Hebrides. Vinte anos depois, sem ter sofrido nenhuma mudança, ela retorna do País dos Mortos em busca do filho que, nessa ocasião, é um jovem soldado. Após um estranho e desconexo encontro com o filho adulto, o fantasma de Mary Rose desaparece outra vez. A Well-Remembered Voice trata de uma mãe inconsolável que freqüenta sessões espíritas para entrar em contato com o filho soldado que está "do outro lado". No entanto, o jovem aparece para o pai, cuja dor é talvez mais profunda, ainda que ele a demonstre menos que a esposa. Dick, o filho morto, fala ao pai de um companheiro que também foi morto: "Sabe, ele fez uma grande confusão quanto ao lado do véu de que tinha saído [...] e acabou se perdendo [...] Eu espero que tenha se tornado um fantasma!"

A vida hei de tomar emprestada e não envelhecerei;
E os rouxinóis e as árvores
Manter-me-ão, ainda que com as veias frias,
Jovem como Sófocles.
E quando eu já não puder seguir vivendo,
Dirão os que conhecem a verdade:
Ele deu quanto tinha para dar
À Liberdade e à Juventude.

— William Corey, Mestre do Eton, c. 1850-1870.

O sucesso conquistado nunca dura
pois só não durando ele não se vai.

— Lao-Tzu, *Tao te King*.

5

Peter Pan
No Passado e no Presente, na Inglaterra e no Estrangeiro

O sucesso estrondoso e permanente de *Peter Pan* deve muito à possibilidade de Barrie haver tocado um nervo não detectável da psique coletiva britânica de sua época e talvez da nossa. Isso não significa que não houvesse opiniões adversas ou severas críticas quando da estréia da peça, mas foram poucas e esparsas. De modo geral, *Peter Pan* foi muito bem acolhida pelos que viriam a se tornar adeptos dedicados.[264] Que nervo cultural terá sido esse que o herói de Barrie tocou? Deve-se recordar que Peter Pan foi apresentado à Londres eduardiana em 1904. Fazia poucos anos que a Inglaterra havia sepultado a rainha e começava a emergir de uma era vitoriana matriarcal, que durara mais de setenta anos e tinha sancionado o império que seus "filhos" conquistaram para a rainha e a pátria. Seguiu-se o comparativamente breve reinado do filho de Vitória, Eduardo VII, cuja dramática, vistosa e romântica vida pessoal desafiou a sobriedade e o conservadorismo vitorianos.

No exterior, começava a declinar o poder do império, sendo que os britânicos acabavam de sofrer a humilhação da guerra dos Bôeres (1899-

---

264. O crítico mais enérgico talvez tenha sido o escritor Anthony Hope. A primeira apresentação de *Peter Pan* incluía uma cena na qual as Belas Mães adotavam os meninos perdidos, ponto em que, segundo contam, Hope teria resmungado em voz alta: "Oh, o que eu não daria por um Herodes!" (Birkin, *J. M. Barrie and the Lost Boys*, p. 117).

1902). Internamente, era comum a crença de que a Inglaterra, que reinava suprema desde Waterloo, era e sempre seria a nação mais poderosa do mundo. O lado sombrio das realizações do século XIX tinha sido bem documentado por escritores como Charles Dickens (*Oliver Twist*, *Hard Times* [Tempos Difíceis]), George Gissing (*New Grub Street*) e outros, que expuseram os horrores da Revolução Industrial e retrataram a deplorável situação da classe operária, mas nada continha a maré do progresso. A complacência que permeava a nação mantinha as atitudes britânicas do começo do século XX efetivamente ancoradas no XIX, ou seja, de modo geral, mais voltadas para o passado glorioso que para o futuro incerto.

Uma das causas principais da reviravolta que sofreu o destino da Grã-Bretanha, entre o fim da guerra dos Bôeres e o meado do século, foi detectada, conforme o historiador Corelli Barnett,

> no próprio caráter nacional, tal qual evoluíra no início do século XX. Pois é o caráter que, em face das circunstâncias, governa o destino da nação, assim como o dos indivíduos. Ele é a chave de todas as políticas, de todas as decisões.[265]

A chave do caráter nacional britânico reside na instituição do sistema público de ensino. As escolas públicas, muitas das quais explicitamente anglicanas conservadoras ou evangélicas, "educavam e segregavam uma parte da comunidade de modo a assegurar que seus egressos fossem *cavalheiros*.[266] Apoiando-se na argumentação de Barnett acima citada, Gathorne-Hardy comenta, com certa crueza, que

> as escolas públicas eram, acima de tudo, fábricas de uniformidade projetadas para recompensar o conformismo e a obediência à autoridade e para esmagar a originalidade e a rebelião. E conseguiram. O charme excepcional da classe dominante fora outrora sua variedade, individualidade e espontaneidade; agora ela era convencional, insensível, satisfeita consigo e arrogante. E toda essa miscelânea não-competitiva que formava uma multidão de "líderes" foi educada em uma ética segundo a qual o importante não era ganhar, mas "participar do jogo"; segundo

---

265. Citado em Jonathan Gathorne-Hardy, *The Old School Tie*, p. 202.
266. Asa Briggs, *A Social History of England*, p. 249.

O Time de Críquete Allahakbarries em 1905, com Michael Llewelyn Davies, aos 5 anos, como mascote. J. M. Barrie na fila de trás, segundo da esquerda para a direita

a qual o espírito de equipe era mais importante que a vitória e segundo a qual tudo que não fosse o críquete era imprestável. Em uma época de turbulenta mudança, de uma Alemanha agressiva, de concorrência feroz e inescrupulosa, de — no fim do século XIX — intenso progresso e pesquisa científicos, as escolas se tornaram estáticas, tomaram por certos sua posição e seu império, pensando que ambos durariam eternamente, quando tinha chegado a hora de se defender, mudar e lutar.[267]

Não obstante a crítica implacável de Gathorne-Hardy, o alto escalão das escolas públicas do fim do século XIX e do começo do XX serviu essencialmente de "agências sociais" e de "*kindergarten* da nobreza e da elite, [...] treinando intencionalmente os alunos como membros da classe dominante".[268] A escola pública montou o cenário de uma verdadeira "sociedade total", a qual, do mesmo modo que essas sociedades (os asilos, as prisões, os navios, os mosteiros e conventos), funcionava como um mundo fechado em si mesmo, com objetivos comuns próprios, uma hierarquia institucional, um código de conduta, um sistema de prêmios e castigos, de lealdades compartilhadas, e uma *persona* pública coesa, a "aparência" ou "fachada" que tornava indispensável o lendário lábio superior apertado. No entanto, também desenvolveu uma linguagem exclusiva e uma vida clandestina de lealdades e práticas secretas, de formas de rebelião contra o "totalismo" da instituição que, paradoxalmente, "evidenciavam o mais profundo envolvimento".[269] Por um lado, a escola pública oferecia um recipiente, um tempo e espaço para a realização das tensões e paixões do adolescente, desde sua necessidade de se conformar e se encontrar com sua identidade como parte do grupo até a igualmente poderosa compulsão a rebelar-se, definir-se pela oposição e pela crítica a esse mesmo grupo. Por outro, as "paixões intensas e as 'amizades românticas' consumiam praticamente todos os alunos",[270] e o mundo enclausurado da comunidade era tão completo e constrangedor que muitos perdiam a individualidade numa identificação total que durava a vida inteira.

---

267. *The Old School Tie*, pp. 202, ss.
268. E. J. Hobsbawm, *The Age of Empire, 1875-1914*, p. 178.
269. Gathorne-Hardy, *The Old School Tie*, p. 206.
270. *Ibid.*, p. 289.

Assim, Edgar Friedenberg escreve:

> A escola pública britânica [...] transformava a adolescência muito mais em um interregno. Transformava-a em uma época [...] seus heróis passavam a ser mitos [...] Na melhor das hipóteses, [as escolas] ajudavam o adolescente a se tornar um ser humano fortemente caracterizado [...], na pior, seu impacto tornava a adolescência interminável; e suas vítimas, Meninos Velhos permanentemente fixados.[271]

A tendência da escola pública de prender seus iniciados em uma adolescência permanente, assim como o teor arquetípico da experiência, ficou registrada nas reminiscências de Cyril Connolly:

> Quanto a mim, fiquei muito tempo dominado pelas impressões da escola. O borbulhar dos lampiões a gás na sala de aula, o refrão dos salmos, o cheiro de estuque das escadas, a caminhada nos campos até os banhos ou a capela, que ficava do outro lado do pátio calçado de pedras, evocavam um Éden desaparecido de graça e segurança.[272]

A instituição da rede do Menino Velho dava coesão social a um "corpo heterogêneo de recrutas", sendo que sua influência se disseminou nacional e internacionalmente, de geração em geração.[273] Sem embargo, a saudade que o Menino Velho tinha dos "prazeres perdidos para sempre", do mesmo modo que os ideais de bons modos, retidão, decência e honra, tanto entre amigos quanto entre inimigos, sobrecarregaram-se e intensificaram-se, no fim do século XIX, devido ao romantismo vitoriano e ao renascimento do interesse (quase sempre sentimental) pela cavalaria e a Idade Média feudal (sir Walter Scott, Alfred Lord Tennyson, os pré-rafaelistas).

Apesar do mal-estar crescente e da sensação de fragmentação detectados no anti-romantismo dos modernistas (Conrad, Joyce, Yeats, Eliot etc.), essa ênfase medievalista se estendeu até o século XX, influenciando a nostalgia pastoril dos poetas georgianos anteriores à Grande Guerra (Walter de la Mare, John Masefield, Rupert Brooke). A nos-

---

271. *Ibid.*, pp. 209 ss.
272. *Ibid.*, p. 210.
273. Hobsbawm, *The Age of Empire*, p. 179.

talgia de um idílio rural perdido, que evocava a essência do inglês, não foi significativamente questionada na literatura da época até que os poetas da guerra (como Wilfred Owen, Stephen Spender, Louis McNeice) revelassem a realidade brutal do combate nas trincheiras. Então, pouco depois do conflito mundial, T. S. Eliot nos deu "The Waste Land" e James Joyce publicou *Ulisses*.

O abismo entre o ideal romântico eduardiano anterior à guerra e a dura realidade da batalha nas trincheiras fica forçosamente condensado se compararmos os famosos versos de Rupert Brooke, o "homem mais bonito da Inglaterra [...] e a corporificação do sacrifício patriótico juvenil",[274] com os de Wilfred Owen. Brooke escreve em seu soneto "The Soldier" [O Soldado] de 1914:

> Se eu morrer, de mim pensa apenas:
> Que existe um canto de solo estrangeiro
> Que para sempre há de ser a Inglaterra. Haverá
> Na rica terra uma poeira mais rica escondida:
> Um grão de pó que a Inglaterra gerou, formou, iluminou,
> E lhe ofereceu suas flores para amar, seus caminhos para percorrer,
> Um corpo da Inglaterra que respirou ar inglês,
> Banhou-se nos rios e foi abençoado pelos sóis da pátria.[275]

E Wilfred Owen, em "Anthem for Doomed Youth" [Anátema da Juventude Condenada]:

> Que sinos dobram para os que morrem como gado?
> Só a fúria monstruosa dos canhões.
> Só o rápido tartamudear das descargas de fuzil
> Pode murmurar suas breves orações.
> Nada de ironias com eles agora; nada de orações, nada de sinos,
> Nenhuma voz de carpideira a não ser os coros,—
> Os coros estridentes e dementes dos obuses;
> E os clarins que os chamam em tristes comarcas.[276]

---

274. Jonathan Rutherford, *Forever England: Reflections on Masculinity and Empire*, p. 40.
275. *The Norton Anthology of English Literature*, pp. 1918 ss.
276. *The Norton Anthology of Modern Poetry*, p. 516.

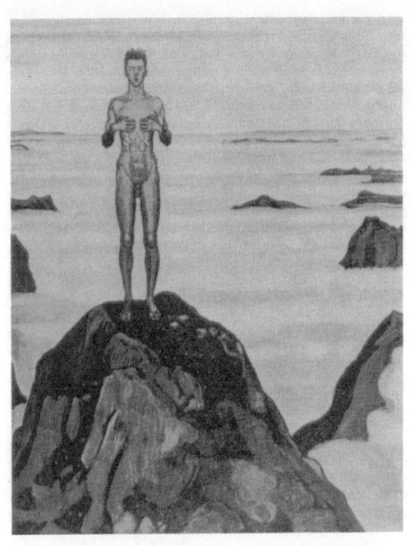

Olhar para a Eternidade, 1903, de Ferdinand Hodler (1853-1918)

Segundo Gathorne-Hardy, o etos romântico e reificado que as escolas públicas inculcavam disseminou-se em todo o sistema de ensino, a partir da década de 1870 e até o final da de 1930, com a proliferação e a ampla circulação de periódicos e gibis para meninos, lidos, deve-se notar, tanto por adultos quanto por crianças e por todo tipo de pessoa. Algumas dessas publicações (isto é, *The Boys' Own Paper, Rover*) ainda contavam com um grande público muito depois do fim da II Guerra Mundial, como eu me lembro, por minha experiência da infância, de achar muito mais interessantes os jornais para meninos que as publicações para meninas. Eles cultuavam os edificadores do império britânico, criando heróis de extraordinária bravura e ilimitado otimismo, cujas proezas sugeriam "uma compulsão a fugir da ociosidade e do conforto doméstico".[277] Como resultado, no período entre 1900 e 1914, a maioria dos meninos ingleses não lia senão histórias de destemidos heróis imperiais e contos escolares impregnados da fantasia e do idealismo romântico do sistema de escola pública e, com muita freqüência, eivadas de uma corrente de decadência *fin-de-siècle*:

> Era um sistema no qual a moralidade e o estilo de vida das escolas públicas, o inevitável sucesso e a retidão do sucesso da classe não só eram aceitos axiomaticamente, sem contestação, mas chegavam a ser endeusados [...] os ideais, as idéias, os tabus e os padrões das escolas públicas — aquele fino verniz de privilégio — tornaram-se nacionais, [...] mergulharam profundamente no inconsciente da nação.[278]

Na interpretação que Gathorne-Hardy faz da história social, essa disseminação do etos da escola pública em todos os níveis da cultura inglesa, de 1900 a 1914, explica perfeitamente o caráter do envolvimento da Inglaterra na I Guerra Mundial — o horror e a glória — o heroísmo e as excentricidades:

> A disseminação do etos da escola pública [...] (suas raízes, ainda que alteradas e dissimuladas, eram feudais) [...] explica por que a Inglaterra se levantou com tão completa unidade, em nada pacífica, aliás extremamente beligerante. Explica por que os soldados se dispunham a obe-

---

277. Rutherford, *Forever England*, p. 12.
278. Gathorne-Hardy, *The Old School Tie*, p. 219.

decer jovens imberbes na batalha. Mas também explica por que esses jovens imberbes eram capazes de assumir o comando. Em certos aspectos, as escolas públicas produziram os oficiais do exército ideais: uma maioria de homens conformistas e disciplinados que, ademais, tinham absoluta confiança em que sabiam liderar; um bom número de militares ousados e hábeis, porém, mesmo assim, integrados ao sistema [...] A I Guerra Mundial, em particular, foi uma guerra da escola pública.[279]

Parece-me útil fazer ainda algumas observações antes de voltar a falar de Barrie e de Peter Pan. Os costumes sociais e o ambiente muito masculino, apartado dos modelos e da orientação parentais, deixavam o adolescente da escola pública em situação muitas vezes difícil no que se refere à descoberta sadia e à expressão da sexualidade. Na melhor das hipóteses, durante a adolescência,

> a possibilidade concreta de uma relação amorosa satisfatória geralmente é irrealista, [sendo que] os jovens se voltam para a imaginação. Escrevem diários, inventam histórias, participam de grupos de teatro, mergulham em novelas românticas.[280]

A atmosfera de muitas escolas públicas mostrou-se "até certo ponto romântica e sentimental", um solo fértil para o cultivo de fantasias e paixões bizarras e de estereótipos que há muito nos são familiares: o excêntrico "que apresenta diversos não-conformismos menores, geralmente pitorescos e engraçados, adotados para exprimir a individualidade, mas que se ajusta perfeitamente a todos os *hábitos sociais* importantes", e o inglês convencional, de chapéu-coco e colarinho engomado, mas que tem uma gaveta atulhada de poemas românticos".[281]

Também cultivadas e silenciosamente encobertas eram as apaixonadas amizades entre dois garotos, entre veterano e calouro, mestre e pupilo, professor e protegido, um homoerotismo visível nos romances escolares e de aventura, assim como na arte e na literatura do *fin-de-siècle*, como, por exemplo, o Movimento pela Arte, a vida e a obra de Lytton Strachey e o Grupo de Bloomsbury, os romances posteriores de

---

279. *Ibid.*, p. 221.
280. Kaspar Kiepenheuer, *Crossing the Bridge: A Jungian Approach to Adolescence*, p. 6.
281. Gathorne-Hardy, *The Old School Tie*, pp. 226 ss.

Evelyn Waugh, P. J. Wodehouse e Anthony Powell, cujo herói de chapéu-coco põe um vestido para ler os versos românticos que esconde na gaveta da escrivaninha. A exclusividade e o elitismo da cultura da escola pública sancionavam um grau de dandismo, diletantismo e decadência, em meio à juventude da classe alta, criando um ar rarefeito que não podia ser levado intacto ao mundo real. Acima de uma masculinidade mais ctônica, valorizava-se a excentricidade e o capricho, assim como a beleza apolínea e levemente afeminada de um Rupert Brooke. O "espírito alegre" da época parecia intoxicado, ainda que geralmente aborrecido, por estar impregnado não de uma espiritualidade verdadeira, mas de uma qualidade de vida que era leve, provisória e herdada dos pais, os quais também se haviam formado sob a égide do idealismo, da autoconfiança e das atitudes privilegiadas da elite. Talvez só uma cultura totalmente permeada desse etos fosse *capaz* de tolerar as excentricidades e o tipo de jovem ou de *puer* que o sistema público de ensino produzia e, conseqüentemente, acolher com tanto entusiasmo o Peter Pan de Barrie, que corporificava as mesmíssimas qualidades nas quais, evidentemente, a nação se viciara. Pode-se dizer, pois, que Peter Pan era *essencialmente* inglês, produto e sintoma do etos cultural acima descrito, e do fascínio por uma espécie de heroísmo indomável.

Jonathan Rutherford escreve que o conceito de homem inglês, de masculinidade e de herói começa com a família vitoriana:

> A dinâmica central na criação da [...] virilidade imperial eram as relações infantis dos homens com a própria mãe. A maternidade era o centro ideológico da família [...] vitoriana. As mães tinham a missão sagrada de criar os filhos e de oferecer o paraíso aos maridos [...] À parte essa idealização, as mulheres exerciam o poder doméstico, sendo que se encarava seu controle em casa como uma ameaça potencial ao domínio masculino. A maternidade era objeto de uma vigilância intensa. As mulheres se sujeitavam a uma variedade de tabus e práticas reguladoras que buscavam proteger os direitos conjugais dos maridos e salvaguardar os filhos da influência feminina. Foi essa instituição patriarcal da maternidade e a tensa relação dos meninos com ela que contribuiu para a construção da virilidade do fim da era vitoriana, caracterizada pelo narcisismo, pela imaturidade emocional

e pela preocupação com o auto-sacrifício; qualidades que encontraram expressão popular [...] na figura de Peter Pan: o inglês apresentado como eterno adolescente.²⁸²

Encontramos um exemplo concreto desse ideal de heroísmo imperial, caracterizado pelo "romantismo e pelo desejo de morte", no fato de Barrie encarar seu amigo Scott da Antártida como "outra variante do tema de Peter Pan".²⁸³ Também se podem recordar a antiga inclinação dos poetas do romantismo inglês para estar "meio apaixonados pela morte que tudo alivia",²⁸⁴ o fascínio dos pré-rafaelistas pela morte e a decadência, assim como a declaração extravagantemente romântica, ainda que inocente, de Peter Pan: "Morrer deve ser uma aventura fantástica!"

Embora inocente em muitos aspectos, a acolhida que recebeu indica que Peter Pan não era, na História ou na ficção, o isolado que acreditava ser. Ele ocupa um lugar e tem papel importante em uma longa e notável tradição, na qual os sentimentos e preocupações atribuídos tanto ao adulto quanto ao adolescente e à criança, e geralmente tidos como tabus ou inadequados, são explorados sob o disfarce amenizador e protetor da fantasia e das histórias de bichos: *Just So Stories* [Apenas Histórias Assim] e *Jungle Book* [O Livro da Selva] de Kipling, *The Wind in the Willows* [O Vento nos Salgueiros] de Kenneth Grahame e as histórias do

---

282. *Forever England*, p. 7.
283. Dunbar, *J. M. Barrie: The Man Behind the Image*, pp. 253 ss. Pouco antes de morrer, Scott escreveu a Barrie pedindo-lhe que ajudasse sua viúva e seu filho Peter, assim batizado por causa de Peter Pan. Suas palavras resumem a qualidade essencial do heroísmo reverenciada por Barrie e a nação como um todo:
    Estamos mostrando que os ingleses ainda sabem morrer com espírito ousado, combatendo até o fim. O futuro saberá que cumprimos a nossa missão chegando até o Pólo e que fizemos o possível e o impossível, sacrificando-nos para salvar os companheiros enfermos. Creio que isso é um exemplo para o inglês do futuro [...] Adeus. Não tenho medo do fim, mas fico triste por perder os muitos prazeres singelos que planejei para o futuro em nossas longas marchas — posso não ter sido um grande explorador, mas nós empreendemos a maior marcha de todas e muito nos aproximamos do grande sucesso [...] Estamos muito perto do fim, mas não perdemos nem vamos perder a alegria [...] faria bem ao coração estar em nossa barraca, ouvir nossas canções e a alegre conversa sobre o que fazer ao chegar a Hut Point.
284. John Keats, "Ode to a Nightingale", *in Poetical Works*, p. 207.

"TO DIE WILL BE AN AWFULLY BIG ADVENTURE."

Ursinho Pooh de A. A. Milne, *Hobbit* de J. R. R. Tolkien, os mundos animais mais recentes dos romances de Richard Adams e *Wild Things* [Onde estão as Coisas Selvagens] de Maurice Sendak. Assim, o crocodilo e a fada Sininho fazem parte de uma antiga linhagem de personagens animais ou fantásticos que remonta a Puck, Caliban, Ariel e o Cavaleiro Verde, de sir Gawain, chegando até Grendel. E, se Christopher Robin, de Milne (ligado ao reino imaginário do Bosque de Quarenta Hectares), é talvez mais terreno que Peter Pan, decerto não deixa de ser a mesma persuasão infantil, assim como Sebastian, o triste herói de *Brideshead Revisited* [Memórias de Brideshead], de Evelyn Waugh, que é prisioneiro de uma adolescência permanente, incapaz de ir aonde quer que seja sem Aluysius, seu ursinho de pelúcia.

É extensa a lista de adolescentes permanentes na história e na literatura inglesas. Também chama a atenção o fato de o etos da escola pública haver engendrado não só figuras literárias memoráveis como também outras instituições que entesouraram e inculcaram em seus membros os mesmos valores e o mesmo tipo de cultura. Em 1908, quatro anos após a estréia de *Peter Pan*, Lord Baden-Powell, recém-chegado do serviço militar na Índia, fundou a Brigada de Escoteiros como uma espécie de "cruzada da pureza sexual" para meninos:

> A visão [de Baden-Powell] da vida ao ar livre era resolutamente antiurbana, masculina, anti-sensual e contrária a toda e qualquer expressão da sexualidade. Baseava-se no mito do poder regenerador da Inglaterra rural, [...] da barreira contra a decadência castradora e das influências degenerativas da civilização.[285]

Sucederam-se numerosos clubes de meninos, que acabariam adquirindo impulso a ponto de, juntamente com os acampamentos para os alunos da escola pública, receber patrocínio real no governo de Jorge VI. No entanto, a estrutura hierárquica dos escoteiros imita perfeitamente as comunidades da escola pública, com uma linguagem interna especial e um sistema de símbolos e recompensas, com um modelo essencialmente militarista, com um código moral e de disciplina, com seus objetivos comuns e com sua orgulhosa adesão aos valores tradi-

---

285. Rutherford, *Forever England*, p. 56.

cionais. Pode-se especular que a proliferação de fantasias de animais e fadas, no início do século XX, ofereceu uma válvula de escape muito necessária à exploração de paixões, sentimentos e relações sobre os quais a maior parte da sociedade continuava mantendo um obstinado silêncio. Por outro lado, os escoteiros e demais clubes de meninos serviam para perpetuar os valores e o controle da antiga ordem — assim como para gratificar a saudade da infância do Menino Velho — reagindo a um mundo cuja fragmentação era intuída, bem que ainda não reconhecida.

Tanto Andrew Birkin quanto Janet Dunbar confirmam que a própria experiência educacional de Barrie na Dumfries Academy, que ele freqüentou na adolescência, foi a época mais feliz da vida dele. Isso porque, já no primeiro dia de aula, encontrou um colega de mentalidade semelhante à sua, "que tinha o mesmo apetite pela grande aventura", ao passo que outro garoto deixou uma impressão duradoura como "uma Presença — [que tinha] qualquer coisa de alado". Não surpreende, pois, o extremo fascínio de Barrie pelas escolas públicas inglesas ("Elas suscitam em seus filhos uma devoção muito mais profunda e duradoura que praticamente qualquer outro amor"), sendo que era grande o seu afeto explícito por pelo menos uma delas:

> Eton se converteu em uma fonte de romance para ele, do mesmo modo que a aristocracia — instituição com a qual ele era capaz de flertar, mas nunca de abraçar completamente — e não tardou para que o Capitão Gancho do palco proclamasse "Floreat Etona!" pouco antes de se precipitar na boca do crocodilo.[286]

Certamente, *Peter Pan*, tanto a peça quanto o livro, alicerça-se no ethos e na mística da escola pública. São suficientemente claras as referências à sociedade elitista da Eton, a Pop, assim como a insistência do Capitão Gancho e de Peter Pan na boa educação e em participar do jogo, porém, incrustados na própria estrutura do conto estão os valores e a dinâmica da instituição: a Terra do Nunca sugere o clube exclusivo de meninos, separado dos pais, em um mundo próprio, com uma população, uma hierarquia, um código moral e uma tabela de valores particu-

---

286. Birkin, *J. M. Barrie and the Lost Boys*, pp. 8, 10, 196.

lares; a Terra do Nunca, como Pop, está reservada a um grupo de elite, no caso, aos meninos "perdidos", sendo que o inimigo que todos adoram detestar é a "Velhice", o pai, o diretor, o professor, a responsabilidade e a sexualidade adultas, tudo isso representado e satirizado em diversos graus nas figuras do Sr. Darling e do Capitão Gancho.

O intenso conflito que sofre o adolescente entre os pólos igualmente atraentes do conformismo e da individualidade tem um análogo no fascínio e na rejeição de Peter Pan pela Sra. Darling, em particular, e pela instituição da maternidade em geral. É evidente o vício da adolescência na opção de Peter Pan por um estado de eterna meninice e em sua objeção veemente a tornar-se homem, um destino sinônimo da miséria engravatada e de chapéu-coco, o fim da diversão e das grandes aventuras e, para Barrie, a morte da imaginação. Na Terra do Nunca, o poder, a morte e a guerra são apenas parte do jogo. O homoerotismo se expressa na lealdade ao líder, sendo que há uma abençoada ignorância da sexualidade, que pertence aos mistérios da feminilidade adulta e à vida secreta das fadas e das sereias.

Se nós propomos que, na Inglaterra, Peter Pan foi recebido por uma nação coletivamente escravizada pela infância, ainda que intrigada com a intuição de que estava na hora de crescer e abandonar o espírito pueril que havia inspirado as glórias e impulsionado os heróis do passado, qual terá sido a reação da América do Norte à eterna juventude de Barrie?

Em 1896, este visitou os Estados Unidos com a esposa, onde seu habilidoso agente teatral, Addison Bright, providenciou um encontro do escritor com o lendário produtor da Broadway Charles Frohman.

> Eles eram contemporâneos exatos: ambos tinham origem humilde e conquistaram a profissão de sua escolha; ambos adoravam as mães e as crianças, no entanto, ambos continuavam sendo crianças [...] Não admira que, com tanto em comum, os dois tenham unido forças e cultivado uma amizade íntima, duradoura e lucrativa.[287]

O próprio Barrie descreveu Frohman como dono de uma energia "igual à força da natureza" e como um homem apaixonado por seus projetos: "Para ele, eles eram uma sucessão de coloridíssimos roman-

---

287. *Ibid.*, pp. 38 ss.

ces, os quais não foram apresentados ao mundo sem o acompanhamento de um rufar de tambores".[288] Sua energia, sua paixão e seu romantismo colocaram *Peter Pan* no palco nova-iorquino no dia 6 de novembro de 1905, menos de um ano depois da estréia da peça em Londres. Os Estados Unidos se mostraram ainda menos críticos que a Inglaterra, acolhendo com entusiasmo o sentimentalismo de Barrie e tratando a peça "com uma seriedade que assombrou e divertiu o autor — sendo que todos os seus aspectos foram sorvidos e engolidos inteiros, com exceção, talvez, do humor".[289] Peter Pan tocou as mitologias norte-americanas da individualidade, da liberdade, da oportunidade e do gigantismo:

> A Terra do Nunca simbolizava o Novo Mundo, ao passo que Peter Pan — o Grande Pai Branco — passou a representar o Espírito da Juventude e da Liberdade que incitava as crianças do Velho Mundo a abandonar os antigos quartos e a fugir voando para a Terra do Nunca da Liberdade.[290]

Frohman se encarregou pessoalmente da elaborada produção de Nova York. Posteriormente, organizou uma turnê em toda a América do Norte, coisa que, para ele, tornou-se uma missão, pois sentia que tinha o dever de "introduzir Peter Pan na vida de todas as crianças do país".[291] O personagem não tardou a perder o *status* fictício e a tornar-se a "mais querida criança norte-americana".[292] Foi como se ele tivesse saído do palco para presidir, na qualidade de deus da inocência e da eterna juventude, os ideais que dominavam a psique norte-americana desde sua visão inicial do país como a Nova Jerusalém. Esses valores têm sido representados, ao longo da história, por figuras como Huck Finn, James Dean, Shirley Temple, Elvis Presley, pela corte de Camelot do governo Kennedy e por Bill Clinton, o presidente menino de ouro.

No espírito especulativo deste capítulo, eu sugiro que uma possível explicação do poder contínuo de fascinar de Peter Pan, principalmente na Inglaterra e nos Estados Unidos, assim como da luta de toda a vida

---

288. *Ibid.*, p. 126.
289. *Ibid.*
290. *Ibid.*
291. *Ibid.*, p. 127.
292. *Ibid.*

de Barrie com essa criação errante de sua própria imaginação, está no fato de *Peter Pan* falar à psique tanto no nível consciente quanto no inconsciente. Como campo simbólico, a obra nos remete à complexidade e à ambigüidade da configuração *puer-et-senex* de Hillman. No entanto, só Peter Pan, seja divorciado do contexto pleno de sua história e de seu mito, seja reduzido à mera personificação das qualidades unicamente positivas, unicamente *puer* da liberdade, da espontaneidade e da juventude, apela para a necessidade da criança de aventura e fantasia, para o idealismo romântico do adolescente e para a saudade do adulto de um imaginário Éden perdido de potencial heróico.

A identificação com o unicamente Peter Pan permite-nos fugir da realidade, voando para a Terra do Nunca da imaginação, ou explicar a atração que ele exerce criticando-o pela ótica da patologia. Não obstante compreendido no contexto de seu mito, o enigmático Peter Pan nos obriga a olhar uma vez mais para a conflituosa dinâmica da adolescência, essa etapa turbulenta em que a pessoa é colhida entre dois mundos e todo o seu ser parece pender do débil fio da observação casual ou da decisão do momento, precisamente porque a dinâmica da adolescência reflete a de todas as fases de transição. Portanto, se concordarmos que a adolescência não é apenas um período determinado da vida, mas representa um "padrão de transformação sempre presente",[293] veremos as tensões e os conflitos de nossa juventude reativados em qualquer etapa de mudança e crescimento. Por extensão lógica de nossa argumentação, podemos imaginar que uma dinâmica semelhante pertence tanto ao nível coletivo da psique individual quanto ao do coletivo cultural. Embora

> tenha conseqüências especialmente abrangentes no período de maturação física e sexual, tal padrão de transformação não se limita de modo algum a uma faixa etária [...] Portanto, no curso da existência, sempre há novas "fases de puberdade", que surgem principalmente quando estamos perturbados ou debilitados por uma crise física ou emocional, exatamente como ocorre durante as mudanças radicais dos anos da juventude.[294]

---

293. Kiepenheuer, *Crossing the Bridge*, p. 14.
294. *Ibid.*, pp. 14 ss.

Lido como campo imaginário, devido ao seu contexto mítico e arquetípico, o livro de Barrie nos oferece uma imagem descritiva da dinâmica dual que opera na psique durante a adolescência ou o espaço transicional. O campo Peter Pan de Barrie explora o funcionamento desse espaço, seu convite à auto-incorporação e à auto-realização por meio do brinquedo, no sentido que Winnicott dá ao termo, e o fato de ele igualmente ameaçar com a dissolução e a alienação. O caminho da transição é cheio de perigos porque estamos na terra de ninguém, entre a velha ordem e a nova, entre o sentido anterior do eu e o futuro. Trata-se de uma experiência liminar, limítrofe, "na qual os poderes liberados a partir dos nossos próprios recursos podem servir tanto para superar a crise quanto para pavimentar — *ou não* — o caminho de um novo crescimento".[295] Nem sempre o ego consegue sofrer e explorar o conflito de modo consciente o bastante para habilitá-lo a avançar e se apresentar mediante a função natural e transcendente da psique. No contexto do livro de Barrie, pode-se dizer que o novo crescimento não ocorrerá se a janela do quarto das crianças permanecer cerrada, com o ego e as atitudes conscientes decisivamente fechados para o impulso perturbador do inconsciente que é Peter Pan.

Dadas a incerteza radical e a possibilidade real de aniquilamento com que vivemos — e continuamos vivendo — há mais de meio século, não surpreende que, coletivamente, nós tendamos a fugir do sofrimento e a mitigar os temores mediante a fragmentação e a negação ou projetando a sombra e o mal. A propensão para separar Peter Pan de sua história, de seu campo simbólico e arquetípico, e para nos identificar exclusivamente com a leveza de seu ser reflete essa tendência da consciência a se fragmentar e reprimir o conteúdo traumático e inaceitável, principalmente durante os períodos de incerteza radical. No século passado, atravessaram-se fronteiras anteriormente inimagináveis de conhecimento e compreensão em disciplinas de descoberta e expressão que vão das ciências sociais puras e aplicadas até a arte, a literatura, a indústria e o entretenimento. O resultado foi uma série de mudanças de paradigma que nos pedem, individual e coletivamente, que corrijamos nossa visão de mundo e, portanto, reloquemos os significado e o senso de identidade em uma nova ordem ainda indeterminada. Isso lança um

---

295. *Ibid.*, p. 4.

desafio potencialmente insuportável ao já sitiado ego, um desafio, porém, que temos de enfrentar se quisermos encarar o novo milênio criativa e significativamente e, assim, o mais conscientemente possível.

As leituras populares de *Peter Pan* tendem a dividir e estreitar o campo imaginário de Barrie, convidando à identificação excessiva com um Peter Pan unidimensional: tão-somente *puer*. Todo potencial de peso e profundeza espirituais perde-se com a negação tanto da sombra de Peter Pan quanto de sua ressonância arquetípica. O problema parece residir no impulso para se evadir em vez de enfrentar a realidade, como se o único lugar adequado à fuga da alma ficasse necessariamente longe do sofrimento deste mundo. A tendência coletiva a evitar a agonia da transformação consciente no aqui e agora resulta em uma intensificação do foco sobre a "luz", pois isso oferece um caminho mais fácil que a luta pela integração dos opostos em conflito. Não surpreende. A rapidez com que fomos empurrados da situação moderna à pós-moderna e com que agora nos vemos forçados a encontrar nosso caminho no reino virtual do ciberespaço aumenta a dicotomia entre o que se considera a realidade consciente e manejável e o que se deixou de lado, para depois, ou se baniu totalmente da consciência.

Não obstante, à medida que se deixa as coisas de lado, a consciência se empobrece e a sombra pessoal e coletiva vai acumulando mais poder e energia potencialmente destrutiva. É o que vemos em muitos aspectos da vida: na projeção de valor e significado sobre as propriedades materiais; na busca do "desaparecido Éden de graça e segurança" de Connolly na ideologia, no culto e no local de trabalho; na busca da paz espiritual e da eliminação do conflito mediante as drogas, o sexo e o álcool (paradoxalmente, mediante o próprio corpo e a própria matéria que o viciado pretende transcender); na necessidade de novidade e de sensação intensificada para que nos sintamos vivos, presentes e vitais e, uma vez mais, no sexo, nas drogas e nos riscos físicos, desde os carros velozes até o *piercing* e o *bungy-jumping*; na fuga da velha ordem insustentável que dissimulou o novo (as duas guerras mundiais, a da Coréia, a do Vietnã) em uma veneração frenética da juventude; na violência que irrompe quando o caos, não o senso distinto de uma nova ordem, parece ser a única alternativa. A lista é longa.

Voltando a *Peter Pan* nos Estados Unidos, verificamos que o herói de Barrie foi comercializado rapidamente (já em 1905 fabricava-se e vendia-se a roupa de Peter Pan em toda a América do Norte). O desenho animado da Disney o sentimentalizou ainda mais com sua leveza, seu brilho e sua retidão claramente diferenciados da malvadeza e da lugubridade de seu arquiinimigo e correspondente arquetípico, o Capitão Gancho. Em um filme mais recente, *Hook*, de Steven Spielberg, passamos da pura fantasia do desenho animado para a ênfase sobre o humor de pastelão e a brincadeira. Aqui, Peter Pan (Robin Williams) é um executivo agressivo e totalmente absorvido pelo trabalho. Os dois filhos que ele negligencia são magicamente roubados pelo Capitão Gancho; o Peter de meia-idade é obrigado a voar à Terra do Nunca para, enfim, tirar a criatividade e a juventude perdidas (os filhos) das garras no *senex* negativo em que ele se transformou como pirata implacável, ou o Capitão Gancho, do mundo dos negócios. Os meninos perdidos lhe ensinam tudo quanto o Peter Pan adulto esqueceu, ao ingressar no mundo "real" aos 12 anos de idade, sobre as fadas, o vôo, a boa educação e o faz-de-conta.

Embora a versão de Robin Williams apresente as principais qualidades de malandro de Peter Pan, o filme insiste em uma relação incômoda entre o potencial de magia branca transformadora (positiva) do malandro e a energia negativa profundamente fragmentadora e perturbadora que aparece depreciada e trivializada na violência e na amoralidade dos malandros de desenhos animados como o Papa-léguas. Afinal, o malandro pode fazer tudo que é tabu no mundo adulto; "Ele age ao sabor de um impulso sobre o qual não tem nenhum controle".[296] Decerto Peter Pan tem uma vitalidade comparável, mas, como no exemplo do Papa-léguas, ele perde o caráter obscuro e a substância à medida que a qualidade sombria e caótica de sua energia se dilui, ao ser apresentada em termos de pastelão. Todavia, Hollywood reconhece que o homem de negócios bem-sucedido, que se esqueceu de que também é Peter Pan e fixou-se inconscientemente em um modo de ser unicamente *senex*, o qual lhe ameaça a vida familiar, precisa retornar à Terra do Nunca para entrar em conflito — desta vez consciente — com o Capitão Gancho. Esse encontro já não é mais um episódio do ciclo infindável de diversão e bons modos: o Peter Pan adulto combate o Capitão Gancho para salvar a vida dos filhos e, assim, simbolicamente, sua própria vitalidade criativa.

---

296. Gose, *Mere Creatures*, p. 10.

Em termos psicológicos, é preciso romper a identificação inconsciente do ego com o *senex* negativo: o poder que este (o Capitão Gancho) tem sobre a atitude consciente (Peter enquanto homem de negócios e pai) tem de ser destruído para que haja uma revitalização da existência e do espírito. Esse confronto nos devolve, em qualquer idade, à Terra de Ninguém do torvelinho psíquico que vivemos na adolescência.

No filme *The Lost Boys* [Os Meninos Perdidos], de Joel Schumacher, Peter Pan e sua tribo de meninos perdidos são vampiros. Schumacher sublinha a solidão e a marginalidade da adolescência. Seus meninos perdidos circulam em meio à população normal durante o dia, mas encenam fantasias extremistas de vida, morte, crueldade e paixão à noite. Contudo, seu mundo não fica em outro lugar nem em outro tempo; ainda que irreconhecível, está no presente, no aqui e agora. Schumacher apresenta as ordens da sombra e da luz como realidades paralelas.

Quando não são jovens comuns durante o dia nem vampiros ativos durante a noite, os rapazes ficam pendurados de ponta-cabeça em sua caverna subterrânea, qual morcegos: uma imagem adequada à sensação do adolescente de pairar suspenso entre dois mundos. As cenas do mundo diurno se concentram na cobertura de caramelo e nos carrosséis de um parque de diversões. O mundo noturno dos jovens vampiros é repleto de violência, de sangue e de uma selvageria desesperada, como a de um animal encurralado. A visão sombria de Schumacher sugere a violência psicopática que pode aumentar quando o lado obscuro da atitude consciente de cobertura de caramelo, de tal modo distorcida pelo sentimento, afasta-nos do sentimento real, do sofrimento transformador e, assim, da plenitude da vida. Nós participamos vicariamente de tais exemplos de extremos patológicos no cinema e diante do televisor, a uma distância segura tanto da tela quanto do horror para o qual nos tornamos insensíveis. Como público de cinema e telespectadores, somos o receptáculo passivo de um programa totalmente desenvolvido de imagens. Embora, no papel de espectadores, possamos interpretar o que vemos, quando em face de imagens de violência e crueldade, continuamos absolvidos de responsabilidade pelo nosso potencial para o mal que é, literalmente, projetado e tornado inofensivo em uma ilusão fictícia e oscilante.

A representação de Schumacher dos dois mundos, em todos os aspectos em oposição e negação mútuas, ainda que interdependentes, remete-nos ao problema do campo imaginário que talvez não se tenha levado em conta na obra de Barrie: a relação necessariamente antitética de Peter Pan com o Capitão Gancho, da Inglaterra eduardiana com a Terra do Nunca; as ambigüidades da narração e a ambivalência da voz narrativa de Barrie; o tom sinistro, que passa tão facilmente despercebido no contexto da fantasia infantil, da descuidada observação de Peter Pan ("Eu os esqueço depois de matá-los"), quando Wendy o censura por haver esquecido o Capitão Gancho.

Em seu livro sobre o mito de Dédalo, Peter Tatham argumenta que Dédalo e Ícaro se relacionam estreitamente, formando o que Hillman denomina a "consciência de sizígia", uma justaposição na qual, nas palavras de Jung, "o Um nunca se separa do Outro, a sua antítese".[297] Em semelhante relação, "juntos, eles perturbam e impulsionam o processo: separados, fazem as coisas a sua própria semelhança, atendo-se à ordem".[298] De modo que também Peter Pan e o Capitão Gancho formam uma consciência de sizígia. Juntos, assim com as outras sizígias ou pares antitéticos da novela, apresentam uma imagem do processo e da experiência de individuação.

Certamente, no contexto do livro de Barrie, Peter Pan não é unicamente o *puer* enquanto juventude dourada. Na relação com o Sr. e a Sra. Darling e com o Capitão Gancho, ele perturba decisivamente, mas também é um Hermes potencial, aquele impulso gerador e transformador da força vital, o mensageiro alado que traz as mensagens da alma das profundezas da psique. O problema passa a ser — ou continua sendo — o do encontro e da interpretação. Como escutar? Como receber e realizar da melhor maneira a dádiva hermética? Como levar uma energia fálica imatura, tal qual a representam os personagens masculinos em geral e a ação narrativa de *Peter Pan*, ao amadurecimento criativo? Como negociar nosso período de transição presente ou futuro, cuja dinâmica se descreveu como adolescente? Como ativar o *falo* a fim de transformar a vida provisória e fundamentar o potencial não realizado de um ego (ou de uma época) colhido no caos e na turbulência de uma grande transformação adolescente não resolvida? Como aprimorar a consciência negociando sucessivamente os períodos transicionais, enfrentando

---

297. Tatham, *The Makings of Maleness*, p. 252.
298. *Ibid.*, pp. 251 ss.

o conflito e encontrando o desconhecido, a fim de alcançar um senso renovado do Eu no mundo?

Jung recorda que "um conteúdo arquetípico (isto é, aquele que é indiferenciado, perturbador, inconsciente) sempre se expressa, em primeiro lugar, por metáforas".[299] A difícil missão do ego é a da interpretação:

> Nós enfrentamos, a cada nova etapa conquistada na diferenciação cultural da consciência, a tarefa de encontrar uma nova *interpretação* adequada a essa etapa, a fim de vincular a vida do passado que ainda existe em nós com a vida do presente, que ameaça escapar de nós. Não havendo esse vínculo, surge uma espécie de consciência desarraigada, que não se orienta pelo passado, uma consciência que sucumbe desamparada a todo tipo de sugestão e que, na prática, é susceptível a epidemias psíquicas.[300]

Peter Pan proporciona uma metáfora do novo desconhecido: a consciência desarraigada é o *mal*-estar da sociedade contemporânea em face do futuro incerto.

A incerteza radical do nosso futuro encontra sua própria metáfora no rápido desenvolvimento da tecnologia eletrônica. Em muitos aspectos, a promessa fugidia corporificada por Peter Pan é também a promessa do ciberespaço. A nova era eletrônica nos convida a entrar em um reino virtual indeterminado, onde, ao que parece, tudo e nada é possível, onde nos podemos criar a nós mesmos como bem desejarmos, onde a liberdade e a criatividade não conhecem limites. Entretanto, são ambíguas as próprias metáforas que usamos para descrever essa zona virtual: Netscape, Web, Internet, Windows, Paths — imagens de potencial ilimitado, mas também metáforas de armadilhas e engodos.

Por um lado, os usuários da Internet têm acesso a uma rede de informação aparentemente ilimitada; por outro, é preciso questionar o valor e a estrutura dessa mesma informação para que não corramos o risco de ficar com a "cabeça feita", como o adepto involuntário de uma — para citar Derrick de Kerckhove — "moralidade tecnocultural coleti-

---

[299]. "The Psychology of the Child Archetype", *The Archetypes and the Collective Unconscious*, CW 9i, par. 267.
[300]. *Ibid*.

va" que gera uma "psicologia média e mediadora".[301] Quem somos quando voamos na Terra do Nunca do ciberespaço? Como o indivíduo se relaciona quando colhido no fluxo eletrônico de "psicotecnologias" que põem abaixo as muralhas de nossa identidade privada [...] [e] criam a condição de um eu expandido, a saltar do Eu pessoal para os mais longínquos horizontes de tudo quanto podemos alcançar com nossas extensões perceptivas e motoras sempre em expansão, sempre a provar tudo.[302]

De Kerckhove assevera que a proteção contra as psicotecnologias que ameaçam fazer de nós extensões delas mesmas consiste em incluí-las em nossa psicologia pessoal. Fazer o que ele propõe exige considerável consciência e a coragem de enfrentar o lado sombrio da nova tecnocultura e nossa conexão com ele. Confrontados com o impulso sedutor do ciberespaço, no qual se dissipam as fronteiras e a identidade torna-se virtual, devemos nos preocupar e estar cada vez mais alertas para a consciência, para a interface entre o Eu e o mundo, se não quisermos desaparecer na consciência crepuscular de uma rede global de mídia.

Jung nos lembra que "sem uma psique reflexiva o mundo pode muito bem não existir", e Erich Neumann preconiza uma "nova forma de humanismo [...] no qual o homem aprenda a ser amigo de si mesmo e a ver seu próprio lado sombrio como um componente essencial de sua vitalidade criativa".[303] A consciência de sizígia é essencial a nossa evolução enquanto seres conscientes. É preciso estabelecer limites para que definamos os problemas que nos assediam e criemos um cenário ou recipiente seguro para sua solução.[304] A possibilidade e os meios nascem das conexões conscientes, para as quais precisamos de base e valor, de um lugar onde ficar. Em termos psicológicos, a realização da possibilidade pelo ego ocorre proporcionalmente à sua capacidade de embasamento: o *puer*, como potencial psíquico, realiza-se apenas por

---

301. *The Skin of Culture: Investigating the New Electronic Reality*, p. 210.
302. *Ibid.*, p. 216.
303. Citado em Edward F. Edinger, *The New God-Image: A Study of Jung's Key Letters Concerning the Evolution of the Western God-Image*, p. 145. (Vide *C. G. Jung Letters*, vol. 2, pp. 482 ss., e Neumann, *Depth Psychology and a New Ethic*, p. 146)
304. Tatham, *The Makings of Maleness*, p. 145.

meio da historicidade (o *senex* positivo) e da materialidade (o feminino positivo).

Pode-se argumentar que a relação de Barrie com Peter Pan, enquanto fenômeno espiritual, nos depara com uma falha de interpretação. Ele parecia apaixonado com o unicamente *puer* de Peter Pan ou identificado apenas com o aspecto mais iluminado do arquétipo da eterna meninice. Foi talvez por essa razão que não conseguiu escrever a planejada peça *The Old Age of Peter Pan* [A Velhice de Peter Pan], embora sua última obra, *The Boy David* [O Menino Davi], ostensivamente a respeito do Davi bíblico, também homenageia a memória de seu falecido irmão. Alternativamente, podemos afirmar que o gênio está na capacidade de viver, mais seguramente que os demais, a partir de um lugar intermediário, imaginário, entre dois mundos. Sendo assim, o gênio de Barrie foi, durante toda sua carreira, saber trabalhar a partir da zona imaginária a fim de manter o enigma de Peter Pan diante de nossos olhos e no primeiro plano da consciência de seu público. Essa é a tarefa e a prerrogativa de Barrie como artista; cabe a nós arriscar uma interpretação. E, embora não nos dê resposta, ele parece mostrar o caminho quando escreve, em *A Well-Remembered Voice* [Uma Voz Bem Lembrada], sobre um véu que encobre aquele Outro reino à medida que o revela. Na peça, Dick, um jovem morto nas trincheiras da I Guerra Mundial, aparece para o pai, o Sr. Don:

DICK: [...] eu queria que vocês, aqui, entendessem que coisa simples é [a morte] [...]

O SR. DON: Me fale do... do véu, Dick. Será que é como uma neblina?

DICK: O véu é feito uma bebedeira, papai. Sim, feito uma neblina. Mas quando a gente já esteve na frente de batalha, mesmo que por pouco tempo, é difícil imaginar como o véu parece ficar fino; só uma camada... A gente às vezes confunde os que já passaram por ele com os que ainda não passaram...

O Sr. Don não quer deixar o filho ir embora. Seu sofrimento reflete uma confusão entre a realidade arquetípica e a pessoal e pode servir de metáfora de nossa dificuldade com Peter Pan e de seu enigma. Quando personalizamos, patologizamos e diagnosticamos Peter Pan excessivamente, nós o diminuímos. Como figura de uma prerrogativa divina que descrevemos como "o eterno menino", ele pertence, afinal de contas, ao outro lado do véu de Barrie. Seus dons passam a ser nossos *desde que* isso ocorra pela graça acompanhada do duro trabalho de integração consciente, não por meio da apropriação arbitrária. Portanto, como insiste Barrie, Peter Pan não pode passar de certa idade, e assim deve ser, ao passo que nós, como portadores da consciência, não podemos nos dar ao luxo de nos prender a uma condição de adolescência permanente.

Jung intuiu um *telos* ou finalidade, no processo de individuação, que apóia a tarefa do ego de sofrer repetidamente a transição a novos níveis de consciência. No ponto de observação de cada novo grau de consciência, o ego tornará a receber e fará uma nova interpretação das mensagens da alma provindas da psique inconsciente, reiteradamente, sendo sempre desafiado a integrar à consciência um aspecto espantosamente diferente do Eu. No contexto da novela de Barrie, Peter Pan, enquanto mensagem da alma, sempre tornará a romper o equilíbrio do ego. A questão de como incorporar o espírito transformador e conquistar a autonomia criativa da psique, tal qual a representa Peter Pan, é a antiqüíssima questão de todos os artistas e de todos os que vivem a vida plenamente porque a vivem simbolicamente.

Descobrir como realizar o espírito na matéria e por meio dela continua sendo uma tarefa da consciência a cada passo do processo contínuo de evolução psíquica, tanto no indivíduo quanto no coletivo. As projeções que nos levam a nos identificar com a energia arquetípica e dela nos apropriar inconscientemente, tentando, como se fez, transferir Peter Pan da página para a vida, só podem ser dissipadas e levadas a recuar por intermédio do ato criativo da interpretação consciente. Nossos deuses precisam ser reconhecidos como deuses e, como tais, deve-se-lhes permitir morrer repetidamente para que renasçam e retornem a nós, para que rompam, perturbem e iniciem um novo estágio de desenvolvimento. Peter Pan pertence ao reino arquetípico da possibilidade e dele é a história de nossa luta contínua para realizar e, assim, encarnar algo de nossa experiência da psique transcendente e, portanto, do mundo. Tomada como um todo, a novela de Barrie proporciona uma imagem narrativa da dificuldade de tal luta à medida que descreve a dinâmica do lugar imaginário — ou do ciberespaço — da transição.

Não é um lugar fácil de ficar, entre uma coisa e outra. Exige que encontremos orientação e significado com respeito à nossa proximidade e à nossa relação com o Outro, seja ele outra pessoa, um lugar, um trabalho, uma idéia, uma ideologia, um objeto ou uma imagem consciente ou inconsciente. Isso é descobrir o significado, não pela apropriação, pela identificação ou pelo controle, não pela violência ou pela submissão, mas na relação em constante evolução da psique com o mundo, tanto dentro quanto fora. Isso exige que vejamos a transparência das coisas, que enxerguemos, além e através da imagem, da história, do comportamento e da patologia, a realidade arquetípica em todos os seus paradoxos, em sua mistura de luz e trevas, do outro lado do véu.

Assim, nós prestamos atenção e escutamos, aguardando ativamente a emergência de uma nova imagem e de uma nova narração, de outro súbito "lampejo de esclarecimento do inconsciente e do proibido" (para citar Calvino uma vez mais),[305] de outro encontro que nos leve adiante em uma nova consciência do eu, a alma, do mundo.

---

305. Vide acima, p. 79.

Bibliografia

Adler, Gerhard, *Studies in Analytical Psychology*. Nova York: W. W. Norton, 1948.
Armitt, Lucie. *Theorizing the Fantastic*. Londres: Arnold, 1996.
Asper, Kathrin. *The Abandoned Child Within: On Losing and Regaining Self-Worth*. Trad. Sharon E. Rooks. Nova York: Fromm International, 1993.
Auden, W. H. *Collected Shorter Poems 1927-1957*. Londres: Faber and Faber, 1977.
Bachelard, Gaston. *On Poetic Imagination and Reverie: Selections from the Works of Gaston Bachelard*. Org., trad. e introd. Colette Gaudin. Indianapolis: The Bobbs-Merrill Co., 1971.
Barrie, J. M. *Peter Pan*. Introd. Michael P. Hearn. Ilustr. Susan Hudson. Montreal: Tundra Books, 1988. (Originalmente *Peter Pan and Wendy*. Londres: Hodder and Stoughton, 1911.)
_____. *Peter Pan and Other Plays*. Nova York: Oxford University Press, 1995.
_____. *Peter Pan and Wendy*. Adaptado para crianças por Jane Carruth. Ilustr. Anne Grahame Johnstone. Londres: Award Publications Limited, 1988.
Berry, Patricia, org. *Fathers and Mothers*. Dallas, TX.: Spring Publications, 1990.
King James Bible. Londres: Oxford University Press, s/d.
The New English Bible. Londres: Penguin, 1974.
Birkin, Andrew. *J. M. Barrie & the Lost Boys*. Londres: Constable, 1979.
Blake, William. *Complete Writings*. Org. Geoffrey Keynes. Londres: Oxford University Press, 1971.
Briggs, Asa. *A Social History of England*. Nova York: Viking, 1984.
Briggs, K. M. *The Anatomy of Puck: An Examination of Fairy Beliefs Among Shakespeare's Contemporaries and Successors*. Londres: Routledge and Kegan Paul, 1959.
Byron, Lord. *Poetical Works*. Org. F. Page. Londres: Oxford University Press, 1970.
Calvino, Italo. *Invisible Cities*. Trad. William Weaver. Londres: Picador (Pan), 1979.
_____. *The Uses of Literature*. Trad. Patrick Creagh. San Diego: Harcourt Brace Jovanovich, 1986.
Campbell, Joseph. *The Hero with a Thousand Faces* (Bollingen Series XVII). Princeton: Princeton University Press, 1949. [*O Herói de Mil Faces*, publicado pela Editora Pensamento, São Paulo, 1988.]

_____. *The Mythic Image* (Bollingen Series C). Princeton: Princeton University Press, 1974.

Clark, Giles. "The Transformation of 'Spiritual Image' and 'Instinctual Shadow' into 'Instinctual Spirit'". Tese de Diploma, C. G. Jung Institute, Zurique, 1977. Inédito.

Coleridge, Samuel Taylor. *Poetical Works*. Ed. Ernest Hartley Coleridge. Londres: Oxford University Press, 1969.

Connolly, Cyril. *Enemies of Promise*. Harmondsworth, Reino Unido: Penguin, 1961.

Cooper, J. C. *An Illustrated Encyclopaedia of Traditional Symbols*. Londres: Thames and Hudson, 1978.

de Kerckhove, Derrick. *The Skin of Culture: Investigating the New Electronic Reality*. Toronto: Somerville House, 1995.

Dijkstra, Bram. *Idols of Perversity: Fantasies of Feminine Evil in Fin-de-Siècle Culture*. Nova York: Oxford University Press, 1986.

Doty, William G. *Myths of Masculinity*. Nova York: Crossroad Publishing Co., 1993.

Dunbar, Janet. *J. M. Barrie: The Man Behind the Image*. Boston: Houghton Mifflin Co., 1970.

Edinger, Edward F. *Ego and Archetype: Individuation and the Religious Function of the Psyche*. Nova York: Putnam's Sons, 1972. [*Ego e Arquétipo*, publicado pela Editora Cultrix, São Paulo, 1989.]

_____. *The Eternal Drama: The Inner Meaning of Greek Mythology*. Boston: Shambhala Publications, 1994.

_____. *Melville's Moby-Dick: An American Nekya*. Toronto: Inner City Books, 1995.

_____. *The New God-Image: A Study of Jung's Key Letters Concerning the Evolution of the Western God-Image*. Wilmette, Illinois: Chiron Publications, 1996.

Eliade, Mircea. *The Myth of the Eternal Return or Cosmos and History* (Bollingen Series XLVI). Trad. Willard R. Trask. Princeton: Princeton University Press, 1974.

Eliot, T. S. *Collected Poems 1909-1962*. Nova York: Harcourt, Brace and World, 1963.

_____. *Selected Essays*. Londres, Faber and Faber, 1976.

_____. *Selected Prose of T. S. Eliot*. Org. Frank Kermode. Londres: Faber and Faber, 1975.

Erikson, Erik H. *Identity: Youth and Crisis*. Nova York: W. W. Norton and Co., 1968.

Euripides. *The Bacchae*. Trad. William Arrowsmith. Chicago: Chicago University Press, 1968.

Frye, Northrop. *Anatomy of Criticism: Four Essays*. Princeton: Princeton University Press, 1973.
_____. *Fables of Identity: Studies in Poetic Mythology*. Nova York: Harcourt, Brace and World, 1963.
_____. *The Secular Scripture: A Study of the Structure of Romance*. Cambridge, Massachusetts: Harvard University Press, 1976.
Gantz, J., trad. *Early Irish Myths and Sagas*. Londres: Penguin Books, 1983.
Gathorne-Hardy, Jonathan. *The Old School Tie: The Phenomenon of the English Public School*. Londres: Viking, 1971.
Gittings, Robert, org. *Letters of John Keats*. Londres: Oxford University Press, 1970.
Goethe, Johann Wolfgang. *Faust*. Trad. Barker Fairley. Toronto: University of Toronto Press, 1985.
Gose, Elliott. *Mere Creatures: A Study of Modern Fantasy Tales for Children*. Toronto: University of Toronto Press, 1988.
Grimm Brothers. *The Complete Grimm's Fairy Tales*. Nova York: Pantheon Books, 1944.
Hanson, Bruce K. *The Peter Pan Chronicles*. Nova York: Carol Publishing Co., 1993.
The Herder Symbol Dictionary. Trad. Boris Matthews. Wilmette, Illinois: Chiron Publications, 1978.
Hillman, James. *Archetypal Psychology*. Dallas: Spring Publications, 1983. [*Psicologia Arquetípica*, publicado pela Editora Cultrix, São Paulo, 1992.]
_____. *Loose Ends*. Dallas: Spring Publications, 1978.
_____. *Pan and the Nightmare*. Zurique: Spring Publications, 1972.
_____. *Revisioning Psychology*. Nova York: Harper and Row, 1977.
_____. org. *Facing the Gods*. Dallas: Spring Publications, 1980. [*Encarando os Deuses*, publicado pela Editora Pensamento, São Paulo, 1992.]
_____. org. *Puer Papers*. Dallas: Spring Publications, 1979.
Hobsbawm, E. J. *The Age of Empire, 1875-1914*. Londres: Little, Brown and Co., 1988.
Homer. *The Odyssey*. Trad. Robert Fitzgerald. Nova York: Random (Vintage), 1990.
Hudson, Susan. *The Eternal Peter Pan: The Wisdom of J. M. Barrie*. Ilustr. Susan Hudson. Montreal: Tundra, 1987.
Jacoby, Mario. *Individuation and Narcissism: the Psychology of Self in Jung and Kohut*. Trad. Myron Gubitz e Françoise O'Kane. Nova York: Routledge, 1991.
_____. *Longing for Paradise: Psychological Perspectives on an Archetype*. Trad. Myron Gubitz. Boston: Sigo Press, 1985.
Joyce, James. *A Portrait of the Artist as a Young Man*. Londres: Penguin, 1976.
Jung, C. G. *C. G. Jung Letters* (Bollingen Series XCV). 2 vols. Org. Gerhard Adler e Aniela Jaffé. Princeton: Princeton University Press, 1973.

———. *The Collected Works of C. G. Jung* (Bollingen Series XX). 20 vols. Trad. R. F. C. Hull. Org. Herbert Read, Michael Fordham, Gerhard Adler, William McGuire. Princeton: Princeton University Press, 1953-1979.

———. *Memories, Dreams, Reflections*. Trad. Richard e Clara Winston. Org. Aniela Jaffé. Nova York: Vintage Books, 1965.

Keats, John. *Poetical Works*. Org. H. W. Garrod. Londres: Oxford University Press, 1970.

Kelley-Laine, Kathleen. *Peter Pan: The Story of Lost Childhood*. Dorset: Element Books Ltd., 1997.

Kerényi, Karl. *The Gods of the Greeks*. Londres: Thames and Hudson, 1951. [*Os Deuses Gregos*, publicado pela Editora Cultrix, São Paulo, 1993.]

———. *Hermes: Guide of Souls*. Zurique: Spring Publications, 1976.

Kiepenheuer, Kaspar. *Crossing the Bridge: A Jungian Approach to Adolescence*. Trad. Karen R. Schneider. La Salle, Illinois: Open Court Press, 1990.

Kiley, D. *The Peter Pan Syndrome*. Nova York: Avon, 1984.

Kluger, Rivkah Scharf. *Psyche in Scripture: The Idea of the Chosen People and Other Essays*. Toronto: Inner City Books, 1995.

Kohut, Heinz. *The Restoration of the Self*. Nova York: International Universities Press, 1977.

Lee, John. *The Flying Boy: Healing the Wounded Man* (Austin Men's Center, Texas.) Deerfield Beach, Flórida: Public Health Communications Inc., 1998.

McGuire, William, org. *The Freud/Jung Letters* (Bollingen Series XCIV). Trad. Ralph Manheim, R. F. C. Hull. Princeton: Princeton University Press, 1974.

Melville, Herman. *Moby Dick, or The Whale*. Org. e introd. Harold Beaver, Londres: Penguin, 1986.

Merivale, Patricia. *Pan the Goat-God: His Myth in Modern Times*. Cambridge, Massachusetts: Harvard University Press, 1969.

Monick, Eugene. *Phallos: Sacred Image of the Masculine*. Toronto: Inner City Books, 1987.

Murray, H. A., org. *Myth and Mythmaking*. Nova York: George Braziller, 1960.

Neumann, Erich. *The Child: Structure and Dynamics of the Nascent Personality*. Trad. Ralph Manheim. Londres: Maresfield Library, 1973. [*A Criança*, publicado pela Editora Cultrix, São Paulo, 1991.]

———. *Depth Psychology and a New Ethic*. Prefácio de C. G. Jung. Boston: Shambhala Publications, 1990.

The New Larousse Encyclopedia of Mythology. Nova York: Prometheus Press, 1973.

The Norton Anthology of English Literature. 4ª ed. Org. M. H. Abrams. Nova York: W. W. Norton and Co., 1979.

The Norton Anthology of Modern Poetry. Org. Richard Ellman, Robert O'Clair. Nova York: W. W. Norton and Co., 1973.

Ovídio. *Metamorphoses*. Trad. Rolfe Humphries. Bloomington, Indiana: Indiana University Press, 1955.

Peake, Mervyn. *Peake's Progress: Selected Writings and Drawings of Mervyn Peake*. Org. Maeve Gilmore. Londres: Penguin, 1981.

Rees, Alwyn e Rees, Brinley. *Celtic Heritage: Ancient Tradition in Ireland and Wales.* Londres: Thames and Hudson, 1961.
Roberts, Timothy R. *Myths of the World: The Celts in Myth and Legend.* Nova York: Metro Books (Friedman/Fairfax Publishers), 1995.
Rolleston, T. W. *Celtic Myths and Legends.* Londres: Senate/Studio Editions, 1994. (Publicado pela primeira vez por The Gresham Pub. Co., s/d.)
Rose, Jacqueline. *The Case of Peter Pan or The Impossibility of Children's Fiction.* Filadélfia: University of Pennsylvania Press, 1992.
Rutherford, Jonathan. *Forever England: Reflections on Masculinity and Empire.* Londres: Lawrence and Wishart, 1997.
Samuels, Andrew, org. *The Father,* Londres: Free Assoc. Press, 1985.
Satinover, Jeffrey. "Puer Aeternus: The Narcissistic Relation to the Self". Em *Quadrant,* vol. 13, nº 2 (1980).
Schwartz-Salant, Nathan. *Narcissism and Character Transformation: The Psychology of Narcissistic Character Disorders.* Toronto: Inner City Books, 1982. [*Narcisismo e Transformação do Caráter,* publicado pela Editora Cultrix, São Paulo, 1988.]
Shelley, Mary. *Frankenstein.* Londres: Oxford Classics, 1986.
Shelley, Percy Bysshe. *Poetical Works.* Org. Thomas Hutchinson. Londres: Oxford University Press, 1970.
Stevens, Anthony. *On Jung.* Nova York: Routledge, 1990.
Stevenson, Robert Louis. *Dr. Jekyll and Mr. Hyde.* Londres: Penguin (Puffin), 1985.
Tatham, Peter. *The Makings of Maleness: Men, Women, and the Flight of Daedalus.* Londres: Karnac Books Ltd., 1992.
Tolkien, J. R. R. *Tree and Leaf.* Londres: Allen and Unwin, 1975.
Townsend, John Rowe. *Written For Children: An Outline of English-Language Children's Literature.* Middlesex, Inglaterra: Pelican Books, 1980.
von Franz, Marie-Louise. *The Feminine in Fairy Tales.* 2ª ed. Boston: Shambhala Publications, 1993.
_____. *An Introduction to the Psychology of Fairy Tales.* Zurique: Spring Publications, 1970.
_____. *Psychotherapy.* Boston: Shambhala Publications, 1993.
_____. *Puer Aeternus: A Psychological Study of the Adult Struggle with the Paradise of Childhood.* 2ª ed. Boston: Sigo Press, 1981.
Wind, Edgar. *Pagan Mysteries in the Renaissance.* Londres: Faber and Faber, 1960.
Winnicott, D. W. *Playing and Reality.* Nova York: Routledge, 1991.
Woodman, Marion. *The Pregnant Virgin: A Process of Psychological Transformation.* Toronto: Inner City Books, 1985.
_____. *The Ravaged Bridegroom: Masculinity in Women.* Toronto: Inner City Books, 1990.
Wordsworth, William. *Poetical Works.* Org. Thomas Hutchinson. Londres: Oxford University Press, 1969.
Yeats, W. B. *Collected Poems.* Nova York: Macmillan Publishing Co., 1956.